土地整治助推精准脱贫 50 例

国土资源部耕地保护司
国土资源部土地整治中心　编

中国大地出版社
·北京·

图书在版编目（CIP）数据

土地整治助推精准脱贫 50 例／国土资源部耕地保护
司，国土资源部土地整治中心编. — 北京：中国大地出
版社，2016.10

ISBN 978 - 7 - 80246 - 929 - 7

Ⅰ．①土…　Ⅱ．①国…②国…　Ⅲ．①土地整理 – 案
例 – 中国②扶贫 – 案例 – 中国　Ⅳ．①F321.1②F124.7

中国版本图书馆 CIP 数据核字（2016）第 241519 号

责任编辑：蔡　莹　孙　灿

责任校对：李　玫

出版发行：中国大地出版社

社址邮编：北京市海淀区学院路 31 号　100083

电　　　话：010 - 66554648（邮购部）；010 - 66554604（编辑部）

网　　　址：www.chinalandpress.com

印　　　刷：北京地大天成印务有限公司

开　　　本：787mm × 1092mm　1/16

印　　　张：16.5

字　　　数：300 千字

版　　　次：2016 年 10 月北京第 1 版

印　　　次：2016 年 10 月北京第 1 次印刷

书　　　号：ISBN 978 - 7 - 80246 - 929 - 7

定　　　价：58.00 元

《土地整治助推精准脱贫50例》
编 委 会

主　　任：曹卫星

副 主 任：刘国洪　　范树印

委　　员：刘明松　　闫　刚　　王　磊　　郧文聚

罗　明　　张兰格　　王晓立　　赵大勇

赵延庆　　田玉山　　贾东力　　史家明

祖耀升　　马　奇　　李世蕴　　陈志忠

赵建宁　　刘　鲁　　陈治胜　　陈新华

王善明　　谢瑾瑜　　吴开成　　许金刚

杨文杰　　郭　强　　李　刚　　周光树

张亚平　　成文辉　　朱小川　　宋艳萍

闫丽莉　　艾尔肯·吾守尔　　卢丽华

张君宇　　陈子雄　　顾笑筱　　刘新卫

范金梅　　杨华珂　　杨　磊　　汤怀志

梁梦茵　　谭明智

序

　　党中央、国务院高度重视扶贫开发工作。党的十八大以来，以习近平同志为总书记的党中央把扶贫开发纳入"五位一体"总体布局和"四个全面"战略布局，把脱贫攻坚作为实现第一个百年奋斗目标最艰巨、最优先的战略任务。"小康不小康，关键看老乡"，决胜小康最突出的短板在于我国农村还有5500多万贫困人口。目前，一些中西部地区贫困人口规模依然较大，贫困程度深，减贫成本高，脱贫难度大，扶贫开发进入啃硬骨头、攻坚拔寨的冲刺阶段。为确保到2020年所有贫困地区和贫困人口一道迈入全面小康，中央已经发出向贫困发起总攻的动员令，要求调动方方面面力量，构建专项扶贫、行业扶贫、社会扶贫互为补充的大扶贫格局。

　　国土资源部坚决贯彻落实习近平总书记扶贫开发战略思想和党中央、国务院决策部署，用"非常之策"落实"非常之举"，"翻箱倒柜、倾囊相助"，出台了一系列支持精准脱贫的超常规政策举措，举全部之力助推脱贫攻坚。特别是立足部门职责，发挥部门优势，把土地整治和高标准农田建设作为助推行业扶贫、助力精准脱贫的重要平台和抓手，在安排土地整治工程和项目、分配高标准农田建设计划和补助资金时向贫困地区倾斜，在贫困地区大力推进以高标准农田建设为重点的土地整治工作，支持开展土地整治重大工程建设，掀起以土地平整、农田水利、田间道路、生态保持为主要内容的土地整治建设热潮，显著改善了贫困地区生产生活条件和生态环境。"十二五"期间，全国累计安排贫困地区土地整治项目5200多个，整治规模6100多万亩，投入资金940多亿元，参加土地整治的农民群众人均年收入增加700余元，有力促进了农业增效、农民增收和农村发展。

　　贫困地区各级国土资源主管部门在当地党委政府统一领导下，结合自身实际，积极落实土地整治助推脱贫攻坚政策措施，着力健全"政府主导、农村集体经济组织和农民为主体、国土搭台、部门参与、统筹规划、资金整合"工作机制，探索出很多土地整治助推精准脱贫的有效做法和成功模式。一些地方发挥规划统筹引领作用，通过土地整治大规模建设高标准基本农田，保护了耕地资源，提高了农田质量，夯实了贫困地区现代农业发展基础，拓宽了当地农民增收致富渠道。一些地方整体推进田、水、路、林、村、矿综合整治，统筹优化土地利用结构和国土空间布局，注重完善农村基础设施和公共服务设施，一举改变了农村散、乱、差的面貌，极大改善了当地农民居住条件和生活环境。一些地方大力实施中央财政支持的土地整治重大工程，聚合资金集中投入贫困地区，支持当地发展特色农业，增加当地群众就业机会，帮助易地搬迁群众"搬得出、稳得住、能致富"，放大了精准扶贫效果。调查表明，90% 以上受访农户表示土地整治后村容村貌明显改善，家庭收入明显增加，98% 的受访农民对土地整治项目感到满意，土地整治受到广大农民群众真心欢迎，成为名副其实的"惠民工程""民心工程"。

　　为及时把土地整治助推精准脱贫的典型经验和成功做法总结好、宣传好、推广好，进一步发挥好土地整治助推精准脱贫政策效用，国土资源部从全国各地精选了 53 个典型案例，汇编形成《土地整治助推精准脱贫 50 例》一书，供贫困地区党委政府、国土资源主管部门和投身脱贫攻坚伟业的广大干部群众参考借鉴。

国土资源部部长、党组书记
国家土地总督察

2016 年 10 月 9 日

目　录

大力推动土地整治　加快实现精准脱贫

发挥部门优势　做好精准脱贫工作
　　——辽宁省土地整治助推精准脱贫情况介绍 …………………（3）

靶向更精准　举措更务实
　　——江苏省土地整治助推精准脱贫情况介绍 …………………（8）

规划政策一齐抓　精准脱贫把家发
　　——安徽省土地整治助推精准脱贫情况介绍 …………………（12）

政策有保障　土地整治助推精准脱贫"有为有位"
　　——江西省土地整治助推精准脱贫情况介绍 …………………（16）

大力开展农村土地整治　积极推进城乡统筹发展
　　——山东省土地整治助推精准脱贫情况介绍 …………………（20）

扶贫由"大水漫灌"向"精准滴灌"转变
　　——重庆市土地整治助推精准脱贫情况介绍 …………………（25）

开辟土地整治新路子　迎来精准脱贫新形势
　　——四川省土地整治助推精准脱贫情况介绍 …………………（29）

以补代投　以补促建　因地制宜破解难题
　　——贵州省土地整治助推精准脱贫情况介绍 …………………（34）

把握"六个精准"　完成扶贫"一号工程"
　　——甘肃省土地整治助推精准脱贫情况介绍 …………………（40）

实施土地综合整治　搭建脱贫致富平台
　　——宁夏回族自治区土地整治助推精准脱贫情况介绍 …………（44）

实施土地整治重大工程　示范引领区域精准脱贫

"国家粮食生产百强县"的小康之路

　　——黑龙江省龙江县土地整治助推精准脱贫典型案例……………（51）

创新项目管理方法　保障脱贫顺利实施

　　——河南省淅川县土地整治助推精准脱贫典型案例……………（55）

聚合资金　整体推进　促进精准脱贫

　　——广西壮族自治区桂中农村土地整治助推精准脱贫典型案例……（59）

收获幸福的边境线

　　——云南省"兴地睦边"农田整治助推精准脱贫典型案例 ………（64）

"治沟造地"成效显著　"山沟沟"变成"粮食囤"

　　——陕西省吴起县土地整治助推精准脱贫典型案例……………（69）

重整田畴拓沃野　精准脱贫展风姿

　　——甘肃省通渭县土地整治助推精准脱贫典型案例……………（73）

严格项目管理　助推精准脱贫

　　——宁夏回族自治区海原县土地整治助推精准脱贫典型案例………（78）

稳步实施重大项目　助力区域扶贫开发

　　——青海省东部黄河谷地百万亩土地开发整理助推精准脱贫

　　典型案例………………………………………………（83）

全面推进土地综合整治　大力提升精准脱贫效果

三年为期做规划　共同努力奔小康

　　——河北省行唐县土地整治助推精准脱贫典型案例……………（91）

以县为单位精确到村　实现真正的精准脱贫

　　——山西省广灵县土地整治助推精准脱贫典型案例……………（95）

"粮食生产百强县"的脱贫致富之路

　　——内蒙古自治区扎赉特旗土地整治助推精准脱贫典型案例 ……（101）

找准切入点　实现农业现代化

　　——黑龙江省海伦市土地整治助推精准脱贫典型案例 ……………（105）

土地整治精准施策　助推纯农地区经济社会转型发展

　　——上海市金山廊下郊野公园建设助推精准脱贫典型案例 ………（110）

用活"金钥匙"　引领富裕路

　　——浙江省江山市土地整治助推精准脱贫典型案例 ……………（115）

"美好乡村建设先进县"的精准扶贫

　　——安徽省蒙城县土地整治助推精准脱贫典型案例 ……………（120）

寻找统筹城乡发展的动力"油门"

　　——福建省创新旧村复垦增减挂钩模式助推精准脱贫典型案例 …（124）

"三个转变"造福老区

　　——江西省瑞金市叶坪乡两个村级土地综合整治助推精准脱贫

　　典型案例 ……………………………………………………（128）

夯实精准脱贫的土地根基

　　——山东省菏泽市农村土地整治助推精准脱贫典型案例 …………（131）

创新扶贫模式　致力共同富裕

　　——湖北省通山县低丘岗地改造项目对接精准脱贫典型案例 ……（135）

山成"万宝山"　地变"刮金板"

　　——湖南省桑植县三个村土地开发项目助推精准脱贫典型案例 …（139）

补齐短板打基础　全域整治谋腾飞

　　——湖南省新田县土地整治助推精准脱贫典型案例 ……………（144）

破解农业发展基础设施瓶颈　带动农民增产增收

　　——海南省五指山市土地整治助推精准脱贫典型案例 ……………（149）

土地整治"多规合一"　共同推进精准脱贫

　　——四川省巴中市巴州区土地整治助推精准脱贫典型案例 ………（153）

"西藏江南"边境精准脱贫之路

　　——西藏自治区察隅县土地整治助推精准脱贫典型案例 …………（158）

建设高标准基本农田　夯实精准脱贫农业基础

项目实施促脱贫　农民增产又增收
　　——吉林省大安市土地整治助推精准脱贫典型案例 ……………（165）
土地整治得民心　扶贫开发效果好
　　——河南省太康县土地整治助推精准脱贫典型案例 ……………（168）
联好整治大脉络　打造扶贫助推器
　　——湖北省嘉鱼县土地整治助推精准脱贫典型案例 ……………（173）
山美水美　醉美露美
　　——广西壮族自治区田阳县露美片区土地整治助推精准脱贫
　　典型案例 …………………………………………………………（177）
摸准贫根　有的放矢　加快群众增收脱贫步伐
　　——海南省临高县土地整治助推精准脱贫典型案例 ……………（181）
科学合理规划　建设高标准农田
　　——四川省达州市土地整治助推精准脱贫典型案例 ……………（184）
以高标准基本农田建设为引领　共同建设现代农业设施
　　——贵州省毕节市七星关区土地整治助推精准脱贫典型案例 ……（188）
创新土地整治实施机制　打造现代农业休闲综合体
　　——贵州省赫章县平山土地整治助推精准脱贫典型案例 …………（192）
加强基础设施建设　助推农民脱贫致富
　　——陕西省南郑县土地整治助推精准脱贫典型案例 ……………（198）
深入实地办实事　心系群众惠民生
　　——新疆维吾尔自治区阿克苏地区沙雅县托依堡勒迪镇英依干其村等
　　3个村土地整治助推精准脱贫典型案例 …………………………（203）
土地整治引入新技术　助推精准脱贫工程
　　——新疆生产建设兵团第二师二十七团土地整治助推精准脱贫
　　典型案例 …………………………………………………………（208）

土地整治助力易地搬迁　加快移民精准脱贫步伐

实施土地整治　建设美丽乡村
　　——安徽省霍邱县土地整治助推精准脱贫典型案例 ……………（215）

实施增减挂钩　促进易地搬迁
　　——山东省东平县土地整治助推精准脱贫典型案例 …………（219）

土地整治项目助推移民安置
　　——河南省助推南水北调中线工程移民安置助推精准脱贫
　　典型案例 ……………………………………………………（223）

移民搬迁效果良好　远离灾害实现增收
　　——陕西省商洛市陕南移民搬迁安置助推精准脱贫典型案例 ……（227）

紧扣扶贫做文章　易地搬迁拔穷根
　　——甘肃省武威市古浪县土地整治助推精准脱贫典型案例 ………（233）

黄土丘壑换新颜　沃野平畴舒画卷
　　——甘肃省靖远县土地整治助推精准脱贫典型案例 ……………（238）

科学管理项目实施　搬迁移民共同致富
　　——宁夏回族自治区同心县土地整治助推精准脱贫典型案例 ……（243）

推进土地整治建设　助推精准脱贫攻坚
　　——宁夏回族自治区平罗县生态移民土地整治助推精准脱贫
　　典型案例 ……………………………………………………（248）

大力推动土地整治
加快实现精准脱贫

引　言

　　"十二五"以来，各地认真贯彻中央决策部署，按照国土资源部工作安排和要求，积极落实土地整治助推精准脱贫攻坚政策措施，结合自身实际情况，摸索实现路径和具体办法，形成了一批值得借鉴的典型经验和成熟做法。省级层面主要从规划部署、政策支持、资金统筹、发挥各类项目优势角度，科学推进土地整治，加快实现精准脱贫。

　　根据各地实际情况，省级层面多角度开展土地整治助推精准脱贫工作，实现了遍地开花的良好效应。例如，辽宁省按照扬长避短，发挥优势，有的放矢，重点扶持的原则，从贫困地区的实际需要出发，在土地整治项目方面加大了对贫困地区的资金投入，建起了高效农业示范园，改善了矿山废弃地的生态环境，实现农民增收。江苏省紧密结合省情实际，在充分征询项目区群众意见的基础上，按照土地规模化经营要求，努力推进土地承包经营权流转，促进农业现代化。安徽省在项目部署规划上，注重将土地整治项目与精准脱贫、美好乡村建设、土地流转结合，充分发挥融资平台功能，共同推进农村土地整治，先后出台相应政策文件，为各地尤其是贫困地区破解资金短缺难题，保证了项目效益的长效发挥。重庆市结合农业发展规划和旅游发展规划，通过实施农用地整治，充分挖掘区域特色资源潜力，发展具有较强竞争力的特色农产品产业区和乡村旅游区，将村庄环境整治、特色微景观、微地貌纳入整治范围，推动乡村旅游发展，助推精准脱贫。

　　当前，省级层面以土地整治为抓手，在脱贫攻坚战中取得了较好的成绩。改善了农业生产条件，维护了群众权益，实现了农业增产增收，农民收入增加；深化了耕地保护工作，改善了生态环境，促进了生态文明建设；实现了工作规范化和政策规范化，工作机制得到创新，工作效率实现提高；通过城乡要素交换、农业产业化发展和产业融合发展，激发了农村发展内生动力，开辟了强村富民的有效路径。

发挥部门优势　做好精准脱贫工作

——辽宁省土地整治助推精准脱贫情况介绍

辽宁省陆域总面积 14.81 万平方千米，占全国土地总面积的 1.5%，总体呈"六山一水三分田"的格局。肥沃的黑土得天独厚，是我国 13 个重要的粮食主产区之一。近年来，老工业基地开始全面振兴，沿海经济带和沈阳经济区，升级为国家战略。在党中央、国务院的正确领导下，在国土资源管理部等相关部门的指导下，辽宁省委、省政府高度重视，始终把精准扶贫工作放在最重要的位置。辽宁省农业生产设施基础薄弱，抗灾能力不强，农田整体质量不高，中低产田面积占全省耕地总量的 2/3 以上，具有基础设施的高产水田和高产水浇地仅占耕地总面积的 10.37%。这一现状是制约辽宁省，特别是贫困地区农业农村经济发展的瓶颈。

一、基本情况

近年来，辽宁省切实从贫困地区实际出发，充分发挥部门和行业的优势，把扶贫工作与党的群众路线教育实践活动紧密结合起来，发挥国土资源管理部门优势，大规模开展了以田、水、路、林、村为重点的村土地综合整治，逐步改善了贫困地区的生产生活条件，为贫困地区人民群众脱贫致富，实现小康创造了有利条件，有力地推动了全省新农村建设和统筹农村发展。截至目前，辽宁省投入土地整治资金 263 亿元，开展土地整治 2141 万亩❶，亩均增产 150 千克，受益群众数量 861 万人。

二、主要做法

按照国务院新一轮扶贫攻坚计划，辽宁省各级政府和部门认真贯彻落实

---

❶　1 亩≈666.67 平方米。

国土资源部和省委、省政府的各项扶贫精神和总体部署，利用土地整治开展精准脱贫工作。

1. 加强领导，理清思路，明确目标

精准脱贫涉及面广，政策性强，针对扶贫攻坚工作要求，建立了对口帮扶工作制度，成立了由分管副省长任组长，由发改、国土资源、农业、水利等有关部门为成员的精准脱贫帮扶领导小组。领导小组除确定省级扶贫开发工作任务，落实年度计划外，还负责与各级各部门工作的协调，形成了自上而下比较完备的扶贫开发领导体系和工作网络。并依据部门的职能，结合帮扶地区的实际，确立了"五抓五带五结合"的工作思路：一是抓开发式扶贫，带救济式扶贫，把开发式扶贫与救济式扶贫结合起来。二是抓本部门和本行业优势，带贫困地区国土资源的开发利用，把部门和行业的优势与贫困地区的资源优势结合起来。三是抓主导产业的发展，带贫困户脱贫，把推动产业整体发展与帮助每个贫困户致富结合起来。四是抓对口帮扶乡镇，带县、市扶贫工作，把"点"上的工作与"面"上的工作结合起来。五是抓精准脱贫工作，带机关作风建设，把搞好精准脱贫工作与加强机关建设结合起来。

2. 立足实际，发挥优势，在全省范围内推进精准脱贫工作

土地贫瘠，生产力落后，产业产出率低，农民收入少，这是一些贫困地区普遍存在的问题。按照扬长避短，发挥优势，有的放矢，重点扶持的原则，近年来，辽宁省从贫困地区的实际需要出发，在土地整治项目方面加大了对贫困地区的资金投入，特别是在阜新、朝阳等贫困地区大力加强农田基本设施建设，共实施土地整治项目 741 个，投入资金 36.2 亿元，开发、整理、复垦土地 253.9 万亩，其中新增耕地 49.8 万亩，打井 11740 眼，修建排灌沟渠 273.4 万米，架设农电线路 66 万米，修农田道路 327 万米，栽水土保持树 186 万棵，动土方量 9259 万立方米。在实施这些项目过程中，坚持把土地整治，特别是高标准基本农田建设同中低产田改造、农业保护地建设、土地生态环境保护、采煤沉陷区治理、农业综合开发结合起来，积极改善农业生产条件、农民生活条件、农村生态条件，发展高效农业、特色农业和生态农业，提高农业的产出和效益。

3. 树立典型，抓点带面，积极探讨精准脱贫工作的新路子

按照省委省政府的安排，为进一步推进精准脱贫工作，在深井镇进行试点，研究探索新形势下国土资源管理部门开展扶贫开发工作的新模式、新路子。如先后投入 700 多万元土地整治资金，帮助深井镇建起了"绿源高效农业示范区"。目前园区已建设统一标准的花卉、食用菌、蔬菜温室大棚320个，产品已被注册为"绿源"系列商标，远销大连市、北京市、内蒙古自治区等地。创建园区取得了可观的经济效益：蔬菜大棚每棚年均纯收入8500元，最高可达14000元；食用菌大棚每棚年均纯收入达到24000元；花卉大棚每棚年均纯收入达到35000元。园区面积仅占全镇耕地面积的2%，但年收入可达到正常年景全镇农业收入的22%，2015年达到全镇农业收入的45%。许多贫困户通过到园区承包经营，迅速摆脱了贫困，走上了致富之路，称赞土地整治扶贫工程为"德政工程""民心工程"。

由于深井镇土地整治成效显著，对建平全县的土地整治工作也做出了倾斜，2013年以来共实施了25个项目，总投资20030.86万元，整治面积13.71万亩。这些项目的实施充分体现了深井镇的辐射作用，起到了以点带面、共同发展、共同富裕的目的。

4. 上下联动，多方配合，把扶贫开发工作抓实抓好

扶贫开发工作是一个系统工程，需要多方面的配合与支持，需要充分调动市、县各部门的积极性，明确目标，落实责任，一级对一级负责，形成上下联动的扶贫开发工作机制。如通过省国土资源厅指导协调，阜新市国土资源局对口帮扶对象确定为彰武县后新秋镇。过去对该镇的很多农民来说，这里的土地是"鸡肋"，食之无味，弃之可惜。种吧，一年到头辛苦不说，才够口粮，不种吧，一家一户就这几亩地，少种一垄也觉得可惜。这个镇的很多农民过着"丰年脱贫，灾年返贫"的艰苦生活，很多农民都是靠民政救济生活。土地贫瘠、耕地面积少，是农村经济发展和农民生活水平提高的最大阻力。如何改变生存环境，帮助农民增收，彻底改善农民的生产生活条件，一直是彰武县委、县政府和后新秋镇党委、政府的工作重心。自阜新市国土资源局与彰武县后新秋镇结对帮扶以来，一边了解农民所急，一边研制实施帮扶措施。对这里的自然地理、资源状况、发展条件等做了大量调研工作，与镇里共同确立了"通过土地整治改变农业生产条件，发展高效农业促进农民脱贫致富"的发展思路。

为使土地整治这项功在当代、利在千秋的民心工程进展顺利，阜新市国土资源局和彰武县国土资源局一起制定出一整套包括土地平整工程、农田水利工程、田间道路工程和农田防护工程在内的，操作性很强的实施方案，将土地整治资金投入到农业基础设施建设中，逐渐扩大设施农业覆盖面，扩大使用设施农业的增长面，使产出效益达到了最大化。2011年以来，开展了后新秋镇乐园、平顶山等 5 个村土地整理项目。建设规模 185.3971 公顷，投资 896 万元。截至目前，已完成客土 5772 立方米，翻耕施肥 4.7 公顷，新打机井 98 眼，新修涵桥 5 座，新修农桥 8 座，新修过水路面 3 处，清淤排水沟 4702 米，浆砌石路边沟 1106 米，砂石田间道 12050 米，浆砌石护坡 145 米，井用配套设备 98 套。

三、主要经验

1. 提高认识，加强领导，是搞好扶贫开发工作的前提和保证

扶贫开发是党和国家一项长期的战略方针，这不仅是一项经济工作，更是一项政治任务，从解决"三农"问题，加速实现建设小康社会的角度，从转变机关作风、强化国土资源工作的功能和力度去认识和落实各项扶贫任务，必须常抓不懈，抓出实效。

2. 深化改革，加快发展，是搞好扶贫开发的关键所在

只有使贫困地区加大改革开放的力度，加快区域经济开发，增加内部造血功能，才能彻底脱贫致富。只有坚持与时俱进，不断创新扶贫开发工作的思维和机制，才能使这项事业充满活力和后劲。

3. 发挥优势，重点突破，是搞好扶贫开发的根本途径

只有立足帮扶对象的实际，挖掘贫困地区的比较优势，发挥部门的自身优势，把部门的业务工作同扶贫工作有机结合起来，找准切入点，把握结合点，创造增长点，选好扶贫开发工作的突破口，实行重点突破，才能收到事半功倍的效果。

4. 转变作风，锻炼干部，是开展扶贫开发工作的一个重要收获

通过扶贫开发工作，通过基层工作岗位和艰苦工作条件的锻炼，对机关党员干部牢记宗旨，立党为公，树立正确的世界观、人生观和价值观，增强反腐拒变的自觉性和坚定性，起到了重要作用。对干部转变作风，勤政为民，向实践学习，向基层学习，向群众学习提供了难得的机会。

四、工作成效

近年来，按照省委、省政府的部署，以加快贫困地区经济开发、解决"三农"问题为目标，抓大带小，点面结合，统筹安排，全面推进，扎扎实实做好精准脱贫工作，取得了显著成效。

1. 实施土地整治为贫困地区提高了耕地质量和粮食综合生产能力

近年来，通过实施土地整治项目，全省新增耕地 19.7 万公顷（295.96 万亩），年粮食增产 2.2 亿千克，远超过国家下达的补充耕地任务。辽宁省贫困地区耕地质量等级得到有效提高，农业基础设施条件明显改善，农田机械化耕作水平、排灌能力和抵御自然灾害能力明显提升，建成了一大批高标准基本农田，提高了土地产出率和粮食综合生产能力。

2. 实施土地整治为贫困地区优化了土地利用结构，加快了城乡经济社会统筹发展进程

通过开展贫困地区农村建设用地整治，在增加耕地面积的同时，也优化了城乡用地结构和布局，拓展了城乡发展空间。在确保耕地总量不减少的前提下，推进了贫困地区工业化、城镇化进程，壮大了所属县域经济；通过将土地整治项目所获的土地增值收益返还农村，加快了农业农村更好更快发展，促进了"以城带乡、以工促农"，加快了城乡经济社会统筹发展的进程。

3. 土地整治为贫困地区强化了农村基础设施建设，改善了农村生产生活条件

通过土地整治，进一步健全和完善了贫困地区的农田配套设施，全面改善了农业生产条件，提高了耕地的粮食综合生产能力，促进了农业区域化、规模化、产业化和集约化经营，降低了农业生产成本，大幅度提高了农业生产效益，增加了贫困群众的收入；通过推进村庄整治，在一定程度上改变了农村散、乱、差的面貌，农民住房等生活条件、农村基础设施和公共服务设施大为改善，贫困群众的生活质量和水平逐步提高。

4. 土地整治为贫困地区改善了土地生态环境整治，促进了经济发展与生态和谐

通过实施辽西北高标准基本农田建设以及侧重于村庄和农田的农村土地整理，结合边界防护林体系建设工程、滨海大道绿化建设工程、辽西北荒山绿化工程、绿色村庄建设工程等，全省森林覆盖率提高到了 38%，有效遏制了土地沙化趋势，减少了水土流失，提高了土地生态承载能力；通过阜新、抚顺、沈阳等重点地区的废弃地复垦，较大改善了矿山废弃地的生态环境；通过县域园区建设，引导企业向工业园区集中，提高了工业和生活废弃物的处理能力，在节能减排的同时，也保护和改善了全省的生态环境，经济发展与生态环境更加和谐。

靶向更精准　举措更务实

——江苏省土地整治助推精准脱贫情况介绍

习近平总书记指出：扶贫开发推进到今天这样的程度，贵在精准，重在精准，成败之举在于精准。多年来，江苏的扶贫开发工作始终全面贯彻中央的决策部署，紧密结合省情实际，围绕"扶持谁""谁扶持""怎么扶"这三个现实问题，率先尝试建立"精准扶贫"机制，在坚持党政主导与社会参与相结合、区域发展与扶贫开发相促进、整体帮扶与精准帮扶相衔接、外部帮扶与激活内力相配合的思想指导下，初步形成了精准扶贫的"江苏经验"：即实现扶贫资金由"大水漫灌"向"精准滴灌"转变；扶贫资源使用方式由"多头分散"向"统筹集中"转变；扶贫开发模式由"偏重输血"向"注重造血"转变。

为进一步落实中央和省委省政府决策部署，江苏省国土资源厅认真落实精准扶贫方略，集成国土资源政策措施，充分发挥部门职责和行业优势，积极运用土地综合整治和高标准农田建设等政策工具，进一步加大对全省经济薄弱地区脱贫帮扶工作力度，成效显著。

一、基本情况

"十二五"以来，在各级政府的领导下，全省各级国土资源管理部门共实施土地综合整治总规模660万亩，新增耕地123万亩。同时，各级国土资源部门与发改、农业、水利、农业资源开发等部门协调配合，共同建设高标准农田2436万亩，累计投入各类建设资金321亿元。

按照有关规定，江苏省重点帮扶县（区）共有12个：丰县、睢宁县、淮安市淮安区、淮安市淮阴区、涟水县、滨海县、灌云县、灌南县、沭阳县、泗阳县、泗洪县、响水县；重点帮扶片区共有6个：成子湖周边地区、西南岗地区、涟沭结合区、石梁河库区、灌溉总渠以北地区、丰县湖西片区。同时，还有黄桥、茅山革命老区的部分地区。

"十二五"以来，江苏省各级国土资源管理部门在政府领导下，充分利用土地综合整治和高标准农田建设等政策工具，对 12 个重点帮扶县和 6 个重点帮扶片区以及黄桥、茅山革命老区实施精准扶贫。据统计，先后共安排实施各级各类土地综合整治项目 3474 个，整治土地总面积 221 万亩，投入资金 100 亿元左右，约占全省所有土地整治项目资金投入的 41%。其中：省级共安排土地综合整治项目 90 个，累计下达资金 33.7 亿元，约占扶贫项目资金投入的 30%。

二、实施成效

1. 改善农业生产条件，提高粮食生产能力

帮扶地区以土地综合整治项目为抓手，实现了项目区的全域整治，通过土地平整工程、水利配套工程、农田林网工程、水土保持工程等建设，较高层次上实现了沟、渠、路、林、桥、涵、闸、站等农业基础设施的配套，增强了灌溉、排涝、降渍、防旱功能，进一步改造了中低产田，建成了一批符合现代农业发展要求的集中连片高标准农田。"十二五"以来，帮扶地区通过实施土地综合整治，共新增和改善农田灌溉面积 56.5 万亩，新增和改善农田防涝面积 48 万亩，新增和改善节水灌溉面积 35 万亩，治理水土流失面积 10.5 万亩。

2. 优化土地利用布局，促进城乡统筹发展

帮扶地区在土地综合整治过程中，充分结合新型城镇化、美丽乡村建设、农村环境综合治理等要求，注重发挥土地综合整治在调整土地利用方式、优化土地利用布局等方面的重要功能，有力地推动了项目区土地利用由粗放无序向节约集约转变，提高了土地资源的利用效益。"十二五"以来，帮扶地区通过实施土地综合整治，共复垦废弃居民点 7.8 万亩，复垦工矿废弃地 2.3 万亩，迁村并点撤并村庄 253 个，新建和改建中心村 106 个，极大地促进了土地节约集约利用。

3. 促进土地规模流转，推动现代农业发展

帮扶地区充分结合现代农业、旅游农业、新型农业发展的要求，充分利用农业产业结构调整、农副产品"接二连三"、农村"新三权分置"改革等有利时机，因地制宜、因势利导，不断推进土地综合整治与一、二、三产业发展深度融合。土地综合整治过程中，在充分征询项目区群众意见的基础上，

按照土地规模化经营的要求，努力推进土地承包经营权流转，促进农业现代化发展。沭阳县华冲镇土地综合整治项目区积极引进外地客商投资籽种繁育基地，项目区 1.5 万亩土地中，有近 7000 亩实现了规模化流转，年租金达到 900 元/亩。

4. 促进农民增产增收，提高农业生产能力

实施土地综合整治，进一步提升了项目区农田基础设施配套，直接提高了农业生产能力，也带动了项目区群众的增产增收，是一项实实在在的惠民、利民工程。"十二五"以来，通过实施土地综合整治，项目区耕地质量等别平均提高 1 个等别，亩均新增粮食产能 150 千克，项目区有 15.8 万人因此而受益，农民年人均新增纯收入 850 元。例如，阜宁县羊寨镇土地综合整治项目在对项目区内 6000 多亩进行集中整治后，受益群众达 3500 人，570 人逐步脱贫。

三、主要经验和做法

1. 全面部署，精准施策

为全面建成更高水平小康社会，省委省政府下发了《关于实施脱贫致富奔小康工程意见》，计划用 4 年时间使全省农村 276 万低收入人口收入达到 6000 元的脱贫标准，821 个省定经济薄弱村集体经济年收入达到 18 万元以上，12 个省重点帮扶县（区）分批退出。同时，完善扶贫开发用地政策，在土地利用总体规划调整完善、新增建设用地计划安排、城乡建设用地增减挂钩指标安排、省级土地整治项目和高标准农田建设等方面，重点向帮扶片区倾斜。

2. 明确靶向，分解落实

按照省委省政府要求，省国土资源厅重点研究制定了 26 条精准扶贫措施，全力支持全省脱贫致富奔小康工程。同时，根据省国土资源厅重点帮扶的淮安市淮安区实际情况，专题研究支持淮安区"五方挂钩"帮扶工作，并研究制定了 10 条具体帮扶措施。在此基础上，又印发了《关于支持全省脱贫致富奔小康工程的实施意见》，支持全省经济薄弱地区申报省级土地综合整治项目，并向经济薄弱村倾斜。同时，对省重点帮扶的 12 个县（区）以及黄桥、茅山革命老区，每年安排省级新增费土地整治项目不少于 1 个，并鼓励支持申报耕地开垦费土地整治项目。此外，为支持宿迁市国家级扶贫开发综合改革试验区建设，研究制定了城乡建设用地增减挂钩指标省域内易地交易办法。

3. 突出重点，聚焦难点

在开展帮扶过程中，除对省委省政府确定的 12 个重点帮扶县（区）和 6 个重点帮扶片区等给予重点支持外，还与结成重点帮扶对子的涟水县、淮安市淮安区等地区给予土地综合整治和高标准农田建设方面的特殊支持。"十二五"以来，累计安排涟水县省级以上土地综合整治项目 8 个，涉及资金 3.17 亿元，占省级扶贫项目资金总量的 10%；累计安排淮安市淮安区省级以上土地综合整治项目 6 个，涉及资金 1.75 亿元，占省级扶贫项目资金总量的 5%。

4. 因地制宜，立足实际

面对经济发展新常态，精准扶贫的形势也不断变化。省国土资源厅坚持将土地综合整治与扶贫攻坚、美丽乡村建设、生态环境治理等相结合，特别是与"特色小镇"建设的要求相结合，因地制宜、因势利导，立足扶贫地区实际情况，重点打造具有扶贫地区特色的土地综合整治工程，土地综合整治的内涵不断扩大。如泗阳县王集镇土地综合整治项目共建成高标准农田 7672 亩，其中将 2783 亩旱地（包括部分低效林）整治成高产稳产的优质水田。与此同时，王集镇立足当地土地大面积承包经营的实际，将土地综合整治与高效农业示范基地建设相结合，吸引龙头企业和种养大户承包经营，每年新增粮食产量预计达 949.7 吨，年总收益为 335.79 万元。

规划政策一齐抓　精准脱贫把家发

——安徽省土地整治助推精准脱贫情况介绍

近年来，在安徽省省委、省政府的正确领导下，全省上下全面贯彻落实党中央、国务院关于加强土地管理的一系列重要决策部署，大力推进高标准基本农田建设、农村建设用地整理、损毁土地修复，较好地完成土地整治目标任务，在促进"美好安徽"建设、助推精准扶贫脱贫，打造创新型加速崛起的"经济强省"、充满活力的"文化强省"、宜居宜业的"生态强省"中，发挥了不可替代的作用。

一、基本情况

安徽省地处我国东南部，地跨长江、淮河、新安江三大流域，是国家重要的粮食生产基地和新兴工业省份。根据 2015 年年底统计数据，安徽省总户籍人口 6949 万人，耕地保有量 8810 万亩、基本农田面积 7380 万亩以上。"十二五"期间共完成土地整治 3271 万亩，建成高标准基本农田 2703 万亩，补充耕地 111 万亩，耕地质量平均提升 1~2 个等级，粮食生产实现历史性"十二连丰"。

二、主要做法

1. 坚持高位推进，发挥部门合力

以省政府为责任主体，市、县政府为实施主体，强化省、市、县三级政府主导、层层推进的组织保障机制。省国土资源厅根据全省项目实施进展情况，多次组织召开全省范围内的项目建设调度会、土地整治机构负责人会议，通报各地项目实施进展情况，共商推进举措，在全省形成你追我赶的良好局面。在省政府的统一领导下，省国土资源厅与财政厅、发展改革委、农业、交通等部门，明确职责分工，齐抓共管，形成合力，协同推进土地整治各项

工作。同时，在全省范围建立健全土地整治目标责任制，将土地整治目标任务完成情况作为考核评价各级政府土地管理工作绩效的重要内容，为精准扶贫脱贫提供坚强组织保障。

2. 强化政策支持，助推精准脱贫

为科学引导全省各地有序开展土地整治工作，助推精准脱贫。安徽省国土资源厅印发了《支持脱贫攻坚及易地扶贫搬迁工作政策措施的通知》，要求各地围绕土地利用与整治、土地扶贫搬迁与地质灾害综合治理、城乡建设用地增减挂钩和工矿废弃地复垦利用等，切实做好国土资源支持脱贫攻坚工作。还印发了《安徽省国土资源厅关于支持皖西大别山革命老区振兴发展的意见》，贯彻落实省委、省政府关于支持大别山革命老区发展的部署要求，大力推进农村土地整治工程，强化农业基础设施建设，积极筹措高标准农田建设资金，指导开展永久基本农田划定，做好大别山革命老区国土资源保障服务工作。

3. 统筹规划实施，注重示范引领

在全省层面，以20个高标准基本农田示范县为抓手（其中临泉县、灵璧县等为国家级贫困县），充分发挥示范县的引领作用，坚持科学规划布局、因地制宜分类指导，突出项目建设重点。在项目部署规划上，注重将土地整治项目与精准扶贫、美好乡村建设、土地流转相结合，针对皖西贫困山区"七山二水一分田"，生产交通不便，农业机械化率低，劳动生产率低，农民劳动强度大，"农资难进田，产品难出田"，因地制宜引导各项目区加强田间道路、截洪灌溉等农业设施建设，取得了显著效果。"精准扶贫，规划先行"，土地整治项目实施与扶贫发展相结合，成为示范带动贫困山区脱贫致富的新平台。

4. 加强跟踪问效，专项督察帮扶

为全面掌握各类土地整治项目的进展情况，帮助和指导各地做好项目实施工作，安徽省国土资源厅采取开展专项督察和驻点业务帮扶等方式推动项目建设，2015年成立了5个土地整治项目专项督察组，采取分片包干形式，通过内业查档案、外业看工程、资金翻账本等方式，对全省各类土地整治项目实地督察，并针对督察情况，及时与当地政府及国土、财政等相关部门进行沟通反馈，通过共同查摆问题、研究整改措施、开设专题培训等方式，帮扶指导各地规范项目实施管理。在督察过程中，针对皖北贫困县集中区域，实行重点帮扶指导，促进了贫困地区土地整治项目规范有序开展。

三、主要经验

1. 多方统筹资金，保障农村整治项目建设资金

积极整合各级各类支农资金。按照渠道不乱、用途不变、统筹使用、统一管理的方式，以具体项目为载体，有效整合农业、水利、交通、住建等多部门涉农资金，有效缓解了贫困地区农村建设资金缺乏问题。例如，合肥市市级各项支农资金与市级部门预算相挂钩，按照"资金分配权和分配渠道不变、资金用途不变"和"缺什么补什么，发展什么扶持什么"的原则，优先保证市级部门预算中与土地整治建设有关的项目资金需要。

充分发挥融资平台功能。为进一步发挥金融机构融资功能，加大土地整治资金扶持力度，安徽省国土资源厅和中国农业发展银行安徽省分行联合印发《进一步加强合作　共同推进"土地整治、整村推进"工作的通知》（皖农发银行〔2009〕302 号），要求各级农业发展银行和国土资源部门加强合作，建立工作联系和协调制度，定期沟通情况，共同推进农村土地整治，有效缓解了各县（市、区）项目建设配套资金筹措难的问题。

引导社会资金投入。安徽省先后出台了《关于鼓励、引导和规范民间投资补充耕地项目建设有关事项的通知》《关于进一步鼓励和引导民间资本投资国土资源领域的实施办法》等文件，支持、鼓励社会资金积极参与土地整治项目建设。为满足农村整治项目建设资金需求，充分发挥资金作用，为各地尤其是贫困地区破解资金短缺难题，保证了项目效益的长效发挥。

2. 尊重农民意愿，切实维护群众权益

在项目实施过程中，始终把尊重农民意愿，切实维护群众合法权益放在首位，让广大农民真正分享土地整治带来的收益和成果。一是做好前期宣传发动工作。在项目选址时，首先开好"群众会"，向农民群众宣传土地整治重要意义、相关政策及带给群众的实惠，争取项目区群众的理解和支持；其次，开好"对接会"，在每个项目区施工前，组织施工、监理、设计等单位和村组干部和群众参加对接会，让干群充分了解项目区工程建设全部内容，切实保障群众的知情权。二是规范开展补偿安置工作。成立村民组理事会、安置房建设管委会，两个组织全程参与项目中农地整理、村庄拆迁补偿和安置房建设的监督和管理工作，做到不违背群众意愿、不暗箱操作、不优亲厚友、不白条结算、不先拆后建、不强行拆迁。三是广泛动员群众参与项目全过程建

设。在项目设计阶段注重与镇、村、组、户进行对接，广泛征询镇村组干部、群众代表意见，把专业技术人员智慧和群众意愿结合，使项目建设真正做到科学合理、实用高效。尊重群众意愿，维护贫困群众的切身利益，充分发挥群众主体作用，为扶贫脱贫攻坚战注入源源不断的内生动力。

四、实施成效

1. 改善生产条件，实现农业增产增效

以土地整治项目实施为载体，通过归并零散地块，建设小型农田水利设施，完善农田耕作道路和生态防护林体系，使示范县土地整治项目区实现水利、交通网络化，土地耕作规模化，灌溉自流化，极大地提高了项目区生产和抵御自然灾害的能力，综合效益显著。据统计，安徽省"十二五"期间共兴建排灌沟渠49698.69千米，田间道路58488.2千米，涵洞438997座，机井、塘堰等水源工程87030眼，水闸55272座，泵站3047座，农业灌溉保证率达到了80%以上，道路通达率达到了97.17%，实现新增粮食产能228888.52万千克。

2. 增加农民收入，助力脱贫攻坚

土地整治项目建设充分吸收闲散的农村劳动力参加项目实施，促进了劳力、资金、技术的合理流动，带动了农民就业，实现了农民持续增收。根据对全省25个示范县区的问卷调查，项目区受益总人数约为1500万人，农民人均新增农业年纯收入为715元/人，农民新增土地租金收入314元/亩，农民参与工程施工收入达33500万元，农民生活便利程度提高值为96.79%，农民总体满意度为97.29%。另据不完全统计，全省通过高标准农田建设的实施，共减少贫困人口约64万人，有力推动了精准扶贫、精准脱贫歼灭战的开展。

3. 加速土地流转，推动农业产业化发展

鼓励和支持农村承包土地向农业大户、家庭农场流转，一些乡镇以高标准农田建设为契机，着重发展蔬菜、瓜果、苗圃等专业化生产，形成了"公司＋农户＋基地"等模式的适度规模产业化经营，推动了现代农业基地的建立。据统计，"十二五"期间，安徽省高标准农田建设项目区共流转土地面积719.74万亩，实现耕地向农业企业、种粮大户集中，完成适度规模经营总规模556.07万亩。

政策有保障　土地整治助推精准脱贫"有为有位"

——江西省土地整治助推精准脱贫情况介绍

　　江西省土地整治以科学规划为支撑，强化管理为手段，创建优质工程为目标，促进农民增收、农业增效、农村发展为目的，在精准脱贫中有为有位，取得了良好效果。

一、基本情况

1. 省域基本概况

　　作为"绿色家园，红色摇篮"的江西省位于我国东南偏中部，长江中下游南岸，以山地、丘陵为主，亚热带季风气候显著。土地总面积 25040.45 万亩，其中耕地面积 4630.96 万亩，人口 4500 万人，辖 11 个设区市、100 个县（市、区）。自古以来，物产富饶、人文荟萃，素有"物华天宝、人杰地灵"之美誉。农业在全国占有重要地位，是新中国成立以来全国两个从未间断向国家贡献粮食的省份之一。

2. 土地整治实施总体情况

　　"十二五"期间，江西省共实施土地整治项目 1511 个，总规模 396.84 万亩，新增耕地 68.14 万亩，总投资 80.21 亿元。其中，整理项目 307 个，规模 316.19 万亩，建成高标准农田 303.25 万亩，投资 54.99 亿元；开发项目 1146 个，规模 76.82 万亩，新增耕地 65.00 万亩，投资 24.07 亿元；土地复垦项目 58 个，规模 3.83 万亩，新增耕地 3.14 万亩，投资 1.15 亿元。

3. 土地整治支持扶贫开发总体情况

　　作为著名革命老区，江西省分布有赣南等原中央苏区、罗霄山区集中连片特困地区等扶贫主战场，有贫困县 38 个，其中国定贫困县 21 个，3400 个贫困村、119 万贫困户、346 万贫困人口，扶贫开发任务艰巨。江西省提出到 2018 年力争全省基本消除绝对贫困现象，2019—2020 年贫困县全部退出的目标。围绕脱贫目标，江西省土地整治积极作为，2011—2014 年，支持贫困地区土地整治项目 179 个，建设规模 92.93 万亩，省级投资 15.02 亿元。2015 年以来，按照因素分配法将省级新增费 14.57 亿元分解到设区市，由设区市落实到具体项目，并将立项和验收权下放到设区市。

二、主要做法

1. 政策保障，高规格推动土地整治

一是省委、省政府先后出台了《江西省高标准农田建设办法》《江西省高标准农田建设管理办法》《关于深入推进涉农资金整合试点工作实施意见》《中共江西省委、江西省人民政府关于全力打好精准扶贫攻坚战的决定》《关于坚决打赢脱贫攻坚战的实施意见》等，确定了"资金性质不变、管理渠道不乱、各司其职、各计其功""统一规划、统一标准、统一设计、统一施工、统一监管、统一验收"的原则，进行资金整合，实施高标准农田建设。明确以县级为平台，加大涉农资金整合力度，支持贫困地区搬迁移民集中安置点建设，重点抓好"十三五"国定、省定贫困村中的重度贫困村组村庄整治建设，坡耕地综合整治等。二是成立了由省委副书记为组长、相关部门负责人为成员的省委农业和农村体制改革专项小组。并在专项小组下成立了省委农工部副部长为组长、各相关单位相关处室负责人为成员的省高标准农田建设综合协调小组。三是明确了省委农业和农村体制改革专项小组办公室负责全省高标准农田建设的组织协调工作，并明确责任分工、细化工作措施，扎实推动定点扶贫政策措施的落实。

2. 因地施策，确保土地整治助推精准脱贫

一是鼓励支持贫困乡村对未利用地、低效残次林地、灾毁果园的开发利用，所补充耕地指标允许在全省交易，收益用于贫困乡村基础设施、民生工程建设和发展农业生产。二是支持贫困县市申报"增减挂钩"项目，对"空心村"、闲置村落进行整体搬迁，允许节余挂钩周转指标全省交易，指导当地政府合理分配收益，及时将交易收益返还农村。三是在新增费分配和土地整理项目安排上向贫困地区倾斜，对项目区空置村庄进行整体搬迁，支持土地整治与贫困地区发展特色农业相结合，助推贫困地区农业转型升级和现代化发展。四是引导贫困县市在安排土地整治项目时向种田大户、农业专业合作社聚集，以政府投资带动民间投资，发挥资金整合杠杆效应，助推农业产业发展。

3. 用好用活土地整治政策，助推贫困地区产业融合发展

一是支持贫困地区农村闲置宅基地整理、土地整治等新增的耕地和建设用地优先用于农村产业融合发展。支持贫困地区利用土地整治项目依法发展特色种养业、农产品加工业和乡村旅游等农村服务业，实施符合当地条件、适应市场需求的农村产业融合项目。二是支持贫困地区充分利用国家支持政策，将土地开发项目验收的新增耕地，按照"宜果则果、宜茶则茶、宜粮则粮"的要求，发展油茶等致富产业，带动农民增收。三是支持贫困地区利用整治后农用地依法进行工厂化作物栽培大棚、规模化养殖等生产设施和育种育苗场等设施农业建设。四是鼓励实施土地整治和高标准农田建设的土地依法进行流转，发展现代农业和引入现代管理，发挥资金和技术集聚功能，提高土地产能，增加农民收入。

三、主要经验

1. 领导高度重视是土地整治助推脱贫攻坚工作的保证

土地整治在精准脱贫中发挥重要作用，离不开省、市、县等各级党委、政府领导的重视和支持，也离不开各级国土资源部门领导的鼎力推动和决心。只有各级领导充分重视和支持，土地整治才能在精准脱贫中占有一席之地，才能"有为有位"。

2. 与现代农业产业结合是土地整治助推精准脱贫的重要途径

在当前农民种田基本无收益、许多农田抛荒的背景下，土地整治只有与现代农业产业相结合，向农业专业户流转，才能精准地发挥扶贫脱贫的功能，帮助农民增收。

3. 整合资金是发挥土地整治扶贫杠杆效应的重要保障

江西省建立了县市政府总揽全局，整合发展改革、国土资源、财政、水利、农业、农开办、烟草等部门资金推进贫困地区土地整治，实现精准脱贫的格局和机制，充分发挥了资金整合的杠杆效应，壮大了扶贫资金，更好地实现精准脱贫。

4. 发挥各类项目优势，实现精准脱贫

江西省在土地整治项目助推扶贫脱贫中，充分发挥各类项目的优势。在土地开发中主要实现新增耕地，发展特色农业，占补平衡指标收益用于贫困村发展；在土地整理中主要实现对现有耕地提质改造，提升农业基础设施，

改善耕种条件，用于种粮大户和专业户发展农业产业；在"增减挂"项目中主要瞄准整体搬迁贫困村落等，以充分发挥优势，保证精准扶贫。

四、土地整治助推脱贫取得的成效

1. 改善了贫困地区生产和生活条件

一是通过在项目区实施田、水、路、林、村综合整治，促进了农民集中居住和农田合理布局，提高了农村土地效益，推动了农业规模化经营、机械化耕作。二是通过土地整治工程的实施，硬化、改善农村道路，新建或改建农村排水设施，促进了农村基础设施建设和公共服务设施配套建设，改善了农村的居住环境，提升了农民的生活品质。三是通过实施土地开发、"增减挂钩"等的指标收益返还贫困乡村，保障了农村基础设施建设，有力地支持了农村经济发展。

2. 促进了耕地保护，增加了贫困地区农民收入

一是增加了耕地数量、提升了耕地质量，从而增加了有效耕地面积，提高了农业产出，增加了农业收入。同时，农业生产条件的改善降低了农民耕种成本。二是整治后的耕地通过流转，使项目区农民有持续稳定的地租收入。三是农民在项目区内自愿拆除的荒废住房、附属建筑也可按规定取得补偿收入。四是农民参与项目建设和进入现代农业企业工作获得劳务和工资收入。据统计，"十二五"期间，江西省贫困县累计实施土地整治项目294个，总投资20.36亿元，减少贫困人口1.84万人，对精准脱贫起到了重要作用。

3. 促进了贫困地区产业整合发展

土地整治项目区内完善的交通条件和水利设施为农业产业聚合发展提供了良好的基础，有力地推动了农业产业化的发展。全省建成了一批集中成片、机械化耕作和大规模经营的各类农业产业基地。培育和发展了一批粮食、蔬菜和其他经济作物等农业化龙头企业，促进了农业结构的调整优化，推动了农业产业区域化、专业化、规模化，延伸了产业链，增强了农业竞争力。

总之，在扶贫攻坚的过程中，入之愈深，其进愈难，在脱贫攻坚剩余的"硬骨头"面前，土地整治要更好地发挥助推器作用，需以机制创新为动力，积极探索土地整治与扶贫攻坚相结合的新途径。

大力开展农村土地整治 积极推进城乡统筹发展

——山东省土地整治助推精准脱贫情况介绍

近年来，山东省土地综合整治工作在山东省省委、省政府的正确领导下，遵照国家有关法律和政策法规，把土地整治、"增减挂钩"政策和精准扶贫相结合，以提高耕地质量，改善农村基础设施和农民生产生活条件，提高当地公共服务水平，促进城乡统筹发展和新型城镇化、美丽乡村建设为重点，坚持绿色发展理念，改善贫困地区的生态环境，较好地推动了省委、省政府支农惠农战略决策落实到位。

一、基本情况

大力推进农村土地整治，是落实最严格的耕地保护制度、实行最严格的节约集约用地的重大措施，是保发展、守红线、促转变、惠民生的重要抓手。"十二五"期间，山东省各地以开展土地综合整治项目和建设高标准基本农田为重点，不断加大投入，强化建设性保护，为坚守耕地红线，提高农业综合生产能力，支持农业现代化发展，做出了突出贡献。截至目前，山东省共建成高标准农田 3223.68 万亩，投入约 200 亿元，受益人口达到 740 万人，带动农民新增农业年纯收入 652.89 元/人。同时，按照"政府主导、部门协作、先易后难、规范操作、群众受益"的工作思路，强化措施、精心组织、稳步推进，积极开展"增减挂钩"工作，为推动山东省新农村建设和城乡统筹发展发挥了重要作用。截至 2015 年第四季度末，"增减挂钩"试点项目区共批复拆旧 84.13 万亩，涉及 50 万户，复垦耕地 33.75 万亩。新建住宅 7027 万平方米，新建公共设施及其他 549.5 万平方米。使用挂钩节余指标 25.07 万亩，新建各类项目 4369 个。经过近 10 年的探索实践，"增减挂钩"试点已成为山东省统筹城乡发展、扩大内需、促进新农村建设的重要平台，成为促进节约集约用地、破解保障发展和保护资源难题的重要抓手，有力推动了新农村建设和县域经济发展。

二、主要做法

　　山东省各地把土地整治、高标准基本农田建设和"增减挂钩"试点工作纳入精准扶贫工作范畴，以群众意愿为基础，以群众参与为关键，以群众满意为目的，以增加群众收入为落脚点，规范有序开展。

　　管理制度建设和创新，为土地整治工作的顺利开展提供了有力保障和政策依据。省委、省政府和省厅党组高度重视土地整治工作，省政府成立了由省长任组长、5 位副省长为副组长，发展改革、财政、国土、农业等 24 个部门主要负责人为成员的土地综合整治示范工作领导小组。省厅成立了"增减挂钩"工作领导小组，厅长任组长，分管领导任副组长，有关处室主要负责人为成员，不定期进行协商，研讨解决"增减挂钩"工作中出现的重大事项和问题。在领导小组的带领下，根据新形势下土地整治、"增减挂钩"工作的需要，省政府先后出台了《关于加强土地综合整治　推进城乡统筹发展的意见》《关于进一步规范城乡建设用地增减挂钩试点　加强农村土地综合整治工作的意见》《山东省城乡建设用地增减挂钩试点管理办法》《山东省土地整治条例》等法规和政策性文件，确保了山东省土地整治工作有法可依，有章可循，健康有序发展，也给扶贫工作提供了政策依据和保障。

三、取得成效

1. 通过土地整治，改变了农业规模化经营方式，使农民更多分享土地增值收益，增加了农民的收入

　　山东省德州市本着"既让农民住上好房子、又让农民过上好日子"的原则，用好用活土地"增减挂钩"政策这个杠杆，创新性地提出了新型农村社区与农村经济园区同步建设的"两区同建"新模式，统筹人口、经济等因素，统一规划建设新型农村社区，实现规划引领带动人口向社区集中，促进农民生活方式和生产方式两个转变，以产业建设为支撑，统筹规划建设农、工、商等产业园区，宜工则工，宜农则农，宜商则商，发展适合农村的农产品精深加工业、劳动密集型制造业、生态旅游业，形成了一批农村特色产业，有效促进了全域农业产业化、工业现代化、社区城镇化良性互动和协调发展，实现规划引领带动产业向园区集中，实现了农民居住条件改善与农村经济长

远发展的双赢，拓宽了农民增收渠道，带动了农业农村发展，有效改善了农民群众的生活水平，得到了上级领导的肯定、专家学者的认可和广大群众的拥护。如德州市齐河县塚子张社区属偏远村庄的整体迁建性社区，位于安头乡政府驻地东南2500米处。该社区纳入的塚子张村原来属于不靠县城，不靠乡镇驻地，不靠企业项目，不靠公路干道，不靠集市的"五不靠村"。2009年，齐河县以城乡建设用地增减挂钩政策推动"农村迁村并点"工程实施，塚子张老村址复垦后，如何利用好复垦后的土地，成为该村的当务之急。对此，村委会征求意见后，有的想按照人口平均分，有的想分片进行承包。最后通过集中多数村民的意愿，采取整体流转的方式对外发包，并通过"招投标"的方式确定由山东昌润生态农业有限公司整体承包经营旧村复垦土地。昌润公司按照"公司运作、特色经营、村民参与"的发展理念，注册成立了2000多亩的"致中和农场"，相继开发了有机蔬菜种植、五彩花生开发等高效农业，开发农家乐、荷池风情、乡村休闲游等多种农业特色项目，实现了经济、生态、社会叠加的多重效益，扩大了影响力和知名度。通过昌润公司的规范化运作，塚子张村开辟了增收致富的新天地。目前，该村年均流转土地收益达200万元，有效转移了农村剩余劳动力；公司与村周边500余户农户签订了种植协议，间接带动农户增收1000万元，大大提高了农民种植积极性。在尊重农民群众意愿的基础上，把土地整治复垦土地同推进农业现代化紧密结合，发展多种土地承包形式，积极为农村土地承包经营权流转打造规模化经营平台。依托土地整治、"增减挂钩"的政策平台，各地将复垦的耕地连片流转用于发展现代农业，为促进传统农业向现代农业转型升级提供了有利条件。

2. 通过土地整治，改善了农民居住生活条件，促进了城乡生产要素交换，为解决贫困村庄建设的资金难题探出了可行路子

济宁市邹城市孙厂村原位于城前镇驻地西南约3千米处，是典型的山区丘陵村庄，既不靠山也不临水，集体经济基本为零，村民没有什么副业，靠外出打工和务农维持生活。多年来，村庄没有发展。村集体为了让村民吃上自来水、走上水泥路，负债进行公共基础设施建设，村庄一度欠账达40余万元。借着"增减挂钩"政策的"东风"，孙厂村成为城前镇第一个住上楼房的村庄。按照"拆除平房建楼房、合村并点建社区、节约土地建园区"的思路，孙厂村在镇上建起了崭新的城前社区。该社区统筹解决项目区农村交通通信、供水供电、就学就医、卫生改厕、垃圾处理等问题，把原来布局零乱、脏乱差旧的村庄，变成了规划合理、设施完善、整洁靓丽的新社区，使农民居住生活条件发生了翻天覆地的变化。该社区共规划建设多层住宅楼 8 栋，总建筑面积 45000 平方米，其中，住宅建筑面积 38000 平方米，公共建筑面积 7000 平方米，内设老年公寓、社区服务中心、公共活动场所、大型农机具停放区和车库等基础设施，不断完善社区服务，实行物业化管理，村民过上了"城里人"的生活。如今的孙厂村，不仅还上了 40 余万元的债务，村庄的固定资产达 1200 余万元，并且有门面房 30 间。通过旧村复垦，村集体还新增耕地 160 余亩。为提升"增减挂钩"节余指标的价值效益，规定"增减挂钩"节余指标产生的土地增值收益全部返还农村，用于项目区村民拆迁补偿、建房补助及农村基础设施建设。通过将"增减挂钩"节余指标转化为城镇建设用地空间，大幅度提高了农村建设用地的市场价值，解决了城乡土地收益级差悬殊问题，使农民群众获得更多的土地增值收益，破解了当前农村社区建设面临的资金瓶颈。

3. 通过土地整治，激发了农村发展内生动力，为实现强村富民开辟了有效途径

近年来，菏泽市曹县针对基础差、底子薄、经济欠发达、贫困人口多的县情实际，把精准扶贫、为民脱贫作为最大的政治任务和民生工程，全县脱贫进程明显加快。2014 年实现脱贫 4.5 万人，2015 年前三季度实现脱贫 7.5 万人。曹县将"增减挂钩"试点这一惠民工程、民心工程作为推进精准扶贫、精准脱贫的有力抓手。全县实施了 18 个"增减挂钩"项目，涉及 30 个行政村，复垦耕地 9046 亩。原来交通不便、经济落后的贫困村庄，因"增减挂钩"项目的实施，村容村貌发生了翻天覆地的变化，彻底告别了贫困，走上了富裕的大道。梁堤头镇实行"四抓四提高"和分类梯次推进的方针，极大改善了群众的生活居住环境，有效提高了农民家庭收入，同时，村集体经济组织收入有了较大突破。目前该镇已完成了周韦庄、邹庄、杨集、陈庄寨、梁南村、中刘村 6 个"增减挂钩"项目，复垦耕地 5000 余亩，全镇土地流转 1 万亩，近 1 万名群众搬进了设施齐全、环境优美的新社区。在整体推进过程中采取分类梯次推进的办法，由政府统一规划，引导群众自拆自建，在安置过程中，因地制宜，采取货币安置、进城安置、就地安置和房屋置换等不同形式多种安置方式，并对鳏寡孤独等弱势群体实行特殊帮扶，切实妥善安置农民群众。抓典型示范带动，促进和谐新农村建设；通过财政投入、融资贷款、民政救助和整合资金等方法对困难群众进行帮扶。因人施策，大部分农民采取连体住宅方式；对无法自主脱贫的，将无劳动能力的贫困户纳入低保、五保救助范围，建设老年房和村集体周转房等，供低收入群体居住。基础设施建设是"增减挂钩"项目的"硬件基础"。全面实施"绿化、亮化、美化"工程，完善配套功能，着重进行社区道路、景观绿化、污水管网、通信设施、电网改造，自来水、路灯、有线电视等基础设施建设。注重加强公共服务和公益设施建设，为群众提供便捷高效的近距离服务；注重把富民和强村结合，拓宽发展村级集体经济的路子，凝聚促进农村发展的合力。通过"增减挂钩"，进一步丰富了农村工作抓手，提高了服务群众能力，促进了农村事务决策的科学化、民主化，基层党组织的凝聚力、号召力和战斗力明显增强。强化社区管理服务功能，加大资金倾斜力度，建立大社区文化服务中心、幼儿园、小学、敬老院等，每个社区均配备一所独立卫生院。在广泛调研的基础上，该镇提出了"引导土地流转，促进规模经营，加快产业发展"的思路，着力引导农村土地依法有序合理流转，走"土地流转与产业发展相结合，多种经营与农户合作相结合"的路子。对已实施完成的 6 个"增减挂钩"项目，依托复垦土地流转带动农民手中的 1000 余亩土地进行合理流转，先后引进了牧原食品股份有限公司、银香伟业集团投产落地，发展奶牛、猪、鸭等养殖基地、有机农业种植基地等，把土地向种养专业大户、农产品加工企业集中，建设高效农业示范区和高标准农田，以土地流转推动农业产业化，以农业产业化助推农业现代化，把大部分农民从土地中解放出来，为企业和种植大户打工，形成土地收益和工资两份收入，拓宽了农民增收渠道，真正实现了精准扶贫、精准脱贫。

扶贫由"大水漫灌"向"精准滴灌"转变

——重庆市土地整治助推精准脱贫情况介绍

一、基本情况

重庆市有巫溪县、酉阳土家族苗族自治县、城口县、万州区、黔江区、武隆县、石柱土家族自治县、彭水苗族土家族自治县、巫山县、秀山土家族苗族自治县、开县❶、云阳县、奉节县、丰都县等 14 个国家级贫困县和涪陵区、忠县、南川区、潼南县❷等 4 个市级贫困县。2015 年以来，18 个贫困区（县）实施新增费土地整治项目 114 个，实施规模 43.42 万亩，新增耕地 0.85 万亩；实施耕开费土地整治项目 150 个，实施规模 50.58 万亩，新增耕地 7.03 万亩；为提高贫困地区补充耕地积极性，安排收购贫困地区富余新增耕地指标 4.08 万亩，收购资金 6.45 亿元，分别占全市水平的 69.89%，67.65%。2015 年以来，18 个贫困区（县）实施农村建设用地复垦 2.73 万亩，已交易黔江区、涪陵区、南川区等 15 个贫困区（县）"地票"2.33 万亩，43.77 亿元，占同期地票交易量、交易额的 89.3%；向巫溪县、开县、彭水县等 16 个贫困区（县）的农户和农村集体经济组织直拨地票价款 54.5 亿元，占同期价款直拨额的 81.0%。

二、主要做法及成效

1. 加强规划统筹与项目资金整合

以高标准农田建设为平台，统筹整合相关涉农规划和项目资金，实现扶贫开发路径由"大水漫灌"向"精准滴灌"转变，扶贫资源使用由多头分散

---

❶ 2016 年 6 月，国务院同意撤销开县，设立重庆市开州区。
❷ 2015 年 4 月，国务院同意撤销潼南县，设立重庆市潼南区。

向统筹集中转变。例如，江津区将土地整治规划与农村土地整治项目和农业产业发展、新农村建设、扶贫开发项目捆绑在一起，统一布局、协调安排，消除了项目布局分散、重复建设等问题，在扶贫开发上率先实现"多规合一"。同时，重庆市"十三五"土地整治规划，在脱贫攻坚战略指导下，结合14 个国家贫困县扶贫攻坚任务，从安排土地整治项目、分配下达高标准基本农田建设计划等方面最大限度向贫困地区倾斜。通过引导和聚合涉地涉农资金，整体推进田、水、路、林、村综合治理，统筹农田整理、农村建设用地复垦和村庄风貌改造，既建成了一批特色效益农业发展基地，又促进了农村生产生活条件改善，提升了农村整体形象。

2. 健全完善土地整治的激励政策

结合贫困地区实际，在适度增加项目和资金支持的同时，着力构建激励政策体系。一是创造性地推出扶贫类巴渝民宿建设。将建卡贫困户宅基地整理纳入农村土地整治村庄整治工程，并结合"地票"政策等，通过以地入股、以房联营等模式，利用建卡贫困户农房，拟合作发展巴渝民宿，并进行互联网统一营销、结算，在促进贫困户持续增收的基础上，充分显现农村建设用地价值。目前，在城口县、酉阳土家族苗族自治县、彭水苗族土家族自治县、巫溪县等 4 个重度贫困县投资 0.69 亿元，启动 13 个扶贫类巴渝民宿示范点建设。二是围绕"就业帮助脱贫"。让农民通过直接参与工程施工得到实惠，贫困村在推进土地整治项目建设时，鼓励当地农民承担施工。2015 年实施的 96 个贫困村项目，安排专项资金 0.94 亿元，以补助的形式支持贫困村建设，由贫困村社根据实地需要确定实施内容，同时精简程序，鼓励当地的村民委员会或者村集体经济组织实施，让当地村民充分参与项目建设，完善贫困村基础设施的同时，增加贫困户务工收入。三是积极实施"以补促建"。对区（县）级项目入库备案规划设计投资超过 1500 元/亩的，完成竣工验收后，市级给予 600 元/亩补助。四是鼓励集中连片的贫困地区，将坡度 25°以下的损毁建设用地、未利用地，包括已变更为未利用地的灾毁园地、低质残次林，开发整理为耕地，经国土资源管理部门会同有关部门认定验收后可用于占补平衡，调动地方开展土地整治的积极性。

3. 创新土地整治的组织实施模式

充分尊重地方的首创精神，鼓励各地结合当地实际开展试点，积极探索土地整治实施新模式、新机制。创造性地推出先建后补政策。在集中一定规模耕地发展现代农业的集体经济组织、专业合作社等中，对土地平整工程、农田水利工程、田间道路工程等，采取先建后补方式，给予资金补助，降低投入成本。引导并鼓励将连片特困地区列为试点区域，对农民和基层经济组织自行开展的小规模的土地整理复垦、基本农田保护和建设实行补贴或奖励，进一步调动群众保护耕地的主动性和积极性，让种地者乐于整地、护地。在具体落实中，市优先审批、实施涉及流转建卡贫困户耕地的项目。2015 年以来，重庆市共计申报实施先建后补项目 30 个，预计补贴资金达 0.7 亿元以上。对脱贫最紧迫、群众最盼望的 96 个贫困村，安排专项资金 0.94 亿元，实施了 96 个贫困村土地整治项目，该批次项目从区（县）申报到资金下达，不超过 2 个月时间，与传统项目需要近一年时间相比，极大地提高了工作效率，体现了支持扶贫攻坚工作的实效性。

4. 精准策划实施贫困村土地整治

土地整治项目资金安排原则上优先考虑贫困村，贫困村实施的土地整治项目，要求结合所在地区的农业发展规划和旅游发展规划合理布局，通过实施农用地整治充分挖掘区域特色资源潜力，发展具有较强竞争力的特色农产品产业区和乡村旅游区。14 个国家贫困县属于重庆市生态涵养区和生态保护区，生态环境脆弱，在项目立项上要求坚持生态优先的前提下探索生态脱贫新路子，推广生态型土地整治模式，引导和组织贫困人口从参加生态建设与修复中直接或间接获益。此外，积极与市财政沟通协商，适度提高土地整治项目投资标准，进一步完善预算定额，丰富建设内容，争取将村庄环境整治、特色微景观、微地貌纳入整治范围，推动乡村旅游发展，助推精准脱贫。目前，重庆市也在探索对社会资本投资建设连片面积达到一定规模的高标准农田、生态公益林等，允许在符合土地管理法律法规和土地利用总体规划、依法办理建设用地审批手续、坚持节约集约用地的前提下，利用一定比例的土地开展观光和休闲度假旅游、加工流通等经营活动，引导社会投资农村产业融合发展，促进农村产业发展，带动贫困村农民就地就业脱贫致富。

5. 安排专项资金支持实施宅基地复垦

一是建立了建卡贫困户宅基地复垦周转金。建立贫困户周转金专账，并统筹调取户改周转金 5 亿元充实到建卡贫困户周转金专账，专项用于建卡贫困户复垦项目。各区（县）可根据建卡贫困户自愿申请复垦宅基地面积，按照 2 万元/亩的标准，申请借用建卡贫困户复垦项目周转金。二是制定了复垦项目周转金拨付使用管理办法。会同市财政局通过广泛深入调研并征求区县意见，共同研制《关于支持建卡贫困户宅基地复垦项目周转金的拨付使用管理办法》，明确了周转金申请原则、使用范围、管理职责、拨付标准、操作流程及归还时限。三是制定四个优先政策，支持贫困区（县）和贫困户实施宅基地复垦。对贫困区（县）、贫困户实施宅基地复垦的，重庆市制定了优先立项入库、优先组织复垦、优先"地票"交易、优先直拨价款的"四优先"政策，支持贫困区（县）、建卡贫困户实施宅基地复垦。

三、主要体会

1. 实施土地整治应坚持政府主导

目前，农业、水利、交通、建设、环保、电力、通信等部门，在农村投入大量的资金，在有条件的地区，应该在区（县）政府的统筹下，将实施市级农村土地整治与其他涉农涉地项目、资金相结合集中打造，使项目区出形象、出效益。

2. 土地整治具备精准脱贫多种功能

实现精准脱贫，主要包括精准推进基础设施建设、精准落实产业扶持措施、精准实施教育扶贫、精准推进人口转移就业、精准实施高山生态扶贫搬迁、精准开展医疗卫生扶贫、精准落实低保"兜底"政策、精准提供金融扶贫支持、精准建立结对帮扶机制等措施。农村土地综合整治兼具上述多种功能，通过项目工程实施，推进基础设施建设、促进产业发展；通过贫困群众参与简单的工程建设，可以获得一定工资性收入。开展复垦农村腾退的建设用地，不仅可以保障安置、教育、医疗用地，还可以通过节余指标"地票"交易，增加贫困农户财产性收入，体现金融扶贫。

开辟土地整治新路子　迎来精准脱贫新形势

——四川省土地整治助推精准脱贫情况介绍

近年来，四川省不断拓展土地整治内涵，积极发挥资源保障、生态建设、助推脱贫等功能，有效地改善了农业生产和农村人居条件，增加了耕地面积，提高了农业综合生产能力，搭建了脱贫攻坚平台，使土地整治成为名副其实的"德政工程""民心工程"，探索了一条不断创新、特色鲜明的土地整治新路子。

一、基本情况

2012—2015 年，四川省共投入资金 310.75 亿元，完成 2602 个土地整治项目，整理土地 2754.45 万亩，新增 245.55 万亩优质耕地，建成 2522.25 万亩高标准基本农田。其中，共安排 615 个省投资项目，安排财政资金 101.54 亿元，建设高标准基本农田 735.81 万亩耕地。"四大片区"88 个县共实施土地整治项目 1116 个，建设规模 956.54 万亩，建成高标准基本农田 672.84 万亩，总投资 105.65 亿元，新增耕地 76.65 万亩。四川省国土资源厅围绕连片扶贫规划，将全省投资一半以上的资金投向全省"四大片区"88 个贫困县。进一步加大力度的同时实施精准滴灌，对仪陇县新政镇安溪潮村、北川羌族自治县开坪乡凤阳村、阆中市西山乡岳林垭村、苍溪县五龙镇、筠连县五凤村、丹巴县半扇门乡腊月山三村、营山县茶盘乡张鹏村、蓬溪县金桥乡等扶贫乡镇（村），采取特事特办的方式安排省投资土地整理项目 8 个，落实资金 1.54 亿元。

二、主要做法和取得的成效

以土地整治为抓手，助推精准扶贫、服务"三农"取得了显著的成效，受到社会各界和广大群众的普遍欢迎。

1. 改善农业生产条件，提高粮食的综合产能

2012—2015 年，在四川省土地整治项目区内，整治田间道 5945.6 千米，整治、修建生产路 2043.8 千米，整治沟渠 4087.6 千米，整治山平塘 3716 口，新建蓄水池 16452 口，项目区的灌溉保证率达到 85% 以上，排涝标准达到了 20 年一遇，农业生产抵御自然灾害的能力明显增强，项目区受益群众　万人。整治后的耕地质量平均提升 1~2 个等级，粮食产能普遍提高 10%~20%，为保护和提高粮食综合生产能力，确保全省粮食稳产增产提供重要基础保障，也为解决贫困地区群众吃饭问题发挥了重要作用。

2. 维护农民权益，增强耕地保护动力

通过土地整治建成连片高标准农田，为项目区发展订单农业、特色农业、高效农业提供了条件，村集体和农户采取将土地经营权进行流转，承包给涉农企业，吸纳一定数量的当地务工农民长期就业，种自己的地、在家门口打工、挣别人的钱的方式，增加的非农收入占农民总收入的 2/3 以上。对竣工验收后的项目建立设施后期管护机制，明确"谁使用，谁管理，谁受益"，促进了农民增收，形成了土地整治成果由农民共享的良好局面。巴中市南江县沙河镇上营村流转土地，引进巴中绿立方农业有限公司和南江县德健蔬菜产业园，因地制宜发展蔬菜种植和生态旅游产业，年销售蔬菜 50 万吨，年产值达 5000 万元，吸纳周边困难群众务工者 70 余人，年人均收入超 2 万元/人。

3. 改善基础设施，提升生态环境质量

开展土地综合整治，实施迁村腾地相应集中，提高了土地利用效率，优化农村用地布局和农村社区公共服务，大力推进新农村建设，改善了农民的人居条件，提高了农村的生态环境质量。成都市蒲江县寿安镇依托农村土地综合整治，建设"产城一体"山水田园新城，建设的中德中小企业合作园区，吸引德国中小企业来发展，寿安工业园区已入驻企业 30 家以上，投资总额超过 45 亿元。南充市阆中市天宫乡依托省级土地整治项目，投资 4141 万元，建设规模 2.7 万亩，流转土地 3000 亩，大力发展以水果玉米、紫苕等为主的特色种植业，招引业主 6 户，打造龙山驿中药材、天宫院水果两个专业村，形成观光农业规模化，农民人均纯收入近 9000 元/人。通过实施土地整治，农民住上了好房子、过上了好日子，"望得见山、看得见水、记得住乡愁"，建成一幅现代版的田园风光图，大力发展生态旅游业，促进生态特色向旅游特色转变、现代农业向现代服务业跃升。

4. 助推致富奔小康，丰富和谐社会内涵

在四川省粮食主产区、高标准农田建设示范区、集中连片贫困地区实施土地整治，培育了一批特色产业，吸纳了一批涉农企业，壮大了农村集体经济组织，锻炼了一批农民带头人，通过引进生产企业或专业技术人员承包、流转项目区土地，实现农民离土不离乡，农民变为农业工人，承包户变为股民，增强了贫困地区的造血功能。部分土地整治项目已成为解决贫困地区生存和发展的示范项目，项目的成功建设支持了当地扶贫开发和移民安置工作，促进了民族和谐和社会稳定。乐山市沐川县依托土地整治同步培育一批专业化程度高、带动能力强的新型农业经营主体，增强龙头带动引领能力，培育了以四川永丰有限公司、四川一枝春茶业有限公司、沐川县黑凤凰乌骨鸡业有限公司为代表的市级以上重点龙头企业 18 家，发展专业大户、家庭农场和农民合作社等新型经营主体 626 个，农业产业化经营带动农户面达 85%。

5. 保障经济发展，守住耕地保护红线

坚持内涵挖潜与外延开发相结合，开展土地整治，优化土地利用结构，促进了农村节约集约用地和统筹城乡发展，缓解了经济发展与耕地保护目标的矛盾，为四川省社会经济可持续发展、土地资源可持续利用和粮食安全起到了保障作用。三年，建设占用耕地 120.3 万亩，完成 447 个单独选址项目，共补充耕地 120.3 万亩，连续 17 年完成耕地占补平衡任务，实现耕地总量动态平衡，保障了全省经济社会发展；超额完成 8832 万亩耕地保有量和 7706 万亩基本农田保护面积的目标任务，守住了四川省耕地红线。

三、主要体会

1. 抓关键，完善耕地保护工作机制

近年来，各级党委、政府高度重视国土资源管理工作，把开展土地整治、推进高标准农田建设作为"民生工程"摆在重要位置，"党委领导、政府负责、部门协同、公众参与、上下联动"的国土资源管理工作新格局已全面形成。土地整治及高标准农田建设作为国土资源管理的一项重要任务，已被列入各级政府的重要议事日程，受到了全社会的关注和农民的普遍欢迎。实践证明，只有健全完善耕地保护共同责任机制，形成齐抓共管的工作格局，才能思路清、方向明、举措实、接地气，从而有效地保护好耕地。

2. 守红线，增强资源保障能力

四川省人口多、人均耕地少、后备资源不足的基本省情，决定了在贯彻落实"十分珍惜、合理利用土地和切实保护耕地是我国的基本国策"的过程中，必须统筹兼顾保障发展、保护耕地。一直以来，四川省始终把增加有效耕地面积、提高耕地质量、保护生态环境、确保耕地占补平衡、实现耕地保护目标、助推脱贫攻坚作为土地整治工作的出发点和落脚点，把土地整治作为耕地保护工作服务保障经济社会发展的着力点，构建土地整治全新格局，为全省经济社会的可持续发展提供了资源保障。实践证明，只有牢牢抓住耕地保护这条主线，充分发挥对经济社会可持续发展的保障作用，土地整治工作才能体现价值、提高地位、赢得支持。

3. 强监管，提升土地整治成效

科学组织土地整治项目实施和对项目运行进行全过程严格监管，是搞好土地整治的关键。四川省按照高标准农田建设标准和土地整治政策规定，帮助指导各地围绕规划切实做好土地整治项目的落地，结合新农村建设要求和项目区群众的意愿，严把规划设计关、项目"招投标"关、规范施工关、检查验收关等，确保项目建设质量。通过土地整治，推动产村相融，加快建设幸福美丽新村，围绕"兴业、家富、人和、村美"目标，统筹城乡发展。实践证明，只有严格规范实施土地整治项目，加强质量建设和全过程严格监管，建成高标准农田，才能使土地整治成为受群众欢迎的民生工程，推进土地整理健康有序发展。

4. 重改革，全面提高管理水平

改革创新是深入推进土地整治的动力源泉。实践中，立足四川省现状和发展需要，逐步建立和完善项目的申报、实施、复核、验收等规章制度，以及可行性研究、规划设计、预算编制等技术规范。先后出台《四川省土地整治项目和资金管理办法》《四川省建设占用耕地易地占补平衡管理暂行办法》《四川省国土资源厅关于创新管理工作模式 组建片区工作组的通知》等。将项目区中的土地平整工程单列工程量，可由当地农村集体经济组织负责组织农民群众按要求实施。建立耕地保护基金，在德阳市、绵阳市等4市开展试点工作，基本农田保护补贴标准最低每年50元/亩。实践证明，只有不断推进改革创新，才能适应新形势下国土资源科学管理的要求，提升土地整治规范化管理水平。

5. 助脱贫，不断探索土地整治新路子

　　发挥行业优势，激发内在活力，助推四川省脱贫攻坚是义不容辞的责任。实践中，把推进土地整治，不断丰富国土资源脱贫攻坚措施，与"增减挂钩"、地灾避让搬迁形成合力，作为推进国土资源领域助推脱贫攻坚的重要内容，针对四川省秦巴山区、乌蒙山区、大小凉山彝区、高原藏区四大扶贫连片特困地区 88 个县的实际，在政策支持、项目倾斜、措施帮扶等方面，翻箱倒柜、倾囊相助，出台《四川省国土资源厅支持贫困地区扶贫攻坚十条措施》，给予贫困县以特殊的政策供给，尤其是积极申报争取国家级扶贫攻坚土地整治重大工程，加大省级投资土地整治项目和因灾损毁耕地复垦资金投入力度，有力地推进四川省贫困县奔小康致富。实践证明，只有把人民的利益放在心上，一切工作以人民的发展为要，才能激发活力，挖掘政策的潜力，发挥资源优势，通过政策引导、激励并帮助贫困地区群众同步建成小康社会。

以补代投 以补促建 因地制宜破解难题
——贵州省土地整治助推精准脱贫情况介绍

　　贵州省是我国贫困人口最多、贫困面积最大、贫困程度最深的省份。据《中国农村扶贫开发纲要（2011—2020年）》，贵州省是全国集中连片特困地区最多的省份，共涉及滇桂黔石漠化、武陵山、乌蒙山等三个区域。全省88个县（市、区）中有71个县（市、区）和1个镇位于三个特困区域内（其中，滇桂黔石漠化区域45个，武陵山区域16个，乌蒙山区域10个县和1个镇）；71个县中有50个属于国家级扶贫开发重点县，占贵州省县（市、区）比例的近57%；全省贫困人口623万人，占总人口数比例的近16%。

　　贵州省特困地区农村贫困状况主要表现在以下几个方面：一是少数民族聚居区，民族问题与贫困问题交织，减贫难度大；二是基础设施薄弱，市场体系不完善，发展条件极差；三是经济水平低，特色产业未形成规模，前期基础弱；四是社会事业发展滞后，基本公共服务不足，民生底子薄；五是生态环境脆弱，承载能力有限，开发难度大；六是区域发展不平衡，城乡差距大，减贫任务重。

　　"十二五"以来，特别是进入"十三五"后，贵州省各级国土资源管理部门围绕土地整治规划和扶贫攻坚目标任务，有针对性、因地制宜地大力推进土地整治特别是高标准农田建设，通过模式创新、示范带动等措施，充分发挥土地整治在脱贫攻坚中的平台搭建功能，有效助推了贫困地区人口实现脱贫致富。

一、具体做法

1. 政策引领

　　贵州省在土地整治工作中始终将农民增收、助推扶贫放在极其重要的位置。2010年3月1日，省人大常委会颁布实施《贵州省土地整治条例》，第十五条规定："除桥梁、防洪堤、水坝、隧道、水电安装等工程外，项目施工费在50万元以下的土地整治单体工程，不受本条例第五条的规定限制，由项目所在地的村民委员会或者村集体经济组织承包……"2014年，贵州省国土资源厅、贵州省财政厅联合印发的《贵州省土地整治项目管理办法》第二十三条规定："为增加项目所在地农民就业机会，提高农民收入，按照国家和省的有关规定，对可由当地农民完成的土地平整、小型农田水利和田间道路等工程，原则上应由项目所在地农村集体经济组织直接承担工程施工。"

2015年《中共中央　国务院关于打赢脱贫攻坚战的决定》发布后，贵州省省委、省政府高度重视。省国土资源厅也将助推脱贫攻坚、精准脱贫作为土地整治工作的一项重要任务来抓，进一步提出在"十三五"期间为50万就地脱贫人口每人整治1亩优质农田的具体目标，并下发了《贵州省国土资源大扶贫行动方案》《贵州省国土资源厅土地整治服务精准脱贫2016年为10万就地脱贫人口每人整治1亩优质农田实施方案》等一系列政策性文件。文件要求：按"属地管理、村民自建、扶贫优先、统筹高标准"的原则，按精准脱贫的标准，安排、实施2016年及"十三五"期间的高标准农田建设土地整治项目；将2016年10万就地脱贫人口每人整治1亩优质农田的任务分解下达给各市（自治州）；省级新增费重点切块下达各市（自治州），用于统筹安排服务精准脱贫项目；工程施工原则上由所在的村集体经济组织具体负责实施，用工优先安排项目区内贫困农户，其次为本村村民。

2. 规划指导

《贵州省土地整治规划（2011—2015年）》明确提出："创新土地整治组织实施管理模式。制定'以补代投、以补促建'的具体办法，提高农村集体经济组织、农村合作组织和农民在土地整治活动中参与工程施工形式和程度。明确村级组织、合作组织、农民的土地整治主体地位和职能，支持、鼓励村级经济组织、合作组织成立有限责任公司，承担除需要通过'招投标'方式确定单体工程施工单位外的土地整治工程。制定适合农村经济组织、合作组织、农民参与土地整治的管理制度、运行机制，切实增加和壮大农村经济组织、合作组织收入来源和经济实力，增加农民收入。"贵州省国土资源厅组织编制的《贵州省高标准基本农田建设规划》也明确提出："对小型工程要提高受益农民参与程度并积极探索资金报账、巡回监理、项目公示、村民自建等新机制、新办法。"

同时，根据《贵州省土地整治规划（2011—2015年）》《贵州省高标准基本农田建设规划》《全国土地整治规划（2011—2015年）》等规划，把土地整治作为农村扶贫开发的重要抓手和平台，将贵州乌蒙山区域、滇桂黔石漠化区、武陵山区等集中连片贫困地区确定为土地整治重大工程和重点项目布局区域。

进入2016年后，针对脱贫攻坚新任务、新要求，省国土资源厅进一步要求按"挂图作战"的理念编制"十三五"土地整治规划和土地整治服务就地脱贫"作战图"，明确项目建设位置、范围、目标和任务，清晰反映项目区贫困人口数量、贫困原因，在贫困人口集中区域精准选择、精准实施土地整治项目。

3. 试点探索

"十三五"以来，贵州省土地整治始终坚持按照地方实际和规划进行布局，充分发挥省级项目的试点示范功能，"点、面"结合，"民、企"结合，"远、近"结合，从改善农业生产条件、扶持新型经营主体、支持特色产业培育、建设生态宜居家园等方面合理施策，在促进项目所在地及区域扶贫开发中扮演了重要的"平台""抓手"和"榜样"角色。

毕节市七星关区朱昌镇项目，实施土地流转，发展现代高效种植业、养殖业，使当地部分村民转型成为农业产业工人，每人每年纯收入可达26000元，助推了约2500人（629户贫困户）脱贫。遵义市绥阳县蒲场镇、风华镇、整村推进项目，促进了近万亩耕地流转，搭建规模化、产业化经营平台，流转耕地引进农业企业，当地村民在企业种植务工，每天可获得工资60~80元，解决了当地近700名村民的就业；湄潭县复兴镇两路口村高标准农田建设项目，通过村集体经济组织统一经营，实现土地租金加经营性分红，使项目区农民人均增收1000元。黔南布依族苗族自治州罗甸县边阳镇土地整治项目，取消了"招投标"和工程监理环节，采取"村支两委"为组织实施主体，镇政府负责统筹协调，县国土资源局负责技术指导的"村民自建"模式，在简化管理环节、节约建设成本、增加工程投入、确保工程质量的同时，让本村农民从施工中直接获得了合理的劳动收入。

这些项目的实施，在近郊区农旅一体化建设、远郊传统农区特色产业规模化发展、农村基层组织建设及村民自建、精准帮扶等方面，都发挥了积极的推动和示范作用，为"十三五"期间土地整治助推精准脱贫积累了丰富的经验。

4. 项目助推

2012 年初，根据《全国土地整治规划（2011—2015 年）》《中国农村扶贫开发纲要（2011—2020 年）》和《贵州省土地整治规划（2011—2015年）》，按照省委、省政府的工作部署，为积极推进贵州省乌蒙山区域扶贫攻坚工作，贵州省国土资源厅决定开展在该区域所辖 11 个县（市、区）实施土地整治重大工程项目可行性研究。2012 年 7 月，贵州省政府批准贵州省乌蒙山区域"兴地惠民"土地整治重大工程立项，同时，针对贵州省高标准农田建设任务重、资金缺口大的实际困难，省政府决定向国土资源部、财政部申请中央资金支持。

在中央资金由于各种原因一时无法到位的情况下，贵州省各级政府及国土资源部门不等不靠，主动作为，从 2012 年起省国土资源厅在项目区共批准实施省级土地整治项目 21 个，投入资金 3.77 亿元。这些项目的实施，拉动了相关市、县其他涉农项目在该区域的投入，共计投入资金 2.05 亿元（含市、县级土地整治项目）。2012 年以来，贵州省各级各类涉农资金在乌蒙山区域"兴地惠民"土地整治重大工程项目区共计投入资金 5.82 亿元（含新增费项目），建成和在建高标准农田 10 余万亩，覆盖 4 万余农村贫困人口。

贵州省乌蒙山区域"兴地惠民"土地整治重大工程项目的实施，有效改善了项目区农业生产条件和农村生活条件，为区域农业产业发展搭建了平台，为项目区农民增收脱贫拓宽了渠道，成为贵州省乌蒙山区域乃至全省土地整治助推脱贫攻坚的示范性、支撑性项目。

二、主要启示

"十二五"以来，贵州省大量实施的与脱贫攻坚相结合的高标准农田建设土地整治项目为在"十三五"期间继续开展相关工作提供了如下启示。

1. 加强涉农项目资金整合

整合用于农业生产发展和农村基础设施建设等的财政涉农资金、引导社会帮扶资金，集中投入贫困地区扶贫开发，能够有效发挥资金的聚合效应、提高资金的使用效益，也是集中资源打赢脱贫攻坚战的必要条件。在土地整治方面，贫困地区的县级政府要以脱贫攻坚规划为引领，以土地整治项目为平台，统筹整合财政涉农资金、合理引导社会帮扶资金等，围绕落实脱贫攻坚规划，捆绑使用，集中投入，综合发挥各类资金的叠加效益，将项目区土地一次性整治到位，达到项目互补和投资效益最大化效果。

2. 因地制宜培育贫困地区内生动力

贫困地区普遍存在传统农业生产低效、农民群众收入结构单一等问题，培育区域内生动力、增强自身造血能力成为此类地区实现脱贫攻坚的内在要求。综合分析贵州省已实施的、对区域扶贫攻坚发挥了较大推动作用的土地整治项目可以发现，该类项目在打造现代农业发展平台、培育新型农业经营主体和延伸农业产业发展链条等方面积极作为，而土地整治服从并服务于这些实际需求，在推动当地农民快速脱贫致富方面成效凸显。例如，部分中心城市近郊区依托土地整治项目，培育发展农业龙头企业和专业合作社，将项目区建设成为集循环农业、休闲农业、科技农业和创意农业于一体的现代高效农业示范园；而在更大范围的传统农业地区则是以土地整治为抓手和平台，在有效改善农业生产条件的基础上，因地制宜地按照"资源变资产、资金变股金、农民变股东"的"三变"思路，通过引入社会资金或引导农民以地入股等方式组建农业专业合作社，发展山地特色高效生态农业，提高农产品商品化率。

3. 提高贫困地区治理能力

建立较为科学的治理体系、不断提升乡村的治理能力是实现贫困地区农村如期脱贫的基本前提。土地整治工作规范有序推进及其有效促进脱贫攻坚也需要建立在良好的乡村治理基础之上。综合分析土地整治实施成效显著的项目都不难发现一个共通点，即地方政府重视，基层组织得力，村民民主法治意识强烈。该类项目无论是在土地整治的权属调整、施工建设等主要环节，还是在建后流转和利用方面，项目涉及的广大干部群众都能积极参与其中。不仅避免了群众阻工等问题的发生，还有效提高和确保了工程建设速度和质量。进一步印证了村两委是脱贫攻坚的坚强堡垒，贫困地区的土地整治必须依托强有力的村两委工作班子，也可以结合项目的实施，通过健全"政府主导、国土搭台、村民参与"工作机制，推动农村基层组织建设，培育良好的乡村治理能力，充分发挥乡镇政府和村"两委"贴近群众、了解实际的优势，发扬和保障基层民主，引导和鼓励农村集体经济组织和农民积极承担和广泛参与，让广大群众真正从土地整治项目中直接获益。

4. 正确认识土地整治的"助推"功能

土地整治工作已经从增加耕地数量、提高综合产能等基本目标发展到搭建促进农业转型升级、推动城乡统筹发展、建设宜居美丽乡村等平台的升级目标，土地整治在扶贫开发和脱贫攻坚中的作用也日益凸显。但是也应该看到，在贫困范围广、贫困程度深、贫困类型多的山区省份，大多数地区的土地整治只是对"硬件"的改善，而其相关升级目标是否能够得以顺利实现也离不开资金项目整合、产业结构调整、村民自治治理能力提升等"软件"。

把握"六个精准" 完成扶贫"一号工程"

——甘肃省土地整治助推精准脱贫情况介绍

甘肃省是我国最贫困的省（自治区）之一，全国 14 个集中连片特困地区中，甘肃省有 3 个；680 个集中连片特殊困难地区县，甘肃省占 58 个。由于气候干旱，植被覆盖率低，黄土、泥石山地多，沙漠、戈壁面积大，加上降雨季节分配不均，土壤侵蚀面积大，水土流失、泥石流、滑坡、塌陷、风蚀沙化等土地退化现象比较严重，土地生态环境十分脆弱，曾被联合国专家评定为不具备人类生存的基本条件的地区。中国共产党第十八次全国代表大会报告提出，到 2020 年，要全面建成小康社会。土地是人类生存发展之基，要实现全面建成小康社会的战略目标，土地资源依然是必须解决好的战略性、根本性问题。甘肃省国土资源系统要主动担当，充分运用部门职能和行业资源，以土地整治为载体，聚集力量促进精准脱贫，以超常规的举措和办法，助力甘肃省精准扶贫、精准脱贫。

一、规划统筹引领，助推导向扶贫

近年来，甘肃省省委、省政府把扶贫攻坚作为最大的政治任务、压倒一切的"一号工程"，组织实施了"联村联户、为民富民"行动、"1236"扶贫攻坚行动，围绕扶贫对象、目标、内容、方式、考评、保障"六个精准"，谋划实施了"1 + 17"精准扶贫精准脱贫方案，打出了一套具有甘肃省特色的精准扶贫组合拳。在实施过程中，为推动两大行动的深度融合，国土资源管理部门及时跟进，与省扶贫办联合下发了《关于积极做好贫困地区国土资源工作深入实施精准扶贫的意见》，按照精准扶贫的要求，结合省委省政府《关于扎实推进精准扶贫工作的意见》，制定了《甘肃省精准扶贫土地整治规划（2015—2020 年）》。规划到 2017 年，完成贫困县高标准基本农田建设 255 万亩；到 2020 年，在贫困县共建设高标准农田 510 万亩。土地整治项目必须在 58 个贫困县和 17 个插花县内选址。高标准基本农田建设年度方案要紧扣精准扶贫这个主题，明确各市（自治州）将建设重点放在建档立卡的扶贫村，明确导向、靠实责任。在编制"十三五"土地整治规划时，开展了"甘肃省精准扶贫土地整治需求"专题研究，专门对全省重点贫困村土地整治需求进行调研，根据群众需求确定土地整治活动的规模、结构、布局和时序，科学合理安排土地整治项目。通过项目实施，提高贫困村农业生产效率，解放农村劳动力，促进农业规模化、产业化经营，加快土地流转步伐，降低农业生产成本，增加农民收入。

二、实施重大工程，发挥典型引领

加快民乐县、凉州区、泾川县3个国家级基本农田示范区建设，加快榆中县、肃州区、山丹县、古浪县、会宁县、安定区、临洮县、宁县、崆峒区、秦安县、成县、临夏县12个高标准基本农田示范县建设。2013年，在国土资源部、财政部支持下，甘肃省东部百万亩土地整治重大工程项目立项实施。该项目建设规模148.62万亩，新增耕地20.7万亩，总投资27.28亿元，建设工期2013—2017年。项目实施3年来，各项工作进展顺利，目前已实施子项目55个，建设规模88.29万亩，新增耕地11.67万亩。2016年23个子项目已开始施工"招投标"工作。该工程涉及的22个县全部为贫困县。通过重大项目建设，可将建档立卡的136个贫困村耕地全部建成高标准农田，充分发挥典型示范带动作用，形成典型引路、示范带动、整体推进的工作局面。鉴于该项目在促进精准扶贫方面取得显著成效，人民群众十分欢迎，省委、省政府结合甘肃省精准脱贫的迫切需要，决定申报甘肃省中西部精准扶贫土地整治重大工程。目前项目前期工作已经展开，7月将报送国土资源部和财政部审批。

三、精准分配资金，科学实施项目

按照将权力和责任放下去、服务和监管抓起来的思路，甘肃省国土资源厅转变思想观念，积极下放项目管理权力，将缴入省级财政的耕地开垦费和新增费，按照"缴返同地"的原则，80%切块返还当地政府，由其自主实施土地整治项目，切实增强项目安排的针对性、项目实施的实效性、精准扶贫的示范性，激发贫困县内生发展动力。省级留成资金，在58个贫困县、17个插花县选址。为了做到对象精准、目标精准，甘肃省国土资源厅专门下发项目申报指南，严格审核把关，确保项目符合《甘肃省精准扶贫土地整治规划（2015—2020年）》，对建档立卡扶贫村的项目优先安排。2015年，甘肃省安排49个项目，全部落在扶贫村，切实把有限的资金配置到最贫困的地区、最困难的农户和最需要补齐的短板上。

四、创新工作机制，破"两难"促"双保"

统筹支持经济建设、"占补平衡"与扶贫搬迁的关系，以"双保"破"两难"。针对兰州市经济发展较快，但是后备资源严重不足，无法落实"占补平衡"的问题，切实转变思想观念和思维方式，对兰州新区建设占用耕地实行易地补充，由兰州新区与古浪县政府签订合同，易地补充耕地1.6万亩。古浪县利用兰州新区耕地补充资金，在黄花滩生态移民下山入川工程项目区内开发整治土地4万亩，结合其他土地整治项目，已在黄花滩开发整治耕地5.87万亩，既解决了兰州新区补充耕地的问题，为新区发展"开了绿灯"；又为古浪县山区扶贫移民搬迁、拓展特色农产品生产基地创造条件，为移民搬迁"筑了新巢"，在满足"双需"中实现了"双赢"。统筹耕地质量提升与易地扶贫搬迁的关系。针对近年来移民新垦耕地较为贫瘠，土壤含盐碱度较高，部分区域存在土壤板结现象，在瓜州县广至藏族乡安排土地整理与改良项目四期，整理改良土地2.31万亩，取得了极其良好的社会、经济效益，为九甸峡工程1936户9193个移民提供生活保障，实现了省委、省政府提出的"移得来、稳得住、能致富"的目标。统筹土地整治项目与恢复生态环境的关系。将土地开发整理与矿山环境治理、采煤塌陷区综合治理有机结合，既治理恢复了矿山生态环境，又解决了采煤塌陷区群众的生活生计。平川区广沿沟土地开发整理项目开发耕地800亩，开发农村建设用地150亩，新打机井两眼，衬砌渠道5千米，硬化道路6千米，集中搬迁了采煤塌陷区党家水等村94户426人。从根本上解决了当地群众因采煤区土地塌陷，影响群众生产生活的问题。

五、构建部门联动，形成工作合力

以土地整治专项资金为主，聚合水利、农业、交通、住建等相关资金，按照"各炒一盘菜、共办一桌席"的模式，建立了项目区集中投入机制。靖远县永新乡卧牛村、土地整理开发项目和双永供水工程相结合，由水利部门实施双永供水工程，国土资源管理部门通过平整土地、配套渠系、整修道路、防护林栽植，安排四期土地整治项目，投入 7500 万元，整治土地 3 万亩，将旱地全部改造为水浇地，保障当地农民人均 2.5 亩水浇地外，将其余土地分配给贫困移民，切实解决了靖远县永新、兴隆、双龙、石门等乡区域内干旱山区贫困人口的生计问题。白银区大王沟土地开发一、二期项目，随着农业配套项目的实施，当地群众生产生活情况得到了改善。项目区已建起高效日光温室面积 850 亩，自来水受益率 100%，有线电视入户率 97%，新建小二楼农民新居 20 户，特困安居工程连排式平房 20 户。该村已成为市区重要的蔬菜基地，有效解决了城郊失地农民的安置问题。

六、改善利用条件，发挥综合效益

修建田间道和生产路，使每个地块能够实现农业小机械作业，极大地提高了农业生产效率，解放了农村劳动力，促进了农业规模化、产业化经营，加快了土地流转步伐，降低了农业生产成本，增加了农民收入。整治后坡耕地变成水平梯田，将过去只能种植产量较低旱地作物的坡耕地，转变为可以铺设地膜播种的玉米、小麦、土豆等的高产农田，为发展高效农业提供条件，双垄沟播地膜技术玉米亩产由 200~300 千克/亩提高到 500~800 千克/亩，实现了产业结构优化调整。项目施工充分考虑农作季节，以不影响农民进田耕作和不损毁农作物为前提条件，尽量利用秋末冬初农闲季节进行集中施工，春耕前全面建成并交付当地群众使用。农闲季节施工，还可以吸收项目区群众参与部分工程的劳作，不仅有效增加了群众收入，还可以随时监督工程质量，推进工程施工进度，减少群众与施工方产生矛盾，一举多得。

据测算，实施土地整治后，梯田较坡耕地减少水土流失 85% 以上，减少水土流失，使跑水、跑土、跑肥的"三跑田"转变为保水、保土、保肥的"三保田"，既治理了水土流失，又保障了粮食生产，实现了生态安全和粮食安全的有机结合。争取"增减挂钩"指标 2 万亩，在张掖市、庆阳市、金昌市、武威市等地开展"增减挂钩"试点。金昌市金川区开展农村住宅建新拆旧，将 5200 户耕地中间散乱的宅基地集中安置到未利用土地上，通过复垦增加耕地 6000 余亩，减少占用耕地 5000 余亩，节约用地 1000 余亩，既保护了耕地，又有效缓解了工业化、城镇化建设用地的供需矛盾，改善了农村人居环境。

实施土地综合整治　搭建脱贫致富平台
——宁夏回族自治区土地整治助推精准脱贫情况介绍

宁夏回族自治区地处我国西部，自然环境较恶劣、水资源匮乏、经济欠发达，贫困人口相对集中且少数民族人口比例较大，是国家重点扶持的地区。党中央、国务院和宁夏回族自治区各级政府历来十分重视农村土地整治和高标准农田建设工程。中国共产党第十八次全国代表大会以来，实施集中连片特殊困难地区开发扶贫攻坚工程是国家在新时期实施的一项重要扶贫富民举措，宁夏回族自治区将优化国土空间开发格局、整体推进农村土地整治、推进农村生态文明建设作为新时期国土工作的重点。近年来，实施了中北部土地开发整理重大工程、"十二五"生态移民土地整治工程等涉及扶贫地区的农村土地整治项目和高标准农田建设项目，对贫困地区实施土地整治集中连片扶贫开发，大力支持扶贫攻坚工作。

一、近年来实施的支持扶贫攻坚土地整治工程

1. 宁夏回族自治区中北部土地开发整理重大工程项目

宁夏回族自治区中北部土地开发整理重大工程项目（本篇以下简称重大项目）总建设规模337.8万亩，新增耕地78.58万亩，投资36.61亿元，项目建设工期5年，目前已全部完成并通过验收。自2009年5月正式启动以来，分五批安排中宁县、海原县，吴忠市红寺堡区、同心县、盐池县等贫困地区34个项目，建设规模162.2万亩，占总建设规模的48%，惠及150万贫困地区农民。通过重大项目实施，在贫困地区完成土方工程4067.12万立方米，砌护渠道16395.1千米，铺设管道32368.2千米，治理沟道3418.77千米，整修各级道路9131.03千米，种植防护林488.96万株，大力支持了扶贫攻坚工作。

2. "十二五"生态移民土地整治项目

宁夏回族自治区"十二五"生态移民土地整治项目建设总规模32.18万

亩，计划安置移民 83205 人，建设期 5 年，总投资 6.5 亿元。通过该项目共在同心县、盐池县、原州区、西吉县、隆德县、彭阳县、泾源县等扶贫攻坚地区安排 17 个项目，建设总规模 27.61 万亩，新增耕地 5.04 万亩，涉及安置移民 66950 人，18370 户，投资 5.5 亿元。通过项目实施，在贫困地区完成土地平整工程 1053.06 万立方米，砌护灌溉渠道 373.55 千米，铺设管道 19298.78 千米，配套各类大中型水工建筑物 4099 座，修建田间道路 483.83 千米，种植农田防护林 34.39 万株，有力地支持了扶贫攻坚工作，确保移民群众"搬得出、稳得住、能致富"。

二、取得的主要成效

宁夏回族自治区农村土地整治和高标准农田建设工作自开展以来，受到了全自治区各族群众的普遍欢迎，对支持宁夏回族自治区农业现代化建设起到了积极作用。

1. 农业增产

宁夏回族自治区通过实施农村土地整治和高标准农田建设，已经增加了 86 万亩的农业灌溉面积，新增耕地 89.58 万亩，原有土地生产能力大幅提高，项目区粮食单产平均增加 100 千克/亩左右，累计增产粮食近 4.4 亿千克，增加产值约 8.8 亿元。不仅为实现宁夏回族自治区粮食"十二连增"奠定了基础，还调整优化了农业产业结构，使农业生产条件显著提高，为现代农业发展奠定了坚实基础。

2. 农民增收

据测算，宁夏回族自治区农村土地整治和高标准农田建设项目使近 157 万农民直接或间接受益，占全自治区农民总人口的 60%。涉及农民因粮食、蔬菜和经济作物增收及参与工程建设人均年纯收入增加近千元，增收总值近 20 亿元，项目区群众普遍增收。

3. 节水增效

通过土地整治和培肥地力，宁夏回族自治区农村土地整治和高标准农田建设项目区耕地质量整体提高 1~2 个等级；通过推广节水灌溉技术，平均节水达 20%，老灌区总用水量减少约 1/4；通过斗、农渠工程的建设，合理确定了比降，减少了灌溉损失，增加了流量，提高了流速，有效解决了西部农业用水紧缺矛盾。项目建设达到了"增耕地、增产量，增收益；省时间，省劳力，省财力"的"三增三省"。

4. 经济发展

宁夏回族自治区农村土地整治和高标准农田建设项目有效推进了沿黄经济区和生态移民两大战略的实施，沿黄经济区占全自治区面积的66.70%，农村土地整治和高标准农田建设对沿黄经济区和生态移民重点工程实现全覆盖，使沿黄经济区和生态移民区域的耕地质量、数量大大提高。仅高标准农田建设项目使用的水泥构件等钢筋与混凝土投资就达20亿元，拉动了当地GDP和经济发展。在确保了粮食连年增长及区域粮食安全的同时，项目对促进当地社会经济发展作用巨大。

5. 生态改善

通过田、水、路、林、村综合整治，宁夏回族自治区农村土地整治和高标准农田建设项目区基本实现了"田成方、林成网、路通畅、渠配套、旱能灌、涝能排"格局，农村面貌焕然一新。共整理沙漠5.6万亩，治理盐碱地13.7万亩，栽种各种树木800余万株，项目区80%的农田得到了保护，形成了乔灌草结合的农田防护林体系，生态效益明显。

6. 社会稳定

宁夏回族自治区农村土地整治和高标准农田建设项目的实施不仅推动了新农村建设和扶贫开发，而且促进了民族地区的团结与和谐富裕，为民族地区稳定发展提供了保障。项目实施受到回族、汉族群众普遍欢迎，许多回族农民自发到项目区义务劳动，为项目区修路、运板。有的县为了项目建设，农民在玉米未成熟的情况下，自己把玉米砍掉，为项目让出土地。有的地方回族、汉族群众还共同将锦旗送到指挥部。这些都为在新农村建设中树立土地整理机构的良好形象，增强土地整理的生命力，推进民族地区稳定发展，起到了积极作用。

三、宁夏回族自治区实施农村土地整治和高标准农田建设的主要做法

1. 科学规划，高标准整治

按照"高起点规划、高标准建设、高效益整治"的原则，宁夏回族自治区制定了《宁夏土地开发整理工程建设标准》和《土地整治项目规划设计技术要点》。通过建立工程建设标准，明确建设技术规范，实行专家与群众相结

合、室内材料与现场勘察相结合、技术要求与当地实际相结合的办法，提高工程标准。

2. 精心组织，强化监管

各部门参与项目立项、论证、实施和验收工作，充分发挥职能作用和行业优势，形成了项目管理的合力。层层建立工程质量目标责任，健全质量保证体系，创新质量监督机制，全面推行业主、监理、中介、村民代表、社会舆论、动态监测系统"六位一体"的质量管理体制。

3. 落实制度，确保质量

坚持"高质量施工，高标准管理"，狠抓各项管理制度落实，定期或不定期地进行检查，严格工程验收，采取工程质量一票否决制，发动群众、纪检检察部门一起监督，有效地保证了项目工程建设质量。

4. 严格把关，效益长久

在项目实施、验收等多个阶段引入第三方机构进行检测，同时，利用无人机对项目实施前、实施中、验收后的工程建设情况进行拍摄，在验收阶段利用正射影像图与竣工图进行对比，验证实际工程量与建设任务完成情况，以确保项目工程的完好，使其发挥长久的效益。

四、下一步工作安排

宁夏回族自治区有 9 个国家重点扶贫县，回族人口多，既是全国最大的回族聚集区，也是革命老区和贫困地区，区域干旱少雨，自然条件较恶劣，目前还有贫困人口 150 万人，是自治区全面建成小康社会的难点和关键所在。

"十三五"期间，拟实施"宁夏六盘山地区精准扶贫与生态修复土地整治重大工程项目"，在"十三五"期间对宁夏回族自治区贫困地区的全部耕地进行整治，形成配套较完善的生态农田灌排系统和旱地耕作、田间道路和生态保障体系，改善当地农业生产条件；通过对中低产田的改造，耕地质量将进一步提高，提供旱涝保收的高标准农田；将最不适宜人类生存地区的贫困人口，整体搬迁到生活、生产条件较好的地区，加快移民脱贫致富的步伐，使宁夏回族自治区所有的国家级贫困县（区）尽快摘掉贫困的帽子。

实施土地整治重大工程
示范引领区域精准脱贫

引　言

　　2008 年以来，国土资源部会同财政部先后批复同意支持实施 14 个土地整治重大工程项目。土地整治重大工程项目是落实土地利用总体规划，有效保护土地资源、合理开发土地后备资源，促进土地资源高效、合理利用的重要手段。重大工程的实施，大范围解决了区域性扶贫问题。土地整治重大工程项目实施意义重大，为区域精准脱贫起到了示范引领作用。

　　各土地整治重大工程项目所在地政府高度重视，深入分析，积极作为，涌现了很多良好的机制和制度，创新了工程实施模式。黑龙江省龙江县按照"政府主导、国土搭台、部门合作、公众参与"总体要求，严把制度关、监督关、资金关，保障了工程项目的顺利进行，助推了项目区农民脱贫致富。河南省淅川县以农田基础设施建设、培肥地力、改善农业基础生产条件和生态环境，提高耕地生产能力，建设现代农业和促进农民增收为主要内容，通过出台质量、资金、责任追究等 10 余项完善的制度保障体系，为保障脱贫工作顺利实施奠定了坚实基石。广西壮族自治区桂中地区加强组织领导，强化培训，规范施工管理，加强项目管理，创新工作机制，提升了工程实施质量和速率。云南省政府立足边疆少数民族地区发展实际，高度重视项目管理机制创新，出台制度办法，确保项目工程稳步推进，严格监管资金和工程款的审批和使用，鼓励群众直接参与工程质量监督管理，加强对项目的督促和管理。陕西省吴起县充分剖析当地长期贫困的原因，从根本上寻找措施以保证农民有地可耕，带动配套产业发展，提高土地资源配置效率，激活农村剩余劳动力转移，创新确立具有特色的治理模式。宁夏回族自治区海原县高度重视对重大工程的组织领导和群众参与，制订公告制、法人制、工程监理制、"招投标"制、合同制、审计制，严格监管工程质量，实施全过程优化。

　　在实践过程中，为了推进土地整治重大工程的实施，各省（自治区、直辖市）充分分析各地具体发展问题，开展项目论证，在实施过程中充分发挥各方力量保障项目实施，取得了较好的成绩：实现了保护耕地红线，促进农业现代化发展，改善农村生产生活条件，增加农民收入的目标；盘活了农村闲置土地，提高了土地节约集约利用水平，形成了资金、技术、人力等生产要素的集聚效应，拉动了农村内需；打造了支农平台，促进了生态文明建设，促进了农村基础设施建设和社会和谐发展。

"国家粮食生产百强县"的小康之路

——黑龙江省龙江县土地整治助推精准脱贫典型案例

近年来，在省、市国土资源管理部门的指导和帮助下，在县委、县政府的大力支持下，积极开展了土地整治项目建设工作，收到了可喜成效，助推了项目区的精准脱贫，加快了农民致富奔小康的步伐。现就实施的 2012 年度龙江县鲁河乡土地整治重大工程建设项目为典型案例，对各项工作开展情况进行介绍。

一、龙江县基本情况

龙江处于大兴安岭南麓与松嫩平原过渡地带，面积 5887 平方千米，下辖 8 镇 6 乡 4 个国有林场，有耕地 551 万亩、草地 140 万亩、林地 136 万亩，总人口 62 万人，其中：农业人口 48 万人，少数民族人口 2.6 万人。龙江县是农业生产大县，是我国粮食玉米主产区和国家商品粮基地县，被誉为"国家粮食生产百强县""全国粮食生产标兵县""全国玉米高产示范县"。由于受气候的影响，龙江县位于黑龙江省典型的旱作物农业区和重点风沙干旱地区，十年九旱。"十二五"期间作为省级贫困县，被纳入国家大兴安岭南麓集中连片开发特困地区。依据农村土地整治总体要求和龙江县土地利用总体规划修编要求，龙江县鲁河乡土地整治重大项目经省政府专家现场踏查后列为重点进行申报。项目于 2012 年 10 月开工建设，建设规模 3828.07 公顷，国家投资 6408.62 万元，新增耕地 115.78 公顷，2014 年 7 月顺利通过终验。

二、具体措施

按照"政府主导、国土搭台、部门合作、公众参与"总体要求，具体措施包括以下几个方面。

1. 加强组织领导，保障顺利进行

县委县政府高度重视，成立专项领导组织，强力推进，从项目立项申报、勘察设计、组织实施、检查指导及上下级部门间协调工作，给予了强大的保障。为了较好地完成项目各项建设任务，专门成立现场工作组，具体负责项目实施过程中的指导、监督和协调工作，从实际处出发解决施工过程中一切难以解决的问题，如渠道占地、占树、电力设施架设等。

2. 充分征求意见，提高公众参与程度

项目的各个阶段都离不开当地公众和农民的参与，特别是要征求项目区村委会及村民代表意见。在项目申报前期与村委会就项目建设前期、后期的土地使用权、收益权、权属调整方案以及后期管护移交，充分协商同意后签订有关协议。这样既提高了科学管理性，又能防止项目实施过程中出现不必要的问题和矛盾，有利于社会的稳定。同时公众的参与、监督还能提高项目工程建设的水平。

3. 从实际出发，务求效果

龙江县鲁河乡土地整治重大工程项目从立项申报开始，就组织相关人员进行现场实地踏查，征求意见时，深入基层到各户家了解情况和宣传政策，并举办座谈会广泛征求农民的意愿。严格要求勘察设计单位必须一切从实际出发，设计的成果务求实效、实用，初设并公开征求村委会及村民代表的意见。深入每一地块，做好记录和记载，遵循实效科学合理规划。由于鲁河乡项目位于龙江县的鱼米之乡龙德村，该村主要以稻田为主，路况条件较差，农民生产、生活极为不便，在设计初期意向选用当地河流石作为材料，经过反复研究探讨结合性价比，路面石料选用了泥结石。实验证明泥结石比河流石耐用且坚固。

另外由于该项目还有水利部门的投资，为了使项目力求实用，防止重复建设多次与水务部门进行对接，征求意见，保证了工程建设的有效衔接。

三、主要经验与做法

为了合理利用和保护有限的土地资源，把土地整治项目建设工作作为促进县域经济社会发展的重要举措来抓，积极开展土地整治项目建设工作

1. 高度重视，强力推进

为把土地整治这一好事办好，多措并举、强力推进。一是健全组织。成

立了以县长为组长，国土、财政、农业、水利等职能部门负责人为成员的项目建设领导小组，负责项目实施建设管理任务。领导小组各成员单位密切配合、通力协作，在项目施工前、中、后期随时召开推进会议，既能推进工程进度又能保证工程质量，从而，为项目的顺利实施提供了有效保障。二是定期报告。县委、县政府每季度都要对土地整治项目进行重点检查和现场办公，解决了很多难点问题。三是强化宣传。始终把宣传贯穿于土地整治工作中，充分利用各类会议、简报、标语、宣传手册、新闻媒体和上门走访等形式，将项目区面积、工程概况及国家相关政策等内容向群众公示，接受群众的监督，对项目实施方案依法、公正、公开操作。在全县上下形成了政府统一领导、部门联动配合、群众广泛参与的良好格局，调动了群众参与支持土地整治工作的积极性，促进了土地整治工作的顺利开展。

2. 科学规划，注重可行

土地整治是一项综合性系统工程。在市国土资源局整治科的指导下，在学习借鉴先进地区成功经验的基础上，结合龙江县实际，因地制宜，科学编制土地整理区域规划。通过科学合理的规划，充分吸纳群众的意见，理论结合实际，尽量减少后期变更和调整工作。为项目的落实和实施提供有力保障。

3. 强化管理，保障质量

为严把项目建设质量，在项目实施中严把"三关"。一是严把制度关。严格执行项目建设法人制、招投标制、监理制、合同制、公告制五项制度，由施工单位、监理单位、项目区乡镇政府三方人员对项目工程质量进行联合监管，保证了项目各项工程质量达到项目设计的标准。二是严把监督关。建立了项目指挥部、监理单位、施工单位、乡镇政府、村委会及村民代表的监督体系，加强工程质量监管。同时，由建设单位与村委会签订后期管护协议，有效保障了工程的后期维护与保养，同时也保证了项目各项设施得到充分利用，防止闲置浪费。三是严把资金关。对项目资金的使用，严格做到"四个坚持"，即坚持专款专用、坚持按照规定范围开支、坚持法人"一支笔"审批、坚持科目资金决算。对项目建设资金做到工程预算、施工合同、签字核实、正规发票、验收报账"五到位"。通过严把"三关"，严格执行省财政厅、国土资源厅关于印发《黑龙江省土地整治项目资金同级财政报账管理暂行办法》的通知（黑财建〔2011〕39号）要求，财政部门严格按照要求核对工程及时拨付工程资金，保证了工程建设资金专款专用、发挥实效。

四、项目取得效益

实施土地整治项目，助推了项目区农民脱贫致富，实现了增产增收，项目区的社会效益、生态效益、经济效益非常明显。

1. 社会效益

土地整治项目实施使项目区产生了较好的社会效益，调整了土地充分利用和农村经济种植结构，在项目建设资金注入和优惠政策的实施过程中，拉动了项目区的经济发展，提高了群众生活质量。土地整理过程中，由于使用大量的机械、建材等物资，带动其他相关产业的发展，增加了就业机会，吸纳了大量的农村劳动力。

2. 生态效益

项目区在土地整理前，区内抵御自然灾害的能力很差，农民的生产经常受灾减产、减收，影响农民生产和生活。项目实施后，新增加了耕地面积，提高了耕地质量，改善了农业生产条件和生态环境，改善了农村生活基础条件，提高了农民生活质量。不但为农民创造了致富条件，还大大激发了农民的生产积极性，真正实现了粮食增产，农业增效，农民增收。既发展了农村经济，又稳定了农民的思想情绪，对维持社会稳定，实现社会和谐起到推动作用。

3. 经济效益

通过实施土地项目整治，使项目区的农民人均收入大幅度提高。鲁河乡土地整治重大工程项目区涉及龙德村，3600 人口的统计，项目实施前，人均收入 14500 元，项目实施后，人均收入达到 16900 元，提高了 2400 元，提高 1.16% 。

经过几年的实践证明，实施的项目效果运行良好。受到了项目区的乡镇、村两级干部和人民群众的广泛认可和赞同，也给项目区的农民带来了良好的经济效益和社会效益，同时，农业抵御自然灾害的能力明显提高，为发展现代农业打下了坚实基础。加快了社会主义新农村建设步伐，使农民更加富庶奔向小康。

创新项目管理方法　保障脱贫顺利实施

——河南省淅川县土地整治助推精准脱贫典型案例

　　淅川县位于豫、鄂、陕三省七县市结合部，集山区、库区、边缘区和贫困区于一体，全县面积2820平方千米，辖17个乡镇（街道）、67万人。交通落后、信息闭塞、设施薄弱，加上人多地少、灾害频繁，导致人民生活水平低下，先后被确定为"八七"扶贫攻坚重点县、国家扶贫工作重点县和秦巴山片区扶持县。为了打好脱贫攻坚战，淅川县利用国家《南水北调中线工程丹江口库区（淅川县）移土培肥土地整治重大工程》（以下简称移土培肥项目），从大处着眼，小处着手，为了腾飞的梦想，以登高望远的气度，谱写着富民强县、生态县的绚丽篇章。

一、基本情况

　　长期以来，农业基础设施薄弱是困扰淅川县农业可持续发展的一大障碍。加之淅川县作为南水北调中线工程核心水源地，为服务南水北调作出了巨大贡献和牺牲。丹江口水库修建时淹没淅川县城一座，淹没土地362平方千米，耕地28.5万亩。向北京送水后，又新增淹没土地144平方千米，淹没耕地近13万亩，留守群众人均耕地不足0.5亩。2013年1月，国家为了从根本上解决南水北调中线水源地淅川县的生态环境、调水水质及库区沿岸滞留移民生产生活问题，在淅川县实施了投资19.94亿元的南水北调中线工程丹江口库区（淅川县）移土培肥土地整治重大工程。项目工程以农田基础设施建设、培肥地力、改善农业基础生产条件和生态环境，提高耕地生产能力，建设现代农业和促进农民增收为主要内容。

　　目前，移土培肥项目已进入扫尾阶段，正在进行自查、计量、整改，完成主要工程量土地平整面积7229.63公顷，农用井702眼，提水泵站48座，桥涵6231座，排水沟222.86千米，田间道路680.33千米，生产路718.93千米，高压输配线路4.8千米。

二、具体做法及经验

1. 强化责任保质量

在项目实施中，淅川县县委、县政府成立了指挥部，列入绩效评价体系，实行党政同责，全民参与。出台了质量、资金、责任追究等10余项完善的制度保障体系，为工程建设奠定了坚实的实施基石。县委、县政府按照"有利于监督工程进度，有利于保证工程质量，有利于落实项目实施规划"的要求，建立了指挥部、监理、乡村组织、群众、标段共同参与的"五位一体"质量管理体系。形成了各级齐抓共管、严把质量的监督机制，确保了工程建设能够按照规划设计，高质量、高标准地进行施工。同时，创办了"移土培肥专栏"电视栏目、《移土培肥视窗》报刊和手机短信通报平台；创新了"电话督导法""信函督导法""六方会签法""四方到场监督法""日统计周通报法""以会代训学习法""现场会交流法"和"观摩评比法"等具有可操作性、借鉴性的新方法，有力地保障了移土培肥项目的快速推进。

2. 以人为本提效益

在移土培肥项目实施过程中，紧紧围绕以人为本的方针，以生态环境保持为主，大力发展绿色产业。在项目实施过程中，大量使用当地农民工，引导当地群众参与项目建设，增加经济收入，助力贫困群众脱贫致富。按照"整治一片，成功一片，效益一片"的目标，在抓好土地整治、改造中低产田建设的同时，淅川县根据"一县一业，一镇一品"的总体思路，从未放松产业化经营项目建设，利用整治、培肥后的高产田，大力引进现代农业投资企业。金河镇引进了南阳弘森科技，计划在山根村项目区投资2亿元，发展名贵花卉观光植物园，目前已初见规模，成功吸引了周边县城节假日的自驾游人群。马蹬镇引进的河南福森药业集团在马蹬镇种植"百草园"，不仅保证企业创收和药源，而且带动当地群众加入，增加了群众收益。上集镇引进的河南雄升集团投资建设的时令瓜果"生态采摘园"，香花镇引进的河南鑫帝生物质能源有限公司栽植的玫瑰园，老城镇引进的河南省亿隆高效农林开发有限公司的茶园，等等。随着企业入驻，耕地向企业流转，项目区群众不仅得到了耕地租金，还可以到企业打工挣钱，大大激发了淅川县干部群众参与土地整治项目建设的积极性。

3. 发展产业保脱贫

淅川县政府特别重视生态发展，倡导项目区群众大力发展软籽石榴、柑橘、金银花等生态农作物生产。通过对项目区坡耕地进行坡改梯并进行移土培肥，不但保持了生态环境，并且提高了土地耕种肥力，再加上产业结构调整，更加有助于推动当地农业经济发展，帮助贫苦群众脱贫。"现在种地可省事了，机井和管道分布在田间，旱能浇、涝能排。丰收不再靠天了"，项目区的群众如是说。对已经完工的项目区内变化，用"天翻地覆"来形容一点儿也不夸张。走进渠首土地整治项目区和移土培肥项目区，放眼望去，机耕路四通八达，排灌渠交织成网，护坡金银花像腰带围绕梯田，农业生产热火朝天，处处洋溢着现代农业气息。与移民新村和新农村建设构成了一幅幅"平畴沃野吐新绿，民富村美谱新曲"的新农村画卷。而更深层次的变化则体现在项目区农民的收入上，也体现在农民的观念上。"在政府的引导下，实现土地向大户流转，在项目区发展金银花、柑橘和软籽石榴，一亩坡耕地现在纯收入就1万余元。"仓房镇张营村群众提到柑橘收入、盛湾镇马湾村群众提到软籽石榴收入，就直念叨党的政策好。两个项目以"治水、整地、培肥"为重点，始终坚持提高耕地质量，改善农业生产基础条件，提高农业综合生产能力，收到了立竿见影的实效。据统计，淅川县流转土地21037亩，发展软籽石榴、柑橘、药材、薄壳核桃、生态园等现代农业、精品农业。

三、实施成效

通过整治，项目区的农田提高了抵御自然灾害的能力，生态环境得到了改善，资源利用趋向良性循环，土地、水、气候等资源得到合理利用，增强了农业发展后劲。

通过生态环境保护工程建设，采取"科学施肥，增施有机肥、病虫害生物防治"等措施，不仅可以增加土壤肥力，而且在一定程度上起到控制和治理土壤污染的作用，解决因过度施用化学肥料和农药造成耕地质量下降的问题，从而促进农田生态系统的良性循环，促进绿色农业的发展，形成优质、高效的生态农业。

通过淅川县移土培肥工程建设，运用工程措施和生物技术措施，对取土区肥沃的耕作层土壤进行剥离，不仅可以增加水库库容，而且通过对库底进行清理，可降低原腐殖质层对水库水质的富营养化影响，保证水库水质达标，确保京津及沿途人民吃上放心水。同时，通过对整治区进行坡地梯田改造、土地翻耕和覆土培肥等土壤改良工程，可以有效减少土壤流失，降低土壤养分储量的流失，增加土壤肥力，大大降低水源地有机污染。

通过土地整治，项目区内待整理的耕地后备资源得到利用，土地垦殖率有所提高；项目区通过平整土地、增加水利设施、培肥地力、选育良种和生态防护等技术措施，来提高土地的生产率和改善耕地的质量。改变整理前旱不能灌、涝排水不畅的状况，建成田块平整、形状规范、适宜机械化操作的高效生态农业园区，有效增加了粮食产量，改善了当地农民生活，有利于促进社会稳定。修建项目区农村道路，大大提高了交通便利度，奠定了机械化耕作的基础。

项目建设后，有利于南水北调工程移民安置、缓解土地资源不足、改善移民区基础设施条件；有利于项目区内高墩土迁移、林渠兴建、河道拓疏，改善水土保持效果和农田生态环境；有利于项目区农业增产、农民增收。同时，按照农田水利工程标准建设，形成"田成方、路相连、林成网、旱能浇、涝能排"的良好农田生态系统，对持续建立农田生态系统，促进农业综合生产能力的提高，都有重要意义。

农业是人类的"母亲产业"。远在人类茹毛饮血的远古时代，农业就已经是人类抵御自然威胁和赖以生存的根本，因而在古代，常以农桑垦殖、水利兴修来对各级官吏的政绩进行考核。而今天，淅川县以土地整治项目建设为契机，为了全县父老乡亲生态致富，确保一江净水送北京，谱写着土地整治项目建设更加和谐美好的华丽篇章！

聚合资金　整体推进　促进精准脱贫

——广西壮族自治区桂中农村土地整治助推精准脱贫典型案例

2010 年 5 月，财政部、国土资源部、广西壮族自治区人民政府签订了《财政部 国土资源部 广西壮族自治区人民政府　整体推进农村土地整治示范协议》，同意在桂中地区开展整体推进农村土地整治示范区建设。目前，该重大工程已完成建设并取得显著成效，为精准扶贫工作做出了重大贡献。

一、基本情况

2010 年 12 月，广西壮族自治区人民政府下达了《广西壮族自治区人民政府关于广西桂中农村土地整治重大工程立项的批复》（桂政函〔2010〕30 号），同意广西桂中农村土地整治重大工程（以下简称桂中重大工程）立项。桂中重大工程涉及南宁市和来宾市 2 市 6 县（市、区），59 个乡镇，覆盖 344 个村委，1513 个自然村（屯），受益群众达 175.2 万人。包括 143 个土地整治项目，实施规模 200 万亩，投入资金 39 亿元（中央投入新增费 25 亿元，地方新增费 11 亿元、地方耕地开垦费 2.5 亿元、地方土地出让金用于农业土地开发部分 0.5 亿元）。于 2012 年 12 月底全面完工。桂中重大工程任务目标基本完成，整治土地 200 万亩，平整土地 24.14 万亩，新增耕地 10.05 万亩，修建渠道 4248.88 千米，修建农村道路 4386.06 千米，建成高标准基本农田 171.06 万亩，提高粮食产能 2.98 亿千克，建成了 31 个示范村，整治改造了 319 个村庄面貌。

二、具体做法

1. 高度重视，加强组织领导

一是成立桂中重大工程建设领导小组和办公室，自治区常委副主席亲自挂帅，担任领导小组组长。二是调整充实桂中重大工程建设领导小组办公室。增加国土资源厅一名副厅级领导为办公室专职副主任，并从各厅局抽调精兵强将进入办公室，在国土资源厅脱产集中办公。三是明确桂中重大工程办公室职责分工。领导小组办公室内设综合组和督察组，各组明确职责分工，并将项目建设推进工作落实到组、落实到人。四是及时召开领导小组工作会议。五是建立现场办公工作机制。领导小组及办公室坚持每月召开一次现场办公会。

2. 强化培训指导，提高业务水平

一是组织规划设计培训。为确保成果质量，广西壮族自治区七次召开培训会，邀请有关行业专家和处室领导授课，同时制定编制指南。二是组织信息报备培训。国土资源厅组织信息报备培训座谈会，并建立 QQ 群。三是编制文件汇编。

3. 规范施工管理，确保工程质量

一是国土资源厅编制了施工日志、监理日志、业主监督管理记录、各部门各次监察情况登记等记录本，采取固定格式、统一填报的标准，强化项目监管。二是实行项目实施进度月报制，及时掌握桂中项目建设全面进展，共编辑桂中重大工程建设简报 50 期。

4. 吸纳公众参与施工，提高公众参与度

一是积极引导施工单位吸纳当地有施工经验的群众进行施工，鼓励当地群众参与家门前的工程建设，这样既能提高当地群众的收入，也能解决施工单位的用工荒。二是多方听取意见，特别是积极吸纳项目区群众意见，设立群众监督和检查岗，鼓励群众参与工程监督，积极地提出意见。

5. 突出舆论导向，注重宣传教育

一是国土资源厅专门成立桂中重大工程宣传报道组，除在国土资源厅门户网站上宣传报道外，还积极向国土资源部网站、《中国国土资源报》投稿，宣传项目效果。二是邀请《广西日报》、广西电视台等主流媒体深入施工第一线进行采访宣传报道，并编制画册。三是采取各种特色的方式将桂中重大工程的好处、益处直接传递给社会，传递给群众。

6. 开展联合督察，通报约谈整改

为全面了解掌握桂中重大工程施工进展情况，广西壮族自治区重大工程办公室联合自治区、市两级的纪检监察、财政、审计、农业、水利、环保、住建等部门，多次组成联合督察组，开展联合督察。督察方法包括实地踏勘、听取汇报、召开座谈会，检查指挥部、施工部、监理部，查阅管理资料等。通过督察，及时掌握项目实施情况，对发现的问题提出整改要求，并形成督察通报。

三、主要经验

1. 政府主导，干部挂点负责

桂中重大工程建设实施过程中，广西壮族自治区各级人民政府及相关部门高度重视，分别采取各项举措，确保项目实施。宾阳县选派"四个代表"，相互配合、各司其职，对项目实施进行督促检查、指导协调；忻城县、兴宾区实行党政领导班子成员挂点负责制。武宣县实行县委常委对应项目负责制。

2. 加强项目管理，狠抓工程进度

一是实行"173"工作机制，又好又快地推动了项目建设。"1"即一位设区市党委常委包联一个项目，县域内子项目分别由县委常委——对应包干负责；"7"即七天一现场办公机制，由负责该项目的县委常委，每周组织召开一次现场办公会；"3"即建立"三重"监管机制，第一重为施工监理单位监管、第二重为农民监督员监管，第三重为重大工程巡视组监管。二是加强考评监督。将桂中重大工程列入各级年度绩效考评，实行土地整治工作风险抵押金制度，对不能按期完成的实行"三问责"。

3. 创新工作制度，简化工作程序

一是项目规划设计评审，实行三级联合审查制度。实行后审批时间由原来的六个月以上减少为不到两个月，缩短了审批时间，工作效率显著提高。二是规划设计变更，更多地体现了权限下放的职能。桂中重大工程的规划设计变更权限基本由市级和县级重大工程办公室进行把控，同时，国土资源厅制定了变更现场签证条件的相关细则，使变更工作效率进一步提高。

4. 落实六项制度，打造阳光工程

一是落实工程"招投标"制。按照"公告—报名—资格初审—施工图会审—投标—公开标书评议—中标"的招标程序，对工程进行公开招标。二是落实项目合同制。在项目工程建设过程中的各个环节签订合同。三是落实工程监理制。委托相关监理单位，对工程建设全过程进行控制。四是落实项目审计制。委托审计机构和县审计局对资金进行全程审计。五是落实项目公告制。对群众关注的项目信息进行公开，主动接受监督。六是落实"预防腐败"责任制。成立预防腐败领导小组，签订廉政责任书，打造了公开、公正、高效的阳光工程。

四、实施成效

1. 改善农业生产条件，提高粮食生产能力

通过桂中重大工程的实施，耕作条件得到完善，提高了农业生产效率，降低了生产成本，群众购买农业机械的积极性明显提高，促进了农业的稳定发展。同时，桂中重大工程的实施，降低了农业风险，促进了农业和农村经济可持续发展，巩固了粮食安全的耕地资源基础。

2. 深化节约集约用地，促进城乡统筹发展

通过实施桂中重大工程，共建成布局合理、配套设施齐全、生态优美、适宜居住的示范村 31 个，有效改善 319 个改造村的村容面貌。桂中重大工程聚合其他涉农资金，开展村屯建设，改善群众生活条件，实现"建设社会主义新农村"这一目标，极大地改善了农村环境，提升了农村生活质量。

3. 切实维护农民权益，改善农民生产生活条件

通过开展桂中重大工程，共使 116.5 万人受益，在桂中重大工程土地权属调整工作中，项目所在地乡镇人民政府主动服务，做好群众思想工作，大力宣传土地整治对农业生产的综合效益，消除群众对土地质量暂时下降的顾虑，尽快接收土地进行耕种。

4. 保护环境，促进生态环境可持续发展

桂中重大工程促进了项目区生态环境的改善。通过实施桂中重大工程，共治理水土流失面积 0.21 万公顷，新增和改善防涝面积 8.97 万公顷，绿色植被覆盖面积达到 85.68%。项目建成后，通过土地平整，完善排水系统，水土流失问题得到了有效控制，项目区防灾减灾能力得到提升。

5. 稳守耕地红线，推进高标准基本农田建设

桂中重大工程实施前，项目区田块小且分散，田埂、沟渠、田间道路所占比例达 20% 以上，土地利用率不高，不利于机械生产。通过实施桂中重大工程，建成了 171.06 万亩高标准农田，新增耕地面积 10.05 万亩。项目区进行土地整治，使得耕地更加集中连片，为自治区完成高标准农田建设任务做出了较大贡献。

6. 促进土地流转，增加农民收入

在推进桂中重大工程建设中，引导和鼓励当地农民群众整合土地集中流转，各地土地租金每亩由整治前 200~300 元，增加到整治后的 800~1000 元，促进土地流转 3548.9567 公顷，实现"双赢"的局面。各级人民政府在桂中重大工程实施的基础上，搭建土地规模化经营平台，通过引进各类经济能人和农业生产企业流转土地，推进了现代农业示范区建设，使承包者集约增效和农民增收。

收获幸福的边境线

——云南省"兴地睦边"农田整治助推精准脱贫典型案例

云南省地处祖国西南边陲，是我国少数民族最多的聚居地区，全省以农业生产为主，光热水土等自然条件好，但耕地利用水平低，产出效能也较低，严重制约着经济社会的发展。近年来，云南省通过"兴地睦边"农田整治重大工程的实施，实现了粮食增产，农民增收，人民生活水平不断提高，有力推动了扶贫攻坚和社会主义新农村建设，促进了边疆少数民族地区稳定，民族和谐。

一、边疆人民的期盼

云南省北东与西藏自治区、四川省、贵州省、广西壮族自治区交界，西南与越南、老挝、缅甸相邻，是中国通往东南亚、南亚的门户和"桥头堡"，战略地位极其重要。云南省面积 39.4 万平方千米，占全国总面积的 4.1%，居全国各省面积的第 8 位。全省山区、半山区面积占 94%。人口总数 4631 万人，少数民族人口达 1558 万人，占全省总人口的 33.6%。是一个集边疆、山区、多民族为一体的经济欠发达省份。

云南省共辖 16 个自治州（地级市）、129 个县（市、区）。其中，边境地区 25 个县（市），9.2 万平方千米，645 万人，边境线长 4060 千米，通道多，不少地段的边民跨境而居，择势而定；区域内有 25 个少数民族，少数民族人口多达 387 万，占区域总人口的 60%；25 个县（市、区）中有 17 个为国家或省级贫困县，贫困面广，区域农民年均纯收入 1931 元/人，不到全国平均水平的一半，贫困程度深，扶贫工作量大；受教育程度低，人均受教育程度只有 4.5 年；就业渠道少，就业技能缺乏，外出打工能力弱，增收难度大，短时间内只有通过农业种植解决当前的问题；区域内耕地多为基础设施不配套的坡旱地、轮歇地，25 个边境县（市、区）有耕地面积 1900 余万亩，其中坡旱地 1280 余万亩，占耕地总面积的近 70%，农民人均拥有高稳产田 0.49

亩/人；一些"直接过渡地区"甚至还存在"刀耕火种"的原始耕作方式，生存条件较差。

长期以来，党和政府十分关心云南省特别是边境地区的发展，制定了兴边富民行动计划。通过实施土地整治，包括中低产田改造、战区土地复垦、灾毁土地复垦等土地整治活动，曾经在 25 个边境县（市、区）投资 10 亿余元，实施了 129 个土地整治项目；通过进行土地平整（坡改梯、小改大、旱改水等）、配套农田水利、修建田间道路和增加农田防护工程等，完成整治总规模 84 万亩，新增耕地 17 万亩，有效地增加了耕地数量，提高了耕地质量。但由于云南省边境地区 25 个县（市、区）面积大、少数民族人口多、贫困面广、贫困程度深，一时难以从根本上摆脱贫穷落后的局面。曾经出现由于邻国对农民生活生产补助条件相对优厚，云南省边境地区 10 万边民移居国外的局面。所以，边民感叹"中国怎么不如邻国"。这不仅影响了国家形象，也成为影响边境地区社会稳定的新问题。边疆人民期盼党和政府加大投入，扶持边民安居乐业，通过定耕达到耕者有其田、种田可安居，实现脱贫致富和守土固边的目标。

二、党和政府的关怀

云南省边境的状况引起党中央、国务院和云南省省委、省政府的高度重视。2009 年 4 月，云南省主要领导给国务院领导写信反映云南省的情况，请求中央关心支持云南省土地整治工作，加大扶持力度。2009 年 4 月 17 日，时任国务院副总理的李克强同志亲自在云南省的情况报告上作了批示。

在党中央、国务院和国土资源部、财政部等部门的关心支持下，云南省"兴地睦边"农田整治重大工程于 2009 年 7 月通过了云南省人民政府的立项，2009 年 11 月通过国土资源部、财政部组织的审查论证。2011 年 1 月 18 日，云南省"兴地睦边"农田整治重大工程在云南省临沧市耿马傣族佤族自治县举行启动仪式，国土资源部副部长王世元同志及云南省省委、省政府领导出席并亲自启动了项目建设。至此，"兴地睦边"这一凝聚着党中央、国务院对云南省边疆发展关心支持的农田整治重大工程正式实施，云南省千里边疆全面掀起了农田整治的热潮。脱贫致富必须兴地，地兴才能边睦。

三、肩负党和人民的重托

云南省"兴地睦边"农田整治重大工程项目建设总规模 322.8 万亩，预计新增耕地 23 万亩，项目估算总投资 86.2 亿元，其中土地整治资金 62.83 亿元。项目建设期 5 年（2010—2015 年）。

云南省"兴地睦边"农田整治重大工程是国家西部生态建设地区农田整治工程的重要组成部分，是国家支持边疆民族地区发展的重大工程，也是新中国成立以来国家在云南省投资最大的土地整治项目。为实施好这一具有重大意义的工程，省委、省政府和国土资源管理部门高度重视，省政府成立了以分管副省长（时任）为组长，省国土资源厅厅长、省政府副秘书长为副组长的领导小组，领导小组下设办公室在省国土资源厅。云南省国土资源厅成立了工程建设指挥部，所涉及的 8 个自治州（地级市）和 25 个边境县（市、区）也成立了相应机构，明确了办公室和指挥部的职责。实行省级统筹，分级负责。

在工程实施管理中，云南省结合实际，创新项目管理机制，一是先后出台了《云南省兴地睦边农田整治重大工程管理办法》《云南省兴地睦边农田整治重大工程招投标管理办法》等制度办法，明确要求在工程实施中要做到"五个统一""四个确保""三个控制"，确保项目工程稳步推进，规范实施。二是项目工程实行省级委托招标制，打破以往项目工程由项目承担单位自行委托招标代理单位招标的做法，所有项目均由省国土资源厅项目指挥部委托招标代理单位进行项目工程的招标，并纳入云南省公共资源交易中心进行交易。三是严格对施工单位进行监管，招投标结束后，要求施工单位及时足额交纳履约保证金、廉政保证金、农民工工资保证金，"三金"交纳完毕后，建设单位方能签订《施工合同》《廉政合同》，确保工程高效、工作人员廉洁。四是严格资金管理，切实做到"专户、专账、专人管理、专款专用"，形成"层层审核、层层把关"的资金管理运行机制。在项目实施过程中，省指挥部重点对资金是否及时拨付到专户、工程款审批是否严格、工程款是否按进度拨付、经费开支是否规范合理、资金管理是否符合规定等进行检查，及时整改，确保项目资金的合理使用和安全。五是积极调动和发挥项目区群众的积极性，鼓励群众直接参与工程质量的监督和管理，使项目建设真正切合群众生产生活的需要。六是加强项目的督促检查，省指挥部分别于每年的 4 月和 9

月两次到项目区实地督察，对项目进度、资金使用、档案管理和工程质量等分内业和外业进行重点检查，从项目实施至今共组织开展 9 次中期督察，从未间断。自治州（地级市）、县人大、政协等部门也定期、不定期到项目区检查指导。通过对督察中发现的问题实行通报、量化考核评分、责令建设单位限期整改等措施，确保项目管理各项措施的落实。

截至 2016 年 5 月底，云南省国土资源管理部门共组织实施"兴地睦边"农田整治重大工程 308.44 万亩，实现新增耕地 20.02 万亩，下达预算投资76.07 亿元。

四、和谐发展，成效显著

"兴地睦边"农田整治重大工程的实施，有效地促进了云南省 25 个边境县（市、区）经济社会的发展，增加了农民收入，助推了精准脱贫，维护了边疆社会稳定，对加强民族团结，树立国家形象具有重要的政治意义。

1. 增加了耕地数量，提高了耕地质量

2010—2013 年度"兴地睦边"项目实施后，完成新增耕地 20.02 万亩，耕地自然质量等提高 1~2 个等别，利用等提高 1~5 个等别，经济等提高 1~5 个等别，粮食产量亩均提高 200 多千克。

2. 防止了水土流失，改善了生态环境

通过田、水、路、林、村综合整治，规范了水流，防止了水土流失，极大地改善了项目区农田与周边村庄的生态环境。在西双版纳傣族自治州、德宏傣族景颇族自治州、保山市的一些"兴地睦边"项目区，消失已久的鹭鸶在农田整治后重现田野，组成了一幅生态和谐的美丽图画。

3. 增加了农民收入，增进了民族团结，维护了边疆稳定

项目的实施改善了农业基础设施，为边疆各民族群众脱贫致富创造了条件，农民人均年纯收入提高了 500~800 元/人。"兴地睦边"项目实施至今，每年都有边境乡（镇）村寨的各族群众到当地国土资源管理部门和党委政府递交盖着红手印的项目建设申请书，或者通过各级人大、政协提交议案，请求进行"兴地睦边"农田整治。

4. 安置搬迁移民，助推了精准脱贫

通过对项目区农村闲置、废弃、低效利用居民点的拆旧整理、复垦，新增了建设用地和耕地，解决了扶贫搬迁安置户用地问题。临沧市、龙陵县、腾冲市等一些地方，通过统一规划、统一建设村庄用地和耕地，为地质灾害隐患区和高寒贫困山区群众易地扶贫搬迁和脱贫致富创造了条件。不仅移民生产生活条件得到极大改善，农村整体面貌也得到较大改观，实现了搬迁移民移得来、稳得住、能致富的目标，有力地支持了精准脱贫和社会主义新农村建设。

5. 巩固了党的执政基础，树立了良好形象

项目的实施进一步巩固和发展了边疆地区经济增长、社会进步、民族团结、边境安宁的良好局面，得到了边疆各族群众的衷心拥护，增进了各族群众同党和政府的感情，也得到了周边国家边民的高度评价。

项目建设集中展现了我国有效整合资金、技术、人力等资源，集中力量办大事的优势，全面体现了社会主义制度的优越性，进一步提升了我国的良好形象。项目实施后，极大地改善了项目区生产生活条件，提高了农业产出率，很多以前出国务工的各族群众陆续回家从事农业生产，甚至吸引了一些邻国的边民也来项目区村寨"打工"，从事劳务工作，构筑了一道兴边富民、和睦边疆的幸福边境线。

五、结语

目前，云南省"兴地睦边"农田整治工程正在持续推进，已经让越来越多的人民得到实惠，切实感受到农田整治给生产生活带来的巨大变化。

"兴地睦边"农田整治，正以前所未有的活力，推动云南省边疆经济社会快速发展。

一个更加幸福和睦的多彩边境线，必将呈现在世人面前；一个更加和谐发展的云南省形象，必将带给我们更多的惊喜、更多的感动！

"治沟造地" 成效显著
"山沟沟" 变成 "粮食囤"

——陕西省吴起县土地整治助推精准脱贫典型案例

一、基本情况

吴起县周湾镇和五谷城乡科科川土地整治项目为吴起县 2013 年治沟造地项目，项目区位于吴起县周湾镇和五谷城乡，地理坐标介于东经 107°38′57″ ~ 108°32′49″，北纬 36°33′33″ ~ 37°24′27″ 之间，属于洛河上游科科川流域。项目区按流域划分为 11 片，项目建设规模 278.79 公顷，新增耕地 127.60 公顷，新增耕地率 45.77%。主要建设任务为土地平整工程、灌溉与排水工程、田间道路工程、农田防护与环境保护工程。土地平整 166.72 公顷，土方推移 326.6 万立方米；灌溉与排水工程，开挖降碱沟 4.8 千米、坡脚排水沟 7.66 千米，埋设管涵 75 座，埋设排水暗管 3.07 千米；田间道路新修生产道路 14.1 千米，新修生产桥涵 19 座；农田防护和生态环境保持工程新修排洪渠 19.04 千米，新建拦沙坝 39 座，新建谷坊 42 座，取土场边坡栽植乔木 4.6 万株，灌木 147.92 万株，穴播紫花苜蓿 41.28 公顷。

项目区涉及庄科沟村、党畔村、座米沟村、王台村、河畔村、麻台村、乱石头村、毛砭村、张坪村、卧狼沟村、梁伙场村、罗沟泉村、徐台子村、周湾村 14 个行政村，总人口 4993 人，人均耕地 5.4 亩（多为坡耕地）。

党畔村位于吴起县吴仓堡乡东北部 10 千米处，东临五谷城乡，西接周湾镇，南连王元沟村，北靠油房村，属于山地村，地理条件极差，交通不便。全村土地面积 36.1 平方千米，退耕地面积 10841 亩，耕地 3128 亩，人均耕地 3.66 亩/人，均以坡地为主。共有 203 户 856 人，村上实有劳动力 391 名，外出务工人员 276 人。导致党畔村长期贫困的原因，一是长期以来，受道路交通不便、市场发育不完善、生态环境脆弱等要素的影响，经济社会发展较为缓慢。二是群众文化素质较低，思想落后，接受新事物能力缓慢，基本没有专业技术人才，等、靠、要，靠天吃饭思想严重。要想从根本上解决问题，就必须保证农民有地可耕，带动配套产业发展，实现群众脱贫致富已成为本村居民最迫切的愿望。

二、主要做法

治沟造地实施按照"打坝造地、机械入田，留足水道、旱蓄涝排，泥不出沟、两山翠绿，产业配套、增产增收"的总体思路，推动党畔村有效改善土地资源配置效率，进一步激活农业剩余劳动力的转移，为农业规模化、集约化、高效化经营提供广阔空间，实现了土地集中连片规模化经营，机械化耕作，有力地推动了当地的养殖业和棚栽业，实现治沟造地工程效益的最大化，创新了具有特色的治沟造地"党畔模式"：所有征占荒山荒坡、林地、烂渠、农改以外土地（不论平地还是梯田）均按6∶1的标准置换成治理好的坝地。所有征占口粮田、宅基地、基本农田、退耕地（平地及梯田地）均按1∶1的标准置换成治理好的坝地。所有征占坡耕地、退耕地（退耕坡地）均按3∶1的标准置换成治理好的坝地。土地置换后重新分配原则、发展方向：①发展方向：一是种植业；二是养殖业；三是林果业，四是劳务输出。②口粮田一次退耕到位，采取置换沟道治地（荒山荒坡地6∶1置换，现耕坡地退耕地3∶1置换，现耕梯田台地1∶1）。

以吴仓堡乡党畔村村民为例，该村民在党畔治沟造地旁，通过政府扶持建起了1个2000只规模的养羊场，这次治沟造地为党畔新增加了近千亩的高标准农田，他将这些高些标准农田承包一部分，分包给各贫困户种植人工牧草，然后进行牧草回购，这样既解决了羊场的饲草问题，又带动了贫困户致富。一位当地的贫困户介绍："治沟造地高标准农田的最大好处就是可以利用机械化作业，可以大大减少农民的劳力，加上干旱时可以浇水，与山地相比，产量可以提高2～3倍，群众收入得到显著提高。"

三、主要经验

想发展，盼富裕，是政府和群众的共同心声。如何能尽快脱贫致富发展农村？出路在哪里？吴起县县委、县政府进行了深入摸索，不断创新土地利用模式，全力推进群众脱贫致富工作。

1. 将治沟造地与高标准基本农田建设相结合，为扶贫工作提供耕地保障

推进治沟造地后，配套搞高产创建，按照测产估算，如果通过治沟造地建 5 万亩高标准基本农田，在现有土地上就能新增 2000 万千克粮食产能。同时，治沟造地工程通过平整土地、扩大田块规模、全面改善灌溉排水田间道路等条件、改良盐碱化提升土地等级等措施，可大大提升耕地质量，平均耕地质量等级可提高 2～3 等。实行规划、标准、施工与管理的"四个统一"，加大高标准基本农田建设力度。

2. 将治沟造地与现代农业产业化发展相结合，为群众脱贫提供产业发展基础

当前，通过治沟造地夯实现代农业的基础，与农业产业化结合的探索已在悄然推进。同时，采取区域化布局、规模化建设、专业化生产、系列化加工、社会化服务、企业化管理的思路推进，形成"种、养、加、产、供、销"一体化经营模式。

发展规模养殖业。对高标准农田通过土地流转的方式，将土地使用权转化到集体。一方面，通过政府扶持发展联户规模养殖小区，按照统一管理、统一配套、统一防疫、统一销售的方式发展现代畜牧养殖业，逐步将农民从传统的农业生产模式中解放出来。另一方面，鼓励和扶持有能力发展养羊的大户，建设规模养殖场，将土地承包给养殖大户，养殖大户定向分包给精准扶贫户种植高效牧草，既发展了养殖场，又促进了周围群众致富，一举两得。

发展现代棚栽业。将土地流转后，采用政府投资的方式，建设高标准日光温室，再将建成的日光温室分包给农户，发展高效农业。截至目前，已建高标准蔬菜大棚 5000 座，产值已超过 5000 万元。下一步将积极探索治沟造地开发利用模式，通过开展优化设计和土地流转，鼓励发展适度规模经营，积极引入农业龙头企业，实现政府、企业和农户的多方共赢，辐射带动扶贫工作快速推进。

3. 将治沟造地与退耕还林工程相结合，确保退耕还林成果不因贫而倒退

2013 年，延安市市委、市政府率先提出了新一轮退耕还林工程，计划利用四年时间，将挂在山坡上 25°以上的坡耕地彻底退出来，进行植树造林。仅吴起县这一次就要退出 25 万亩耕地，采用 3 亩山地换 1 亩治沟造地的高标准农田，实施山地大规模退耕还林后，农业生产与耕地的重心转向沟道。适时推进治沟造地，既是巩固退耕还林成果的延续工程，也是促进农村转型与农民增收的基础工程。因而，治沟保生态、造地惠民生，也成为吴起县统筹城乡发展和生态文明建设的着力点。特别是随着第二轮退耕还林 8 年的钱粮对接期限的到期，粮食安全怎么保证？群众靠什么增收？退耕还林成果如何巩固？需要治沟造地工程，来增加耕地面积，提高耕地质量，保障粮食生产，从而夯实农业基础、提高农民收益。

四、实施成效

2013 年治沟造地在该村实施以后，高标准农田增加 980 余亩，修建生产桥 11 座，生产路 6 千米，彻底改变该村落后的生产生活条件，农民耕地问题得到根本性解决，人均基本农田面积提高到将近 3 亩/人，将"山沟沟"改造成"粮食囤"，人均年收入从 2300 元/人提高至 4300 元/人。土地实行流转承包，承包给具有经营能力的致富能手，开展养殖业和棚栽业，有效盘活农村经济发展，承包人和贫困户形成互帮互助的致富对子，带动贫困户共同致富。

重整田畴拓沃野　精准脱贫展风姿

——甘肃省通渭县土地整治助推精准脱贫典型案例

一、县域概况

　　通渭县位于甘肃省中部，总面积2908.5平方千米，现辖18个乡镇332个行政村，建档立卡的贫困村155个，约占全县全部行政村的一半，是甘肃省国家级扶贫开发工作的58个重点县之一。2014年底户籍总人口44.03万人，其中农业户籍人口40.02万人。地处黄土高原丘陵沟壑区，耕地面积232万亩，多为山旱地，海拔1410～2521米，年均气温7.5℃，年降水量380毫米左右。沟壑纵横，水土流失严重，环境承载能力低，生存环境恶劣，基础设施落后，农业生产条件差，农村经济发展受多种因素制约。大部分农村居民生活在自然条件严酷的山区，干旱等自然灾害频发，生活条件十分艰苦，多数人靠天吃饭，缺乏其他经济来源，贫困人口规模大、贫困程度深。目前，减贫边际效应不断下降，增收难度不断加大，脱贫成本高，贫困代际传递趋势明显，扶贫开发进入啃"硬骨头"、攻坚拔寨的冲刺期。

　　基于此，历届通渭县县委、县政府带领全县广大干部群众，抢抓机遇，攻坚克难，牢牢抓住土地整治这项措施不放松，积极争取并认真组织实施土地整治项目，彻底夯实农业发展基础，改变落后的农业生产条件和农村面貌。

　　2005年以来，通渭县共实施各类土地整治项目47个，总投资1.8亿元，整治面积9605.53公顷，新增耕地1108.9公顷，涉及马营、平襄、榜罗等16个乡镇50余个行政村。特别是2014年以来，通渭县抢抓甘肃省东部百万亩土地整治重大工程项目机遇，在华岭乡西北部实施总投资1.32亿元的土地整治项目，建设规模5517.37公顷，涉及华岭乡活马滩、西岇、后湾、世歌尧、黄河、石窝、老站、善马沟、牛家山等9个村61个社，受益人口1849户8493人。截至目前，一是按期建成了东部百万亩土地整治重大工程项目的2个子项目，累计完成投资5611.81万元，占总投资的43%；整治土地2426.89

公顷，占华岭乡规划建设规模的44％，分别是投资3887.32万元的华家岭乡活马滩村等3个村土地整治项目和投资1724.49万元的华家岭乡世歌尧村土地整治项目。通过以上项目的实施，活马滩、西岖、后湾、世歌尧等4村进行了综合整治，全部实现梯田化，农村面貌得到了彻底改变，为群众依靠农业生产脱贫奠定了坚实的基础。二是完成并一次性通过验收了省市投资的45个一般土地整治项目，整治土地7178.64公顷，完成投资1.24亿元。

二、主要做法

在项目实施中，严格按照项目法人制、工程合同制、项目"招投标"制、项目监理制、竣工验收制、项目审计制等"六制"要求，严把项目宣传关、设计关、"招投标"关、工程质量关、资金使用关、权属调整关，明确目标责任，规范运作程序，落实各项制度，确保每一个项目真正做成民心工程、惠民工程、阳光工程。具体体现在以下方面。

1. 抢抓发展机遇，强化领导抓推进

实践证明，通渭县要摆脱基础条件差、水土流失严重、农业发展滞后、农民增收缓慢的现状，必须大力实施土地整治、综合治理水土流失，不断改善农业生产条件。为此，历届县委、县政府带领全县广大干部群众，抢抓机遇，攻坚克难，牢牢抓住土地整治这项措施不放松，积极争取并认真组织实施土地整治项目。特别在实施甘肃省东部百万亩土地整治项目时，通渭县成立了由县政府主要领导任组长，分管领导任副组长，县国土、监察、发展改革、财政、审计、水务、农牧、环保、水保、林业等部门和华岭乡政府主要负责同志为成员的甘肃省东部百万亩土地整治重大工程项目通渭片区实施工作领导小组，制定了工程建设管理办法和考核奖罚办法，落实了相关部门和乡镇的工作责任，确保了项目有序推进。

2. 坚持科学规划，综合治理抓质量

一是科学编制土地整治规划设计方案，认真制定项目年度实施计划，组织相关专业技术人员，认真评估项目从设计到落地实施的各类风险系数，提前排除因项目实施诱发的地质灾害、生态环境破坏及社会矛盾产生等方面的风险因素，制定了防止风险发生的有效措施。二是提前摸清项目区情况，准确界定建设范围，对项目区已种植了云杉、药材等多年生植物的地块，配合设计单位实地测量后，从其他相邻区域及时进行补划，确保建设面积不减小，既保证了建设数量，又有效避免对群众利益的损害。三是按照"山顶林草戴帽、山腰梯田系带、沟底塘坝穿靴"治理模式，坚持山、水、田、林、路综合治理，打破村界、组界、户界和地界，整山系、整流域进行规划建设。四是认真进行土地丈量登记，组织工作人员逐户逐块丈量土地，绘图和造册登记，拍摄原貌影像，并由户主签名确认，确保面积准确、权属清楚。五是统筹推进项目实施。大力整合土地整理、整村推进、农业综合开发等项目，全面落实补助政策，由单个项目实施逐步向整村整流域多个项目连片实施的方向发展，努力实现耕地增加、农村发展、农民增收的目标。

3. 实施精准脱贫，依托项目抓增收

通渭县于 2011 年被国家列入六盘山区集中连片特困地区，被甘肃省列入全省 25 个特别困难县。2014 年被定西市市委、市政府列为全市精准扶贫工作示范县。截至 2013 年底，全县共有贫困人口 13.19 万人、贫困比例为 33.6%。针对贫困实际，通渭县以农村土地综合整治为抓手，在安排土地整治项目时，优先向贫困地区倾斜，坚持把土地整治与发展旱作循环农业和精准扶贫有效结合，提出"土地整治到哪里、地膜覆盖到哪里、产业配套到哪里"的思路，走"修梯田—调结构—搞养殖—建沼气—肥还田—再种植"的现代旱作循环农业的路子，大力推广全膜双垄沟播技术，因地制宜发展玉米、马铃薯、中药材、草畜等特色优势产业，着力提高农业综合效益，促进贫困村和贫困户脱贫致富。2014 年以来，全县全膜玉米种植面积每年达 80 万亩，马铃薯种植面积每年达 30 万亩，中药材种植面积达 6 万亩。项目区农户通过发展马铃薯、中药材、小杂粮、育苗等特色优势产业，有效拓宽了增收渠道，提高了增收水平，切实加快了脱贫攻坚步伐。2014 年，全县减少贫困人口 5850 户共 2.68 万人，贫困比例下降到 26.9%，比 2013 年下降 6.7 个百分点。2015 年，全县减少贫困人口 2.06 万人，贫困比例下降到 21.3%，比 2014 年下降 5.56 个百分点。

三、实施成效

1. 经济效益

通渭县自然条件严酷，属于典型的靠天吃饭、雨养农业地区。土地整治项目的实施，尤其是甘肃省东部百万亩土地整治重大工程的实施，改善了贫困村农业生产条件，方便了农民承包土地流转，促进了农业适度规模经营，

有效提高了土地利用率和农业生产效率。同时，为贫困地区特色产业培育和示范基地建设创造了先决条件，在扶贫开发中发挥了重要作用。充分挖掘区域特色资源潜力，引导名特优农产品向实施后的项目区集中，做大做强一批具有较强竞争力的特色农产品产业区，例如，在适宜云杉育苗和牧草种植的华家岭乡，通过土地流转，引进和扶持建设了一批群众参与度较高的特色云杉育苗、牧草生产加工基地，把建立基地、发展产业、带动农户有机结合，促进当地发展订单农业、特色农业、高效农业的发展。大力发展云杉育苗和牧草种植，提高生产效益，增加农民收入。经估算，项目实施后，当地项目区订单种植燕麦草，亩产3000~4000千克，每千克0.4元，每亩成本200元左右，亩均纯收入1000元左右，是种植小麦等传统农作物收入的3~4倍。同时，因规模化生产，腾出部分剩余劳力搞劳务，增加了劳动收入，让贫困群众享受农业增值和劳动附加收益。已整治土地，仅年增加粮食总产量达500多万千克，受益人口3.5万人，实现年经济效益1000余万元。加上特色订单农业，有效促进了群众脱贫。

2. 生态效益

通渭县地形多由梁、峁、沟、坡组成，田块破碎窄小、分布零散，部分田面凹凸不平，水土流失严重，无法使用农业机械，只能是人拉畜驮的传统耕作方式，土地经营规模化程度低，广种薄收。通过土地整治项目的实施，零散小块的土地被整修成平整的水平梯田，地表径流大部分被就地拦蓄入渗，改善了地表径流状况，增加了土壤含水量，防洪抗旱能力明显提高，使昔日"跑土、跑水、跑肥"的"三跑田"变成了"保土、保水、保肥"的"三保田"，切实减轻了水土流失对下游的危害。同时，通过在项目区种植林草等措施，项目区林草覆盖面积增大，林草郁闭度大幅度提高，区域小气候得到有效调节，项目区及其周边地区水分状况和热量状况明显改观，生态系统功能增强，区域抗御自然灾害的能力提高，单位面积生物产量大幅度提高，生态环境明显改善。群众这样说："以前一场大雨，陡坡地的肥土全部吹走了，留下的和咱们的碾麦场一样硬、一样光，庄稼溜着长不住，现在平展展的地，庄稼有了个好家。"从而看出，土地整治使山川面貌焕然一新。

3. 社会效益

在推进土地整治项目建设时，凡是当地群众能够承担施工的，例如，投资规模小、技术要求低的田埂夯筑、沟渠开挖衬砌、防护树木栽植等工程，尽量招用当地群众，让其通过直接参与工程施工增加收入。每年在项目实施中，参与投工的群众达 200 余人，人均劳务收入 3000 元/人以上。项目实施以前，由于地形破碎、分布零散，道路不畅等，土地经营规模化程度低、农业生产效率低、农民从事农业生产的积极性低、农民收入低。通过实施土地整治项目，项目区内耕地面积增加，耕地质量和集中连片程度显著提高，道路更加通畅，基础设施更加完善。土地整治项目建成的沙砾石田间道 300 千米以上，仅东部百万亩重大项目建成砼化道路达 20 千米。为农业机械化和适度规模经营创造了有利条件，促进了群众尽快依靠农业脱贫。同时，因势利导，大力发展适度规模经营，采取"企业＋基地＋农户""合作社＋基地＋农户"等模式，促进农村集体土地有序流转。2014 年以来，通渭县完成流转土地 28.7 万亩，培育农民专业合作社 906 户、特色产业种植大户 635 户。同时，通过土地整治项目，配套建设田间农路，促进了农业机械的推广应用，大量农村青壮年劳动力从农业生产劳动中解放出来，通过劳务输出从事二、三产业，取得了显著的社会效益。

严格项目管理　助推精准脱贫

——宁夏回族自治区海原县土地整治助推精准脱贫典型案例

一、基本情况

在海原县开展的宁夏中北部土地开发整理重大工程项目于 2010 年 3 月开工建设，至 2014 年 6 月全面建设完成任务，共投资 2.7 亿元，整理土地 27 万亩，占全县土地面积的 11.7%，新增耕地 1.6 万亩。完成平田整地 0.1 万亩，农田水利 0.4 万千米（渠道），道路 0.06 万千米，植树 42.5 万株，涉及高崖等 4 个乡镇 41 个行政村 4.6 万户 14 万人。

二、主要做法

1. 高度重视，加强组织领导

一是自治区在项目规划方面引领各县严格设计，出台相关办法加强对各县细化任务的管理和指导，定期督察加快项目进度，及时组织验收确保项目取得实效。其中，加强业务培训是保证项目实施、减少重复建设和经济损失的重要环节，提高了管理水平，使实践与理论更好地结合。二是县级相关部门在项目立项后，将土地整理项目列为全县的重点工程，采取政府牵头、部门协作、群众参与、齐抓共管的工作机制，成立以政府主要领导任组长的领导小组，下设项目指挥部和监督办公室，从国环、财政、农牧、林业、水务等部门抽调工作人员，脱离原工作岗位，集中到项目区挂牌上岗。三是在乡村开展动员宣传，取得农民的理解和支持，是保证工程顺利实施的基础。为此，在项目设计、施工、验收等各个环节都要广泛实现群众参与。在勘查设计阶段，每个村都召集乡村干部和村民代表参加的会议，听取群众对项目设计的建议。各村指定代表，协助并监督设计人员做好勘查设计工作。工程施工过程中，在各施工标段现场设立公告牌，将项目建设内容、实施单位、监督单位、监督电话予以公布，群众可直接向指挥部和有关部门反映情况。每个村都安排村组干部或村民代表，跟随施工队伍，现场监督施工过程，与监理、管理方一同参与项目监督。

2. 多方征求意见，确保群众满意

在项目建设过程中，对群众提出的合理变更要求，指挥部严格按照《宁夏中北部土地开发整理重大工程项目设计变更暂行办法》有关条款的规定，经乡、村、施工单位及当地群众反映并提出变更设计的请示和要求后，由监理单位核实，在项目监督办公室监督下指挥部工作人员组织监理、设计、当地政府及村民代表到现场查看、核实，对变更工程量复核后上报，县指挥部组织相关人员及时召开专题会议研究决定变更。通过以上阳光操作、公开运行机制，使农民群众真正感受到此项工程是惠民工程，让群众得到实实在在的实惠，力争让群众满意。

3. 严格执行项目管理制度

项目建设严格按照"六项制度"进行管理，执行了公告制、法人制、工程监理制、"招投标"制、合同制、审计制等制度。

（1）公告制：在该项目"招投标"前，海原县土地开发整理重大工程项目指挥部会同乡村干部、召集乡村代表，通报项目建设基本情况，讲解项目实施过程中可能出现土地调整不利、农民群众不配合等问题。在项目区内树立公告牌，公告项目基本情况，聘请群众代表公开监督项目施工。

（2）法人制：海原县土地开发整理重大工程项目指挥部作为项目承担单位，履行项目法人职责，组织项目实施"招投标"，负责项目工程进度、变更、质量、报账等事宜，承担日常检查，委托监理单位进场对工程进行全程监理。依照合同对项目参建单位实施管理，按照要求对项目的工程质量、进度、资金进行严格控制，较好地履行了法人职责。

（3）工程监理制：项目承担监理单位经公开招标确定后签订监理委托合同。监理机构参照《水利水电工程施工监理规范》（DL/T 5111—2012）和《建设工程监理规范》（GB/T 50319—2013）等相关规定，制定了项目监理规划和项目监理大纲，以此为依据对项目实施监理。项目监理工作基本能够按照规范、规程履行监理职责。

（4）"招投标"制：按照《国家投资土地开发整理项目实施管理暂行办法》有关规定，依据《中华人民共和国招标投标法》，对施工单位按照"招投标"进行选择。

（5）合同制：根据《中华人民共和国合同法》的相关规定和条款，项目承担单位分别与设计单位、监理单位、施工单位、工程量复核单位、工程结算审核单位、工程竣工单位签订了相关合同，并以合同为项目管理要约，规范项目参建各方的权利和义务，保证了项目的顺利实施。

（6）审计制：按照审计制，委托自治区重大项目领导小组确定的审计单位对项目工程及财务进行结算、审计。

4. 注重过程监督管理，确保工程质量

始终把项目实施过程中的监督管理贯穿于项目建设的全过程。

（1）严格招标，保证工程质量。在项目招标阶段，委托招标代理中心严格把关，选择优秀施工企业参与招标，邀请自治区厅监察室和县检察院、县监察、审计、财政及公证处人员全程监督。

（2）严格要求监理单位抓好工程质量。制定奖罚措施，定期召开监理联系会，对工程建设中随时发现的问题及时通报，严格管理。监理人员常驻项目区，挂牌上岗，每天在各工地巡查检查。

（3）抓工程现场管理。指挥部工作人员采取"六个一"措施（即一把尺子、一把锤子、一个本子、一个专人、一次督察、一次考核）常驻项目区，现场监督检查施工过程。一把尺子是指一把卷尺，用于测量预制板的厚度、宽度及渠道板缝合渠体宽度，以检验是否符合设计要求；一把锤子是指指挥部工作人员随身携带一把锤子，用于敲击预制板，以检验预制板强度是否符合标准；一个本子是指用本子记录监测情况、抽查情况及工程上报情况等；一个专人是指监理单位指定专人对预制板工程质量进行监督管理，指挥部指定专人对监理单位进行管理；一次督察是指挥部每半月对施工情况进行一次督察；一次考核是指挥部按照目标责任书，每月对施工单位进行考核。年终对施工单位进行综合考核，并授予考核等次，对优秀的施工单位进行表彰。水务局的技术员每天对工程质量进行现场检查，土地整理中心人员每天对工程进度进行实地督促，项目相关乡镇干部随时协调解决渠道施工和灌水矛盾。

（4）查阅资料，了解施工情况。指挥部认真查阅施工日志、监理周报、月报等资料了解施工情况，加强工程管理。

（5）指挥部实施"三个"工作任务明白卡（即工程质量及进度卡、工作任务联系卡、工程验收流程卡），确保工程质量。

（6）紧抓预制件质量。预制件生产必须使用合格认证材料，严格按照设计要求生产，每个工序环节都有记录，建立质量档案。委托有资质的第三方检测单位对"U"型板的质量进行检测，确保预制件的质量。

（7）按要求完成项目设计县级评审工作。土地开发整理重大工程初步设计和预算经村、乡评审完成后，指挥部组织海原县土地开发整理重大工程项目领导小组召开专题会议评审，并将评审结论上报宁夏中北部土地开发整理重大工程项目领导小组办公室。

5. 资料归档成卷，做好档案整理

年度项目完成后，对工程量进行认真核查，按照规定将档案归档成卷。先由施工单位自己核查工程量，经监理单位确认后，上报指挥部，指挥部又组织监理、施工单位、国土资源所、乡村干部、村民代表利用节假日等空闲时间，通过实地丈量对工程量逐项进行核实计量后，再委托有资质的中介公司进行工程量核查，完成林业、水利专项、县级等验收后，再进行工程量结算、财务审计等工作，最后提交区级验收。档案资料进行整理归档后，将工程建设中的"招投标"资料、变更资料、实施管理资料、合同协议等资料收集整理采用集中与分散方式，按文件要求分类归档，确保工程建设资料的完整、准确储存。

6. 加强管理，确保资金安全

按照《项目资金使用管理办法》，设立了项目资金专户，资金支付要经企业申报—监理和技术人员核查—监察、财政和审计部门的工作人员审查等层层把关后，由指挥长审签后方可支付，确保专款专用、防止资金被挤占挪用，强化资金使用的监督管理和运行安全。同时，与施工企业签订廉政协议，保证项目资金的专款专用。

三、实施成效

通过土地整治项目的实施，很大程度上破解了海原县农业发展的基础设施瓶颈，带动了农民增产增收，提升了耕地质量和数量，改善了生产生活条件，得到了群众一致好评，也取得了可喜的成绩。2011 年 2 月、2012 年 4 月项目指挥部先后被宁夏中北部土地整理重大工程项目领导小组评为"2010 年宁夏中北部土地开发整理重大工程项目建设二等奖""宁夏中北部土地开发整理重大工程项目 2011 年度目标考核先进单位二等奖"。

1. 耕地质量和数量明显提升

通过土地整治，海原县新增耕地 1.6 万亩。据耕地质量等级评定报告显示，耕地质量较整治前提高了 1 个等级。

2. 农村生产生活条件得到改善

整理后的土地，实现了耕地集中连片和配套农业设施齐全，为农民土地流转，改变传统的生产方式提供了方便，推动了农业产业结构调整。水泥田间路和排水灌溉工程的实施，使农民耕作更加便利，排涝抗旱得到有效保障。通过村庄整治，农村的生态环境也得到较大改变。

3. 项目区内农民受益明显

在项目实施中，当地群众与施工单位从事劳务合作，农民工工资受当地政府保护，项目区内的农民踊跃加入工程建设，增加了农民收入。项目实施后，由于耕地数量的增加和耕地质量等级的提高，也为农民增收提供了条件。

4. 助推精准脱贫

海原县实施的土地整治项目全部位于扬黄灌溉区域，项目的实施为之后实施的精准脱贫奠定了坚实基础。在实施土地整治项目过程中，按照"集中连片、整村整乡推进"的原则，项目选址与土地利用总体规划、城乡建设规划和村级发展规划有机结合，有效确定整治范围。同时，基层政府和基层组织积极教育引导群众支持项目推进，从长远利益出发，加大了对项目的监督管理力度，让群众参与过程管理，把群众的意愿体现在设计理念之中，确保工程质量。从项目的立项选址到竣工验收，始终坚持群众参与，落实主体责任，确保项目投资效益。使土地整治范围的农户在海原县脱贫攻坚工作中走在了前列。

稳步实施重大项目　助力区域扶贫开发

——青海省东部黄河谷地百万亩土地开发整理
助推精准脱贫典型案例

青海省是我国西部多民族集居地区，自然环境较差，基础设施薄弱，可利用土地资源较少，经济欠发达，人均收入水平低，为支持青海省加快经济社会发展，2010 年国土资源部财政部同意青海省立项建设"青海东部黄河谷地百万亩土地开发整理重大项目"，不仅对青海省加快黄河谷地区域开发、落实耕地保护红线、缓解建设用地矛盾、有效增加耕地面积、改善农业生产条件、优化农业产业结构、提高农产品产量、增加农民收入、有效解决三江源生态工程和国家西电东送骨干工程的移民安置等方面发挥重要作用；同时，项目的顺利实施对青海省推动社会主义新农村建设，加快农牧区脱贫致富奔小康进程，促进各民族共同繁荣进步，保护和改善生态环境，实现可持续发展，具有重要的意义。

近年来，为全贯彻党中央提出的"精准扶贫、精准脱贫"重要战略决策和青海省委省政府的部署，项目区各地和各级职责部门积极运用土地整治和高标准农田建设等政策导向，将重大项目实施与区域扶贫开发相结合，发挥项目资金优势，整合多行业资源，进一步加大项目区贫困乡村脱贫帮扶工作力度，取得明显成效。

一、基本情况

1. 项目区域概况

青海东部黄河谷地整个谷地长约 270 千米，区域面积 3.77 万平方千米，是青海省第二大人口集聚区，人口 117 万人，其中少数民族占 72%。该地区气候温和，光、热充足，水资源较为丰富，农业复种指数高，农业生产条件较好；是青海省主要的传统农业耕作区和农产品产地，区位优势明显。

黄河谷地重大项目依托已建和在建的拉西瓦、李家峡、公伯峡、积石峡等四大水库和六条干渠水源工程，进行土地开发整理，主要开展土地平整、灌溉排水、田间道路、农田防护工程和生态治理工程建设，把原有的低水平农田和荒滩荒坡整理开发形成田水路林综合配套的高标准农田。项目区域规划范围土地总面积108万亩，涉及海南藏族自治州贵德县、黄南藏族州尖扎县和海东市化隆县、循化县、民和县等3市（自治州）5县25个乡镇298个行政村，受益区域农村人口30多万。其中，海东市3个县均为国家扶贫开发重点县，贵德县和尖扎县项目区有水库移民和生态移民易地扶贫安置村8个（贵德县5个、尖扎县3个），省定贫困村9个（贵德县5个、尖扎县4个）。

按照重大项目总体规划设计方案，将项目区划分为6个子片区，总建设规模63.63万亩、新增耕地20.38万亩，总投资21.01亿元；计划工期8年（2010—2017年），分两个阶段实施。

2. 项目实施情况

黄河谷地重大项目自2010年启动以来，青海省委、省政府高度重视，各级部门能力协作、强化监管，项目各地方周密计划组织、严格实施管理，项目取得了阶段性成效，项目区群众已感受到土地整治为当地生产、生活带来的便利和好处。部分已整理开发的耕地通过土地流转发展特色规模化农业生产经营，已获得良好效益，实现了"当年耕种、当年收益"。"地平了、面积大了、水通了、产量高了、收入多了"是受益区农牧民群众对项目实施的中肯评价与赞许，也扩大了重大项目实施的社会影响力。

截至目前，项目区已累计完成投资9.5亿元，完成建设规模33.8万亩、新增耕地6.2万亩。累计完成土石方量1730万立方米，修建衬砌渠道2050千米、管道32千米，新建或维修泵站31座，建设各类渠系建筑物3.5万座，修建田间道路295千米、生产路520千米，种植农田防护林16.2万株，建设谷坊、防洪堤、护坡等生态治理工程950项（座）。化隆县和循化县公伯峡北片区、民和县积石峡片区、尖扎县李家峡北片区和贵德县拉西瓦片区第一阶段实施区的建设任务已基本完成；化隆县李家峡北片区、循化县公伯峡南片区和尖扎县李家峡南片区的剩余建设任务，将按2016年正常年度计划和调整计划实施完成。

二、主要做法和经验

土地整理开发是"惠民、利民、富民"的德政工程、民心工程，鉴于近

80% 黄河谷地重大项目区域为贫困乡村的实际，省委省政府提出了"通过土地整治，改善农业生产条件、调整农业结构、发展高效农业，促进农牧民增产增收脱贫致富"的项目目标，完成好项目目标，成为项目各地和各级管理部门的职责所系。

1. 统筹协商、细化安排

按照"田、水、路、林、村"综合整治的工作思路和重大项目规划设计，在项目年度实施方案编制时期，省及县项目管理机构先行深入开展勘察、调研，掌握拟实施项目区现状情况，同时，加强与各行业规划、城乡发展和扶贫开发建设的协调衔接，整合各行业资源。根据区域自然条件和未来农业种植结构调整趋势，以"一村一策"为构思，将重大项目实施与扶贫开发有机结合，优化项目工程布局，合理计划建设资金和实施工期，优先安排贫困村和移民村的项目。对项目年度计划任务，由省分解到县，再由县细化分解到各部门和乡镇、村，并层层落实责任，明确工作措施。

2. 政府主导、群众参与

重大项目启动初始，省政府和项目涉及市州、县政府分别成立了项目组织实施管理机构，负责项目实施管理和协调监管，制订完善项目管理相关办法和工作规章，严格项目"六制"执行和资金使用管理，将项目年度任务纳入政府目标（绩效）考核范畴，发挥各地政府主体责任作用，确保工程质量、推进项目进程。在勘测设计、年度方案编制和土地权属调整前，各地政府加大宣传力度，主动到项目区听取、征求农牧群众意见；在实施中，村社组织农牧户积极投劳参与施工，选取村民代表对工程建设质量、进度和生态保护等开展监督，保障项目顺利进行。

3. 因地制宜、立足实际

项目区借助重大项目实施，积极创新思路和建设模式，结合美丽乡村建设、农村环境综合治理和区域实际条件，因地制宜、因势利导，注重调整农业产业结构和农地利用方式，优化农地利用布局，重点打造综合整治示范区和新型现代农业产业园区，引导土地承包经营权流转，发展特色农业，推动项目区土地利用向节约集约型转变。海东市政府引入企业在化隆县、循化县项目区建设"黄河彩蓝"菜篮子现代农业生产示范基地，将项目开发整理的3700 亩土地建成标准温棚 2000 余座；民和县项目区已建设 1000 余亩优质酿酒葡萄基地，规划建设 2000 亩特色粮果新型综合种植区和 1000 多亩生态农业观光园区；尖扎县项目区已流转建设 500 亩、规划建设 1000 亩的果蔬、畜禽综合种养示范基地；贵德县项目区已流转 600 亩土地种植花卉和高产饲草作物，计划再流转已开发的 2000 多亩新增耕地建设特色粮油、果蔬种植示范基地。

三、项目效益分析

通过重大项目实施，青海黄河谷地项目区已产生经济、社会、生态和扶贫等多方面的显著效益，"粮食增产、农业增效、农民增收、农村发展"的目标已初步达成。

1. 经济效益

土地开发整理后，荒滩、荒草地等未利用地变成耕地，旱地转变为水浇地，低产地改造成高标准耕地，提高了耕地质量和土地利用效率，农产品产量也明显增加。按项目目前实施情况分析：①新增耕地。项目实施已完成新增耕地中约 5.5 万亩为可灌溉利用的粮油等作物种植土地，按单季粮食种植计，亩均年可产粮 300 千克以上、产值 1000 元以上。②旱地变为水浇地。项目区旱地变水浇耕地约 4.5 万亩，亩均年可增产粮食 100~100 千克，亩均增加产值 300 元以上。③改造低产耕地。项目区将原有耕作土层薄和"三跑"（跑土、跑水、跑肥）低产地改造高标准地近 2 万亩，亩均年可增产粮食 50~100 千克，亩均增加产值 100 元以上。④土地流转。项目区已流转土地用于现代农业或示范种养殖基地，亩均年效益 1 万元以上。⑤提灌变自流灌溉。项目区原有约 15 万亩耕地为泵站提灌，干渠通水后转为自流灌溉，亩均可节省提灌电费等支出 80 元。综合测算，项目现已完成的整理开发耕地年可创经济效益（增加值）2 亿元以上；项目全部实施完成建设任务后，估算总体年经济效益（增加值）达 5 亿元以上。

2. 社会效益

一是增加了耕地面积。各县已实施项目区人均增加耕地 0.3~0.6 亩，缓解了人口增长和耕地需求之间的矛盾，也缓解了城乡发展建设用地需求矛盾，促进了城乡协调发展。二是通过土地整治和现代农业开发，增加耕地，提高耕地质量和利用效率，提高了粮食等作物产量，保障了区域粮食安全，丰富了城乡市场农副产品供给。三是增加农民收入，减少贫困人口。项目区农民可以从土地耕作中人均年增加收入 600 元以上，项目区还有 2000 余户农户土地流转，亩均出租金 500 元，同时受雇于农业开发公司，日均劳务收入约 70

元。据调查，已实施项目区的贫困户大幅减少，贫困率均已降至5%以内，其中，化隆县项目区农户已基本脱贫。四是项目实施改善了区域农业生产条件，减轻了劳动强度，减少了农耕劳动力投入，并转移从事其他生产服务，进一步增加收入，减少贫困，缓解社会压力，促进了民族团结和农牧区社会稳定。

3. 生态效益

一是项目实施建设生态治理工程，治理水土流失面积近60平方千米，其中，荒滩、荒草土治理和坡改梯等面积40余平方千米；防洪及护坡等工程保护耕地0.35万亩。二是项目区灌溉渠系已全部衬砌或铺设管道，现代农业园区和种养殖示范基地均采用滴、微灌等节水灌溉，提高了灌溉水的利用电需求，减轻了局部区域用电压力。三是农田防护林建设，提高了项目区的植被覆盖率，增强了项目区的防风固沙和涵养水源能力。四是项目实施"田、水、路、林、村"综合整治，营建形成了"四成方、路相通、渠相连、林成网"的和美乡村田园景观，改善了区域农业生产环境和人居生活环境，促进了人与自然的和谐、农业农村的可持续发展。

全面推进土地综合整治
大力提升精准脱贫效果

引　言

　　近年来，土地整治在内涵、外延上都发生了重大转变，呈现"规模扩展、内涵延伸、品质提升"的发展态势。在范围上，由分散的土地开发整理向集中连片的"田、水、路、林、村"综合整治转变；在内涵上，由增加耕地数量为主向增加耕地数量、提高耕地质量、改善生态环境并重转变；在实施手段上，由以项目为载体向结合城乡建设用地增减挂钩、工矿废弃地复垦利用、低丘缓坡地开发等激励政策的综合运用转变。土地整治内涵的综合性、目标和效益的多元化特征越来越鲜明，成为促进和提升精准脱贫效果的一大利器。

　　在实施土地综合整治，提升精准扶贫效果上，各省（自治区、直辖市）积极制订规划，为县（旗）等争取政府和社会资金，创新政策，从土地综合整治的本质着手，取了较好的成效。河北省行唐县制订土地整治扶贫攻坚三年工作规划，完善农田水利设施，改善道路通行条件，实施土地平整项目。山西省广灵县在革命老区扶贫开发工作中，示范内陆滩涂整治，整村整乡推进开发和保护，探索信息化管理模式。内蒙古自治区扎赉特旗利用自治区两轮帮扶契机，落实土地整治项目，通过比价"招投标"结余资金实施"先建后补、以补促建""旱改水"工程，实施智能水稻浸种催芽温室项目。福建省创新"增减挂钩"政策，结合自身特点，独辟蹊径走出了一条旧村复垦增减挂钩之路。湖南省新田县找准致贫问题，按问题清单补齐发展短板，以土地整治为平台，整合多方资源投入，突出产业扶贫，发挥"富硒"土地效益。

　　各地着眼全局，按照"全域规划、全域设计、全域整治、整体推进"的总体思路，取得了较好效果。通过编制完善土地整治专项规划，突出"田、水、路、林、村"综合整治，有效完成了土地综合整治工作；通过合理安排规模、布局和时序，以科学规划引领农村土地综合整治，积极推动传统单一的农田平整向土地综合整治转变、局部分散整理向全域整体推进转变、国土资源管理部门一家统包统办向各方责任共担转变；通过土地综合整治实现了农民收入增加，完善了田间水利设施建设及道路建设，达到了城市反哺农村，城乡统筹发展的目的，为精准脱贫发挥了重大作用。

三年为期做规划　共同努力奔小康

——河北省行唐县土地整治助推精准脱贫典型案例

根据河北省及石家庄市对扶贫工作的统一安排部署，行唐县县委、县政府将脱贫攻坚工作摆在了当前重要位置，下全力抓紧抓好。行唐县结合当前全县土地整治工作的实际情况，通过对项目土地资源的梳理，优先安排涉及贫困村的土地整治项目。通过土地开发工作，为贫困村增加耕地面积，提高贫困人群的生活水平，使行唐县贫困村尽快脱离贫困，步入小康。

行唐县涉及贫困村的乡镇共有 12 个，107 个贫困村，21956 户，76700 个贫困人口。目前，根据几年的土地整治工作统计，行唐县已有 13 个贫困村实施了土地整治项目，全县仍有 94 个贫困村未实施土地整治项目。为了充分利用土地政策助推全县脱贫攻坚工作，行唐县县委、县政府充分发掘辖区内的耕地后备资源，调整、补充行唐县土地整治规划，使土地整治项目向贫困村的荒滩、荒草地倾斜，制定了 2015—2017 年土地整治扶贫攻坚三年工作规划。有 35 个贫困村被列入土地整治项目规划，有 16 个平原区贫困村被纳入高标准农田建设规划，还有 43 个贫困村在调整规划时，根据贫困村的实际情况分步纳入土地整治项目和高标准农田建设规划，将土地整治项目向这些贫困村倾斜。下面将行唐县土地整治工作服务脱贫攻坚加速贫困村脱贫的情况汇报如下。

一、土地整治工作进展情况

行唐县 2015 年在贫困山区大规模开展土地整治工作以来，总计立项验收项目 25 个，其中 2015 年验收项目 23 个，2016 年上半年验收项目 2 个。已验收的 25 个项目总规模 15632.5455 亩，新增耕地 11951.265 亩，总投资 21752.2133 万元。为石家庄市项目建设提供补充耕地约 12000 亩，支持了全市经济建设的快速发展；在为全市项目占地提供补充耕地的同时，行唐县 2015 年以来土地指标转让收入达 8.57 亿元（尚有 3492 万元土地指标转让欠款未收回），为全县经济建设平稳较快发展和精准脱贫项目的实施提供了资金保障。

2016 年以来，行唐县共组织土地整治项目 75 个，其中已经验收等待发验收文的项目 3 个，县级初验等待市级验收项目 4 个，正在施工项目 2 个，已上网公告准备招标项目 21 个，县财政进行资金评审项目 45 个。

二、土地整治工作助推脱贫攻坚的主要措施

1. 严格规章制度，规范透明运作

项目实行了七项制度。一是实行项目法人制。由县国土资源局担任项目法人，组织项目立项，确保项目建设的合法性。二是实行项目"招投标"制。项目立项后在县公共资源交易平台公开进行"招投标"，确定施工、监理单位，实现阳光工程。三是实行合同制。以合同形式加强对项目的规范管理，增加项目建设的约束性。四是实行公告制。从项目"招投标"开始，将项目工程规模、新增耕地、投入资金等相关信息进行公示，增加工程项目的透明性。五是实行监理制。严把工程质量关，并实行工程质量倒查，增加监理人员风险意识，确保工程质量。六是实行村民小组监督制。由项目所在村选出 2 ~3 名村民代表，对施工进程进行现场监督，杜绝施工过程中出现弄虚作假现象。七是实行财务审计制。项目竣工后，由县审计局对施工单位的资金账目、工程现场进行全面审计，确保项目资金不冒领、不流失，保障了项目建设资金的安全性。

2. 妥善化解矛盾，确保顺利推进

土地整治项目中的修路、土地平整、打井、铺设地下输水管道等工程都涉及占地问题，需要同相关农户进行协商，施工单位和村民之间很容易出现矛盾，影响正常施工，如果不及时妥善处理，还容易引发群体性不稳定因素。对此，县国土资源局定期到项目村，广泛征求村干部、群众代表对项目建设的意见，并要求施工单位及时改进存在的问题，既获得了群众的理解和支持，又保证了工程的进度和质量。

3. 严格初验把关，保障工程质量

参照省国土资源厅制定的《项目工程县级初验办法和标准》，结合县情实际，行唐县将验收标准进行细化、量化，制定了《行唐县土地整治项目县级初验办法》，要求县级初验专家组严格对照验收标准，到施工现场逐项严格验

收。在组织好县级初验的同时，邀请市土地整治中心对项目的每项工程进行复核。对县级初验和市级复核查出的问题，组织施工、监理和县整理中心人员召开项目整改会议，逐个项目分解落实，限期进行整改，确保工程质量。

行唐县土地整治项目助推脱贫攻坚工作虽然取得了一定成绩，但与兄弟县市相比还有一定差距。今后要不断汲取兄弟县市的先进经验，弥足和补充行唐县土地整治工作中的短板。同时，在河北省省委、省政府的领导下，下大力气抓好土地整治项目建设，为行唐县脱贫攻坚行动提供更加有力的支撑。按照省市要求，加快全县脱贫攻坚的步伐，力争在 2017 年实现全县 107 个贫困村脱贫出列。

三、土地整治项目加快了贫困村的脱贫步伐

1. 改善了农村生产条件

一是农田水利设施不断完善。根据近几年土地整治项目统计，截至 2016 年上半年，已投资 16101 万元，约占总投资的 18.5%。其中，新打机井 306 眼，铺设管道 626042 米，修建蓄水池 232 座、扬水站 8 座，安装出水口 10788 个，新上变压器 114 台，铺设电缆 97117 米。二是道路通行条件明显改善。投资 5869 万元，约占项目总投资的 6.3%。其中，新建、修复砂石路 159385 米，硬化水泥路 48627 米，整修素土路 149424 米，方便了群众耕作通行。三是土地平整化程度显著提高。投资 73210 万元，约占项目总投资的 66.8%。其中，修筑梯田田面 1894 公顷，客土覆盖 326.8 万立方米，修筑田埂 56.34 万米，翻耕土地 1527 公顷。通过对田、水、路等的综合整治，基本实现了田地平整化、灌排设施化、道路网格化，农业综合生产能力大幅提高，耕地利用等级普遍提高 1 个等别。

2. 增加了贫困村农民收入

行唐县北河乡南河村是一个贫困村，也是河北省国土资源厅精准扶贫的典型村。全村共有农户 323 户，895 人。其中贫困人口 185 户，490 人。全村共有耕地 1837 亩，坡地 2000 亩，荒山坡 5000 亩。由于受水源、交通、土地等条件限制，主要靠天吃饭，贫困户发展经济渠道少，农民生活水平较低。自 2014 年以来，行唐县在该村共组织实施土地整治项目 5 个，项目总规模 2235.342 亩，新增耕地 1786.506 亩，总投资 3408.1853 万元。共新打 200 米机井 8 眼，维修配套机井 2 眼，修建蓄水池 14 座，铺设输水管道 40524 米，

新修水泥路4551米，砂石及素土生产路11125米，新上变压器3台，大功率潜水泵10台，改善了农民的生产生活条件。项目竣工后，为该村增加旱涝保收的水浇地1786.506亩，年均增加粮食生产能力80.3928万千克，增加产值160.7855万元，人均增加纯收入1078元。

3. 融洽了党群干群关系

"民心工程"得民心。近几年来，行唐县县委、县政府坚持把土地整治作为服务项目建设，保障和改善民生的重要抓手，紧扣与老百姓切身利益相关的耕地平整、农田灌溉、田间道路等农业基础设施建设项目，集中解决了一批农民最关心、最迫切的问题。为做好群众工作，有关县领导、国土资源部门和项目区乡村干部挨家挨户向他们讲解国家政策和土地整治带来的巨大利益，一次不成去两次，两次不成去三次……就是这样一支作风扎实、业务过硬、不怕吃苦的干部队伍，深深感染了广大农民群众，使他们的思想观念得到了根本转变。随着一个个土地整治项目的实施，曾经的荒田变梯田，以前的旱田变水田，过去"靠天吃饭"的窘况一去不复返，特别是农田平整化程度的不断提高，"牛马下岗""机车作业"，不但减少了生产成本，还减轻了劳动强度，项目区的老百姓亲身感受到了土地整治给他们带来的诸多变化和实惠，纷纷为党委、政府点赞。

以县为单位精确到村　实现真正的精准脱贫

——山西省广灵县土地整治助推精准脱贫典型案例

一、基本情况

广灵县隶属山西省大同市，位于山西省东北边陲，永定河上游，北岳恒山东襟。东与河北省蔚县毗邻，南同灵丘县接壤，西连浑源县，北接阳高县和河北省阳原县。全县辖 2 镇 7 乡 180 个行政村，土地面积 1204 平方千米，耕地 50.1382 万亩（其中：水浇地 20 万亩），基本农田 42.09 万亩，林地 20 万亩，总人口 18.8 万人，是国家扶贫开发工作重点县、山西省"雁门关生态畜牧经济区建设""晋西北和太行山革命老区扶贫开发"两个战略实施重点县。同时，广灵县是山西省土地开发整治工作的示范县和重点县。

截至目前，广灵县不通火车，地域小且偏僻。在山西省 119 个县（市）当中，广灵县的经济总量排名后十位，是一个财政弱县，也是全国 35 个国家级贫困县之一。广灵县矿产资源匮乏，除石灰岩外，无煤炭和金属矿产，农业成为全县近 16 万农业人口赖以生存的支柱产业，耕地是农民生存的主要依托。努力改善农业生产条件和农村生态环境，提高农民收入，扶贫脱贫工作成为全县所有工作的重中之重。

2009 年至今，广灵县先后争取并组织实施了 18 个土地整治项目，总投资达 4.5 亿元，总建设规模达到 8.21 万亩。这些项目中，省级投资 9 个、市级投资 3 个、县级投资 6 个，除在建的 3 个项目外，其余 15 个均在规定的实施期限内顺利竣工并通过了省、市验收。此外，已列入项目报批范围的土地整治项目，建设规模在 8 万亩以上，预计总投资 3.5 亿元，预期新增耕地超过 1 万亩。

二、具体做法

1. 民情民愿，责任胜于能力

广灵县是一个传统农业县，土地是农民的命根子，全县耕地的 70% 以上属分布在海拔980~1400米之间、地下水资源奇缺的旱坡耕地，是一个名副其实的经济欠发达、资源匮乏的地域小县、财政弱县、收入穷县。对土地的珍惜和利用是历代农民生生不息的追求，增加耕地面积、提高耕地质量、改善生产条件、增加收入、改善生态环境是老百姓日之所思、夜之所盼，更是党和国家关于改善民生的基本要求。基于这种民生、民愿、民情，广灵县紧紧抓住国土资源系统实施土地整治这一优势，急农民之所急，想农民之所想，把实现民愿作为一种责任，把改善民生作为一种使命。正是这种责任意识和使命感，才促使广灵县在很短时间内争取并实施了一系列土地整治项目，给农民带来实惠，送去希望，精准脱贫成效显著。

2. 规划设计，重民意重实效

在立项区域选择、工程内容设计、工程措施落实及预算确定时，不可或缺的民意调查，是项目成功实施的关键，具体归纳为"两看""两尊重""一实际"：

"两看"：一看项目选址能否在项目实施后发挥最大效益；二看项目所在地的乡（镇）党委政府班子、村级组织担当意识是否过硬。绝不把项目放在实施后效益无明显变化的地方，更不把项目落在乡（镇）、村委组织软弱涣散的村、镇。

"两尊重"：既尊重项目设计规程和预算定额标准，也尊重项目的客观条件。在设计时充分听取当地村委会、农民及有关部门的意见，不搞一盘棋、不搞一刀切，本着理论与实际相结合、在确保项目完成后能发挥最大使用功能和最大效益的前提下，做好项目设计这一基础工作。

"一实际"：让设计与预算尽可能与实际工程实施对接，把有限的资金花在刀刃上。不虚报、不多报、不浪费，例如，在实施土地平整工程时，一定要事先做好村民意见调查，摸清地块承包者是谁、愿不愿意进行平整、怎样平整等实际情况，促进工程实施更加切合百姓耕种实际。这样，既确保了与农民意愿的结合，也确保了不浪费国家的每一分项目资金。

3. 工程实施，质量重于泰山

在抓好抓牢项目设计这个基础环节之外，广灵县更是把工程质量看作生命。有句口号，叫作"做工程如登山，登山要脚踏实地，工程质量要牢固如山"。在工程质量管理环节上，除严格落实监理制度，还做了三项工作：一是针对不同项目，由项目单位聘请工程现场巡视员，对工程质量、进度、监理表现进行现场巡视，这些特聘巡视人员只对项目承担和实施单位负责，且实施一个项目更换一批新人；二是特邀镇村干部共同参与现场管理，充分保证农民的意愿能够向上反映；三是定期由项目单位负责人主持召开监理、巡视员、镇村干部碰头会，互通有无，发现问题，及时整改。通过这些质量监管措施，确保每个工程的质量与实效；也通过这些实实在在的项目，使老百姓得到实惠，重塑了国土系统的良好形象。

4. 项目管理，"六制"贯穿始终

制度保障是根本。制度问题具有根本性、全局性、稳定性和长期性。广灵县在实施土地整治项目过程中，始终以"六项制度"把控全过程。以法人制，落实项目实施管理职责，加强项目组织管理；以"招投标"制，选出技术过硬、实力雄厚、重合同守信用的前期技术服务单位和参建单位；以监理制，明确监理工作目标和职责，权利和义务，对施工质量、进度、资金及安全进行全程控制；以合同制，对参建单位实行合同化管理，明确施工内容、施工进度、质量标准及金额和双方的责任与义务，为项目如期开工、按期竣工奠定基础；以公告制，公告招标结果，增加项目管理透明度，公告项目基本情况及权属情况，赋予群众监督权、知情权；以审计制，审核项目工程及财务管理，确保项目资金使用符合规范要求。

5. 优化环境，打铁还需自身硬

队伍建设是事业发展的"基石"，作风建设永远在路上。多年来，广灵县能够成功利用土地整治项目实施，助推扶贫脱困工作，得益于省、市、县各级领导的高度重视，得益于部门、乡镇、受益村的鼎力支持；更得益于有一支善打硬仗的团队和一项项铮铮如铁的纪律要求。

狠抓队伍建设，不断增强队伍的生机和活力，使队伍在政治素质、文化水平、知识结构等方面更加合理、优化。配备强有力的领导班子，始终以身作则，时刻以党纪、国法严格要求自己，带动了上上下下，形成了互相信任、互相理解、相互支持的共事氛围。

为了切实加强纪律建设，增强部门履职和监管能力，采取五项措施：一是广灵县县委、县政府成立了县级土地开发整理项目领导小组，各乡、镇相应成立了协调小组，各村委会干部、村民代表参与项目管理，做到层层严格把关；二是广灵县国土资源局由相关业务股室组成土地开发整理项目管理委员会，将决策事项交由会议集体讨论决定，既分解约束了权力集中使用和自由裁量，也落实了党风廉政建设的层层责任；三是资金是管理的敏感区域，为确保项目资金的合理使用、安全运行，除严格地按照项目资金管理要求不折不扣做好制度的健全与落实外，还在项目资金使用上，主动邀请审计部门对施工单位进行跟踪审计，严格要求施工单位按照规范的财务管理制度做好各自的工作，确保整个项目资金的运行安全；四是项目单位坚决执行上级部门的要求，决不违反"八项规定"，杜绝一切"四风"行为发生，时刻以高度的警惕性和责任感、"如履薄冰，如临深渊"的自觉意识，走在为人民服务的前沿；五是广灵县安定团结的政治和社会环境，也是做好项目的重要支撑，项目单位主动协调争取各部门的支持与配合，以过硬的工程质量、规范严格的财务管理、敬业踏实的团队精神、干净透明的人品人格，以及当地群众给予的肯定与认可，去阳光地面对各项工作，形成了国土资源项目服务"三农"，全社会支持帮助国土资源工作的良性循环。

三、主要经验

1. 示范内陆滩涂整治，力求实现综合成效

在补充耕地资源日渐减少的严峻形势下，为顺利完成上级下达的补充耕地任务。通过认真分析比对地类信息，组织专家技术人员实地踏勘项目选址区域，率先提出以疏浚河道、浆砌石护地坝为措施科学整治内陆滩涂，通过平田造地、铺设管灌、提高肥力等措施和道路及防护林等工程实施，建设高标准基本农田，力求实现经济、社会、生态和人文景观的综合效益。据此实施的广灵县南村镇等 4 个乡镇 12 个村补充耕地项目，新增耕地 111.4171 公顷，项目区每年可增加纯收入 322.64 万元，为当地的经济社会全面发展奠定了基础。项目实施后，随着交通条件的改善，农业生产运输能力得到提升，百姓通行更加方便。通过对河道精心治理、耕地集中连片、管灌配套完善，以及生态防护林建设，大大提高了项目区的土地质量和利用率，真正实现了农业耕作的机械化和集约化经营，形成与当地生态旅游景观融为一体的靓丽景观带，切实为转变农村产业结构注入了新的活力。

2. 选址与设计并重，整村整乡推进开发与保护

广灵县的地形西东高低，地貌半山半川，概况为"四块盆地一碗水"，受干旱气候影响，全年平均降雨不足 400 毫米，地表水资源较少，地下水利用率不高，农田水利基础设施条件较差，全县贫困区域主要集中在县城西部。广灵县县委、县政府结合土地利用总体规划和土地整治规划，将县城西部的南村、梁庄、望狐等乡镇，确定为全县扶贫工作的重点乡镇，按照"集中连

片、整村整乡推进"的原则，积极推动扶贫脱困工作。在立项和设计时，广灵县始终以土地开发为核心，配套实施高标准基本农田整理项目，科学统筹项目设计，互补工程内容，在建设高标准基本农田的同时，努力开发高质量新增耕地，增加水浇地指标交付比例，达到惠民、致富与经济建设共赢。土地整治项目实施后，最大限度地提高了地表水、地下水的利用率，同时保护了"一碗水"所在水神堂泉域，达到了大水分流、防洪减灾、小水引灌、保浇增产的地表水利用效果，以及保护优先、科学开发利用的地下水利用宗旨。

3. 加强项目实施管理，探索信息化管理模式

土地整治项目实施监管，是自上而下最难管理的环节。为达到工程建设实时监管，2015 年起，广灵县在实施新项目过程中，与软件编程、项目设计、测绘等单位合作开发了土地整治项目监管平台并试运行，目的是满足业主方、监理方对项目的实时监控、工程量统计、进度控制、远程监控及资料统一归集的监管要求，确保项目的高效率、高质量实施。

四、实施成效

近年来，广灵县实施的土地整治项目覆盖了全县 9 个乡镇 80 个行政或自然村，受益民众达到 1.6 万户 6.5 万人，累计新增耕地 1.44 万亩，新增或改善水浇地近 7.85 万亩，累计动用土方量 1890.39 万立方米，新建机井 135 眼，整修机井 32 眼，新建和整修井房 188 座，铺设管灌 51.3 万米，架设输电高压、低压输电线路 6.96 万米，配套变台器及变压器 144 座，农民因此累计增收 1.2 亿元，人均增收达到 1846 元，工程实施直接为地方贡献财税近 2000 万元。在取得明显经济效益的同时，项目覆盖区的生态环境得到大大改观。项目累计新修或改善农村田间路、生产路 2300 余条约 400 千米，道路绿化植树 15 万余株，绿化景观成为农民休闲健身的场所，也成为新农村建设的一个重要支撑。从投资额度、治理面积、工程内容、受益范围、受益额度、环境改观等指标看，广灵县的土地整治项目居全县所有涉农项目之首，也成为全县老百姓认为最实在、最受欢迎、最想实施的项目。2014 年 7 月，山西省国土资源厅在广灵县召开了全省的耕地保护推进会，进一步肯定了广灵县开展耕地保护工作的成效。广灵县国土资源局分别于 2011 年和 2015 年，两次被国土资源部和人力资源部表彰为"全国国土资源管理先进单位"，成为山西省国土资源系统唯一两度获此殊荣的单位。

综上，就广灵县实施土地整治助推精准脱贫而言，最大感受就是，上级领导高度重视，基层工作认识到位。每个项目实施过程中，省、市领导多次深入调研、悉心指导，时刻鞭策，大力支持。扶贫任务艰巨，但我们将再接再厉，克服困难、再创辉煌。

"粮食生产百强县"的脱贫致富之路

——内蒙古自治区扎赉特旗土地整治助推精准脱贫典型案例

扎赉特旗位于内蒙古自治区东北部，地处大兴安岭南麓向松嫩平原延伸的过渡地带，位于黑龙江、吉林、内蒙古三省（自治区）交界处。土地面积11155平方千米，辖8个镇、2个乡、3个苏木和1个乡级国营种畜场，196个嘎查村、684个自然屯，总人口近40万人。现有耕地510万亩、草牧场598万亩、有林地370万亩，境内有大小河流74条，年平均径流量9亿立方米，水资源总量28亿立方米，年平均降水量430毫米，无霜期105～135天，主产玉米、水稻、大豆、绿豆等作物，是水稻黄金产地。2013年通过测产粮食总产量达到21.6亿千克，连续八年被评为"全国粮食生产先进县"，成为全国粮食生产百强县。扎赉特旗是传统的农业大旗，由于农田水利基础设施薄弱，靠天吃饭，农民群众收入低且不稳定，生活在贫困线上，使扎赉特旗成为国家级贫困旗，扎赉特旗的"北八乡"一度成为贫困的代名词。

扎赉特旗历届旗委、政府领导班子立足于扎赉特旗是农业大旗的实际，紧紧扭住加强农田水利基础设施建设这个"牛鼻子"，积极争取，大力实施土地整治项目，2004—2016年共实施土地整治项目136个，总整治规模59285.65公顷。其中，2010—2012年实施了内蒙古自治区重点工程14个，整治总规模10699.9公顷；2014年高标准基本农田建设项目共32个，整治总规模16422.35公顷；2015年高标准基本农田建设项目37个，整治总规模17853.88公顷。

结合内蒙古自治区部分厅局两轮帮扶扎赉特旗嘎查村契机落实土地整治项目25个，整治规模7万余亩，投资9千万元，为嘎查村脱贫提供了有利的支撑，实现了嘎查村民人均3亩水浇地的目标。特别是扎赉特旗紧紧抓住内蒙古自治区国土资源厅定点帮扶扎赉特旗阿尔本格勒镇白辛嘎查的历史性机遇，在全自治区创造性地利用土地整治项目施工比价"招投标"结余资金和新增建设用地有偿使用费资金，实施了"先建后补、以补促建"旱改水工程8万亩；建设了4个水稻浸种催芽温室；建设了音德尔镇现代农业示范园区。

农田水利基础设施建设得到大大加强，农业实现高产稳产，农民收入大幅提高，全旗贫困落后面貌得到明显改观，扎赉特旗扶贫工作真正做到了对症下药，实现了精准脱贫。

一、结合自治区厅局两轮帮扶扎赉特旗嘎查村契机落实土地整治项目

土地整治项目是实施"造血式扶贫"的有力抓手，从 2007 年以来，结合内蒙古自治区部分厅局帮扶嘎查村契机，落实土地整治项目 25 个，整治面积 7 万余亩，预算投资近 9 千万元。通过征求帮扶队、嘎查村意见，进一步确定合理设计方案。通过农田水利工程建设，改善了农业生产条件，结束了群众靠天吃饭的历史，共打机电井 580 余眼，真正实现了耕地旱能灌涝能排，人均收入稳步增加，使土地整治成为扶贫的"造血机"。有的嘎查村土地整治已经实现了整村推进，如内蒙古自治区国土资源厅帮扶的阿尔本格勒镇呼格吉勒图嘎查、白辛嘎查，自治区检察院帮扶的阿尔本格勒镇巴彦套海嘎查，自治区组织部帮扶的音德尔镇兴华嘎查等，为群众脱贫致富打下了坚实的基础。

二、利用土地整治项目施工比价"招投标"结余资金实施了"先建后补、以补促建""旱改水"工程

按照"以整治促建设、以建设促保护"原则，在保护和改善生态环境、提高耕地质量的前提下，鼓励和发动群众按规划、时限和质量要求实施"旱改水"工程。2014 年，扎赉特旗政府成立农民群众自行"旱改水"项目领导小组，并制定《扎赉特旗 2014 年旱改水以奖代补实施方案》，明确项目实施主要原则为"以群众自建为主"，计划 6 个乡镇规模 3 万亩，亩投资 1000 元，群众自筹和投工投劳解决 700 元，建成后经验收合格每亩补贴 300 元，发放给"旱改水"的群众。2014 年 3—4 月，群众自行"旱改水"完成后，同年秋根据旗政府安排，由扎赉特旗水务局牵头，旗国土资源局、财政局、审计局、农业局人员组成"旱改水"项目验收组。通过验收的"旱改水"总面积 30704 亩，补贴资金合计 701.12 万元，资金已于 2015 年发放到位。农民群众自行"旱改水"的积极性高涨，目前已完成"旱改水"4.36 万亩，并通过旗政府组织的联合验收。由于该项目进一步提高了整治标准，旗政府计划利用土地整治项目资金每亩补贴 500 元。2016 年，扎赉特旗上报农民自行"旱改

水"先建后补项目总规模 9.3 万亩，亩均投资 1600 元，其中农民自筹和投工投劳解决 740 元，争取自治区先建后补资金 860 元，共需自治区先建后补资金 8000 万元，该项目已上报自治区国土资源厅和财政厅，并已被纳入自治区财政 2016 年预算，自治区国土资源厅和财政厅即将下达项目批复，开始全面实施。这种实行以农民或集体经济组织为主体进行土地整治的办法，从根本上调动了民资民力和群众的积极性，既节省了投资，又提高了施工效率，起到了"四两拨千斤"的撬动作用。实行这种办法，投入从以往的 1600 元/亩，降低到 300～500 元/亩，资金使用效益提高四五倍，还大大提高项目运行效率，过去要 2～3 年才能完成的建设任务，现在半年时间就能做好。仅以扎赉特旗努文木仁乡中心村为例，2014 年全村"旱改水"2300 亩，总投资 230 万元，土地整治完全以新组建农民专业合作社为单位，严格按照规划设计、建设标准施工，实现了当年建设、当年完成、当年验收、当年见效。过去，该村是一家一户户平均 30 亩地，无法统一标准集中连片经营，农民劳动强度大，收入低，很难形成地域产业优势和市场产品竞争优势，农民生产的积极性不高。经过土地整治将 150 余户农民通过自愿参加合作社的形式集中起来，走公司＋专业合作社＋基地的路子，使全村由 2013 年种植玉米的 500 元/亩，迅速增加到"旱改水"集约化经营之后的 1200 元/亩，亩均增收 700 元。

三、实施了扎赉特旗设施农业示范园区项目

为有效增加白辛嘎查农民群众收入，解决内蒙古自治区国土资源厅帮扶点群众精准脱贫问题，根据白辛嘎查人口少，市场消费能力弱，不适合建设蔬菜大棚的实际情况，内蒙古自治区国土资源厅实施转移式扶贫，在扎赉特旗音德尔镇建设占地 700 亩，智能化温室 14 万平方米，预算投资 4199 万元的设施农业示范园区项目，该项目现已全面完工，并已投入生产。该项目每年拿出经营利润 70 万元用于白辛嘎查扶贫工作，使白辛嘎查集体经济有了稳定的收入来源，为稳定脱贫奠定了坚实的经济基础。

四、经验体会和今后工作重点

以往的经验告诉我们，通过实施土地整治项目助推精准脱贫，大有可为。一是项目的实施离不开群众的支持，从设计开始应广泛征求群众意见，做出

的方案才切实可行。同时鼓励群众积极参与项目施工，只有群众参与群众才能满意，群众能施工的群众施工，不能施工的进行"招投标"。比如电力工程，在"先建后补、以补促建"上下功夫，制定具体管理办法。二是土地整治应多渠道实施，不但在农田建设上做足文章，还应在其他方面，比如水稻浸种基地、设施农业建设等方面下功夫。因为无论是哪一种都是为了增加群众收入，也就是用最少的土地获得更多的收入。三是要使土地整治真正助推精准扶贫，采用的方式手段要切实可行，做好项目前期可行性论证，征求社会各方面意见，着重从解决贫困人口贫困户脱贫入手，具有针对性地实施项目，使项目发挥最大的生态效益、社会效益和经济效益。

扎赉特旗实施土地整治项目助推精准脱贫，在项目建设中认真找准土地整治与农业增效、农民增收、农村发展的结合点和发力点，建设群众需要的、能够帮助其脱贫致富的土地整治项目。一是以增加农民收入为核心。把土地整治与农业结构调整、培育新型农业主体、建设优质农产品生产基地、农业产业化有机结合，针对水稻种植、蔬菜种植等高效种植模式，布局和设计土地整治项目，提高农业产出效益，增加农民收入。二是以田间水利建设为重点。采取打井、拉电、地埋管道、喷灌等措施，解决水利设施"最后一千米"的问题。三是以田间道路建设为重点。新建改建田间路、生产路，贯通项目区周边道路，改善了群众生产生活水平。四是探索实施了"先建后补、以补促建"土地整治新模式，使群众"要我整治"的理念变为"我要整治"，在整治中都得到实惠。土地整治工程无论在工程质量上还是进度上都取得极大的进步，同时化解了施工单位占地不好解决的问题，也解决了后期管护问题，形成了对实施的工程像爱护自己一样进行管护的良好局面，化解了土地整治后期没有管护资金的问题。

找准切入点　实现农业现代化

——黑龙江省海伦市土地整治助推精准脱贫典型案例

近年来，海伦市委市政府积极落实党中央"精准扶贫、精准脱贫"重要战略决策，将土地综合整治作为精准扶贫、助力脱贫的切入点，坚持将土地整治项目与新一轮扶贫开发目标相对接，走出了一条现代农业规模化发展和建设秀美乡村相结合的新路子。

一、具体做法

1. 深入调查研究，谋划扶贫开发工作新思路

海伦市委、市政府对开展土地整治助推精准扶贫工作高度重视，紧紧围绕"整合资金、集中贫困村屯，集中连片整治"的思路。通过深入乡、村、屯、农户调研，掌握了各贫困村的基本情况、经济发展现状、基础设施情况、群众脱贫愿望和脱贫计划。市政府出台了《海伦市打赢脱贫攻坚战实施方案》《海伦市2016年脱贫攻坚实施意见》《海伦市土地整治助推精准脱贫规划》等相关文件，为实施精准扶贫明确了任务，指明了方向。

2. 精准对接项目，持续提升脱贫造血功能

海伦市助推精准扶贫的土地整治项目，惠及海伦市向荣乡、永和乡、长发乡3个乡的8个村。项目区内村屯生产路、生活路，年久失修，出行困难；桥、涵、闸等农业基础设施破损严重；粮食产量不稳、不高；乡村无支柱产业，村民主要靠种植粮食和外出务工来维持生活，缺乏有效的经济来源，贫困人口比例相对较高。该项目总面积3635.73公顷，建设规模3418.74公顷，总投资为4776.1万元，项目资金全部申请国家土地整治项目专项资金。项目于2015年1月15日开始建设，截至2015年12月15日完工。受益群众达2.2万人，使2千多贫困人口逐步脱贫，群众对土地整治项目满意度达到95%以上。

3. 健全工作机制，确保帮扶工作稳步推进

在充分调查研究的基础上，市政府制定了"统筹协调、发挥优势、形成合力"的工作方针。实行定期走访调研、定期分析情况、定期讲评工作、定期通报情况的"四定"工作制度。成立了土地整治助推精准扶贫工作领导小组，落实各自责任，一级抓一级，层层抓落实，使扶贫工作越来越深入，措施越来越有力。

4. 坚持民主决策，力求扶贫工作精准到位

海伦市委、市政府按照"一村一策、精准到位、突出特色、打造品牌"要求，研究脱贫措施，实施土地整治先行扶贫战略。通过助力现代农业发展，实施精准扶贫，带动秀美乡村建设。在项目报批前，如踏查、可研和规划设计各个环节，海伦市政府都组织作业单位、当地专家深入项目区村屯，广泛征求群众意见，以实用惠民为原则，充分听取项目区群众意见，全面接受群众监督，集思广益，群策群力，结合市域实际，科学、合理地安排土地整治项目，把民生政策真正落到实处，解决了乡村和群众想干而无力解决的难题。在项目实施中，做到早规划、早部署、早安排、早启动，赢得了当地干部群众的理解和支持。

二、主要经验

海伦市国土资源管理部门在项目实施过程中，严格落实"六项制度"。一方面严格工程资金管理，专款专用，另一方面加大对贫困村投入资金整合协调力度，争取专项资金 500 万元，推进项目区长发乡长华村、向荣乡向荣村、永和乡吉祥村 3 个贫困村的产业开发、基础设施和公益事业建设，为 3 个贫困村建设村屯水泥路 18.6 千米，漫水桥 2 座，晾晒场（兼休闲广场）3 个，2000 人口实现了脱贫，加快了贫困村的脱贫步伐。

1. 把准脉搏、因村施策，是实施土地整治助推精准脱贫的前提

项目区贫困村长华村全村贫困户中有 243 户是因灾致贫，受灾原因主要是农业基础设施老旧。因此，项目设计了圆涵、方涵、分水闸、节制闸、农门 120 座，修建桥梁 3 座，提水泵站 3 个，渠道衬砌 16145 米，输电线路 14400 米，田间道、生产路 16836 米，旱田改水田 1321 亩，提档升级老水田面积 5880 亩。农业基础设施的改善，不仅使农业生产能力大幅度提高，而且还切实解决了贫困村老百姓"出门难、生产难、灌溉难"的问题。"以前需要几个壮劳力将手摇柴油机抬到地里抽水灌溉，现在我一个人，到地里一推闸就行，通电通路通水通渠后，太省力了"，长华村农民这样说。

2. 方法创新、突出特色，是实施土地整治助推精准脱贫的关键

在建设上，从项目可研设计到实施，采取专家与群众参与相结合；在管理上，采取质量管理和后期管护同步运作；在组织上，采取抓工程实施的同时，超前调整土地权属；在行动上，变储粮于仓为储粮于地。通过土地整治，推动农业走可持续发展道路，积极发展循环农业和生态农业，积极推广秸秆根茬还田，增加土壤有机质，培肥地力，保证耕地"健康"。永和乡吉祥村在项目实施后，通过"田水路林村"的综合整治，明显改善了项目区的生态景观，一个"田成方、林成网、路相通、渠相连，灌排科学化，种植多样化"的现代化农业生态园区初具规模。鉴于项目区修建的晾晒场只能在秋季发挥作用的弊端，市国土资源局积极协调市相关部门，调配资金，在晾晒场周围安装了体育健身器材，这样晾晒场在秋收季节发挥晾晒作用，在农闲时节就成为村民休闲健身的好去处，一举两得，受到了村民的欢迎。且吉祥村依托地域优势，正在筹建一个集旅游、观光、采摘于一体的采摘园，日后必将成为城市居民假日休闲、旅游的好去处。

3. 产业创新、打造品牌，是实施土地整治助推精准脱贫的根本

在土地整治过程中，把产业开发作为贫困户脱贫致富的根本性措施来抓，打造扶贫产业，增强造血功能，加快脱贫步伐，开发绿色富硒产业。2015 年 6 月，黑龙江省地质调查研究总院组织进行了黑龙江省两大平原示范区综合改革试验区寒地富硒土地环境调查，经黑龙江省地质勘测总院测定，海伦市耕地 100% 天然含硒，其中，富硒（0.325 毫克/千克以上）耕地面积为 156 万亩，占全市耕地面积 34%；足硒（0.175～0.325 毫克/千克）耕地面积为 309 万亩，占全市耕地面积 66%，是松嫩平原富硒带的"核心区"，而且各项重金属含量均不超标。项目区扶贫村长发乡长华村和向荣乡向荣村依托土壤天然富硒的资源优势，把富硒产业开发作为加快发展、促农增收、摆脱贫困的重要载体。借助政府扶植，积极向上争取，在项目区建设富硒产业园，成为富硒高端食品生产基地，在拥有"海伦大豆""海伦大米"两项国家地理标志保护产品证书的基础上，积极进行品牌注册，打造寒地黑土有机富硒绿色品牌。产业园企业覆盖项目区 80% 的贫困村和贫困户，解决了农村 200 贫困人口的就业问题。

三、实施成效

一分耕耘,一分收获。以实施土地整治助推精准扶贫,以发展现代农业助推精准脱贫的理念,正在这片神奇的寒地黑土上生根、开花、结果,收获了"三个增加"、"三个提升"和"四个彰显"的可喜成效。

1. 三个增加

一是增加了有效耕作面积,提高了耕地质量和利用率。项目区实施后整治耕地面积 3323.27 公顷,水田面积增加 424.79 公顷,耕地质量普遍有所提高。二是增加了粮食产量。项目实施前单产,正常年份的产量为水稻 7000 千克/公顷,玉米 6000 千克/公顷。项目区实施后,通过社会调查和业主提供的项目实施前三年平均值计算,水稻单产可提高到 7500 千克/公顷,玉米可提高到 6500 千克/公顷。三是增加了农民收入。据测算,除减少生产成本外,项目区内农业年亩均增收 195 元,累计年增收近 2800 万元,受益群众达 1.6 万人。

2. 三个提升

一是提升了农民原有的土地意识。随着农业生产条件的改善,粮食产量和收入的不断提高,农民惜土如金的意识正在强化。整理后的土地,实现了耕地集中连片和配套农业设施齐全,为农民土地流转,改变传统的生产方式提供了方便,推动了农业产业结构调整。二是提升了农民的生产生活水平。水泥田间路和排水灌溉工程的实施,使农民耕作更加便利,排涝抗旱得到有效保障,助力了新农村的建设。通过高标准农田建设,农业生产中交通问题、电力问题和生态环境问题得到了有效解决。同时,项目建设也通过连村路硬化、林网绿化美化、道路整修维护等手段,改善项目村的生产生活面貌,使农村面貌焕然一新。三是提升了农民幸福指数。结合"幸福美丽乡村"建设,海伦市政府着力打造了长华等一批独具特色的新农村示范村和农业产业示范片、农业精品旅游区。改善群众生活条件,红墙碧瓦,花香四溢,茶余饭后的农民不再聚在一起打麻将,而是在村里的休闲广场上扭起了欢快的大秧歌,喜在心头,乐在脸上。

3. 四个彰显

一是彰显和引领了有机、信息农业发展的功能。依托海伦市现有的省级经济技术开发区,在项目区辟建富硒产业园,打造集产品研发、精深加工、商贸物流于一体的经济技术开发区中的"园中园"。建立营销网络，加强线上、线下营销渠道建设。二是彰显了提高土地利用率、集约率、产出率。向荣村农民通过推行棚室复合利用生产模式，提高了土地利用率、集约率、产出率，大棚土地实现了由春育秧、夏产瓜、秋种叶菜的一季生产为三季利用。年均亩收益达 2.6 万多元，比常规农业生产高 10～20 倍。三是彰显了拉动土地多形式流转，促进了产业化规模经营的功能。贫困村的农户，积极参与土地有偿交流转，参加到水稻、玉米、大豆等农生产合作社，在抱团中取暖。"我们早就盼望着土地整治，盼望着土地流转，到时候就可以在自己家门前打工挣钱了"。长发乡长华村的陈大爷笑逐颜开，高兴地说道。四是彰显了推动现代农业技术集成应用的功能。"土地政治确实给我们带来了实实在在的效益，有了土地，自己学会了种植技术、科学管理，建立了销售网络，真正找到了致富的'金饭碗'，感谢国土资源局给我们做了真正的实事！"说到土地整治项目给群众带来的好处，向荣村二组菇娘种植大户李某感慨万分。以前向荣村是全乡最穷的地方，他也是村里最穷的贫困户，过去在零散的土地上种玉米、土豆，亩产不足千元，如今通过土地整治，耕地成片了，机耕路通了，土地能旱涝保收了。2015 年他加入村里的正宏菇娘专业合作社，全年种菇娘收入达 7 万余元，成了远近闻名的冒尖户，向荣村的大部分群众依靠种植菇娘一举甩掉了贫困帽子。项目区和周边很多农户，依托"公司＋基地＋合作社＋农户""合作社＋土地流转＋贫困户"产业发展模式，离土不离家，发展起了毛葱、菇娘、甜玉米等产业，变身成为商人、老板，带动全乡的产业大发展。

习总书记说，绿水青山就是金山银山。我们一定要保护好海伦的绿水青山。我们坚信：通过土地整治，海伦的天将更蓝，水将更清，草将更绿。这稻浪滚滚唱新曲，豆花飘香奏管弦的锦绣乡村，定将会变成农民生活的幸福家园。

土地整治精准施策
助推纯农地区经济社会转型发展

——上海市金山廊下郊野公园建设助推精准脱贫典型案例

近年来，上海市立足人口资源环境紧约束的现实，积极创新规划国土政策，针对郊区发展短板和生态短板，积极推进以郊野公园为代表的重大生态功能区土地整治工作。2012年，上海市启动郊野公园规划选址工作，将郊野公园建设与薄弱村扶持、农民增收、纯农地区转型发展和生态保护相结合，在全市规划21座郊野公园，并按照近期实施可行性，确定了7个近期建设郊野公园试点。2013年上海市市政府工作报告明确，启动郊野公园建设是上海市促进城乡和谐发展、适应社会经济发展需求、提升生态文明水平的重大举措。也是以土地整治为路径，践行"绿水青山"就是"金山银山"的绿色发展理念，精准扶贫的重要实践。

2015年10月底，金山廊下郊野公园率先开园，郊野公园在助推精准扶贫，促进农民增收、纯农地区经济转型发展中的成效明显。

一、基本情况

上海市廊下镇位于金山区中部偏西南，东接张堰镇、金山卫镇，西与浙江省平湖市新埭镇交界，南与浙江省平湖市新仓镇毗邻，北与吕巷镇相接，距上海市中心60千米，距虹桥机场50千米，距浦东国际机场70千米，到达杭州市、宁波市、苏州市等地车程均在1个小时左右，处于长三角交通节点，是上海市连接浙江省的主要门户。

金山廊下郊野公园位于金山廊下镇区西侧，规模约21.4平方千米。近期建设区位于漕廊公路沿线，北至景邱路、西至六里塘、南至廊华路、东至山红河，规模约5.8平方千米，约占园区总用地面积的27%，包含了上海农科院葡萄基地、菜园、农业科普馆等20个重点特色农业基地。该园是以"生态、生产、生活"为主题，以"农村、农业、农民"为核心，集现代农业、科普教育、文化体验、旅游休闲于一体的"主题农场"型郊野公园。

金山廊下郊野公园是以市级土地整治项目示范工程为基础打造的郊野公园，是全市聚焦农业、反映乡村特色、探索新型城镇化道路的示范带头项目。市级土地整治专项资金直接投入6.5亿元，整治规模达1687.34公顷，搬迁项目区内零星、老旧宅基地599户，统一安置到镇区配套齐全的"特色民居"内，大大改善了农民生活条件和区域生态环境，同时按照现代农业发展要求对项目区内的田、水、路、林、村等配套设施高标准规划、高标准实施，形成了"万亩粮田整治区、种源农业整治区、优质蔬菜整治区、休闲农业整治区"四大特色农业功能区，为农民增收和现代农业发展奠定了坚实的基础。

二、具体做法

1. 项目和资金安排向纯农地区倾斜

为支持纯农地区的转型发展，在市级土地整治项目选择和资金安排中，将经济薄弱村、纯农地区作为重点区域，优先考虑安排。金山廊下土地整治工作纳入全市首批市级土地整治项目试点，市土地整治资金投入约6.5亿元，为全市投资最大的市级土地整治项目，其中3.3亿元专项用于宅基地搬迁补偿，主要用于项目区内分布零星、房龄较长和经济条件相对较差、改善意愿强烈的农户宅基地的搬迁补偿，3.2亿元用于项目区内田、水、路、林等配套设施建设和生态环境保持工程。

2. 加强部门联动和资源整合

郊野公园是以郊区基本农田、生态片林、水系湿地、自然村落、历史风貌等现有生态人文资源为基础，在本市郊区关键生态节点建设的具有一定规模、拥有良好的田园风光、郊野植被及自然景观，以保护生态环境资源、展现自然人文风貌、提供都市休闲游憩空间为主要特征的郊野开放空间。具有规模大、资金需求量大、涉及专业部门多等特点。项目推进中，市级层面建立了分管市领导为召集人、各相关部门参与的郊野公园联席会议制度，积极以土地整治为平台，整合相关部门政策资金集中投入。各区县也成立了以主要领导为组长的领导小组，统筹协调区级政策和资金投入郊野公园区域。在金山廊下郊野公园推进中，在市级土地整治项目资金支持的基础上，市、区、镇还整合了减量化补助资金、水利、农业和产业结构调整等专项资金和政策。

3. 积极培育新业态

一是积极推进"订单式土地整治",让农业经营主体提前介入土地整治项目规划设计,在金山廊下项目中规划建设形成了"万亩粮田整治区、种源农业整治区、优质蔬菜整治区、休闲农业整治区"四大特色农业功能区,实现土地整治建设内容和后续农业经营无缝对接,促进特色农业发展;二是培育新型农业主体、新业态,提升农业附加值,促进农业增效,农民增收;三是实施"土地整治+"战略,将土地整治与乡村马拉松等跨界融合,打造上海最美马拉松赛道,将乡村马拉松打造为廊下品牌活动,提升廊下知名度,显化农村资源的生态、景观价值,带动与健康运动有关的乡村休闲、观光旅游的发展。

4. 强化"造血"并举,建立长效增收机制

在市级资金直接投入的同时,不断创新规划土地政策,建立城区和纯农地区的联动机制,逐步建立"造血"机制,促进农民的长效增收。一是建立指标调剂制度,通过指标有偿调剂,实现纯农地区在承担耕保责任中,能够分享发达地区的发展成果。二是在建设用地减量化中建立"规划空间奖励""定向出让""异地物业置换"等政策,增强经济薄弱村集体的"造血"能力。

三、主要经验

1. 统一认识是前提

随着土地整治工作的开展,从市政府到乡镇政府、村民对土地整治的认识不断深入,大家也逐步认识到土地整治从内容上涵盖农村"田、水、路、林、村、厂、文"各个方面,推进上已形成的"有规划引导、有资金保障、有标准可依、有机构推进"的工作格局,同时具备涉农建设、涉农投资、综合施策的性质,已成为纯农地区转型发展的重要抓手和平台。

2. 部门联动机制是有序推进的重要保障

公园建设中通过市级郊野公园建设联席会议平台,加强部门联动,积极整合各归口政策和项目,推进条线资金整合,切实促进条线资金在土地整治工程的叠加、衔接和落地。此外,加强部门间及部门内政策叠合问题处理方法和途径研究,做好对接工作,为公园建设提供顺畅的政策支持通道。

3. 科学规划是关键

土地整治是一项综合性很强的工作，也是复杂的技术性工程，涉及土地、农业、水利、市政、绿化等多个专业。一方面，在市级土地整治规划和区县整治规划等大尺度宏观规划上，要强调政府主导"自上而下"，突出规划的引领作用，明确土地整治方向。另一方面，在项目规划层面，要坚持"自下而上"，充分考虑各利益相关方的诉求和今后业态定位，加强公众参与，同时与各相关部门的专业规划充分衔接，确保项目规划的可操作性。

四、实施成效

1. 拓宽了农民增收渠道

郊野公园建设，为市民提供了便捷、自然、野趣的休闲游憩空间，也成为郊野地区农业接二连三，绿色发展的重要助推器，为廊下农民带来了看得见摸得着的利益。廊下镇依托郊野公园，发展农村休闲旅游关联产业，鼓励农民参与乡村旅游，使农民收入由单一的土地耕作收入转变为经营性、财产性、转移性和工资性为一体的多元化收入。例如，葡萄、蘑菇、蟠桃等特色农业，使60多户农民家庭年均收入达到20万～30万元；中华村已有15户农家饭店、2户农家旅馆，农民成为有"打工薪金、房屋租金、养老保险金、经营收入现金、土地流转金"的"五金"农民。同时，还促进了农民实现非农就业。全镇1.5万名农村劳动力，目前已基本实现了非农就业。其中农产品加工企业、农业种植基地和农业旅游，成为解决农民就业的主渠道。仅2000多名农村老年农民就业，就增加收入4000余万元，平均每人每年增收2万元。

2. 改善了区域生态环境，成为区域发展的新优势

郊野公园建设对全域内生态资源进行了全面的梳理和提升，呈现出稻浪滚滚、绿树成荫、绿水潺潺、炊烟袅袅的江南水乡美景，一方面补充了上海市生态资源数量，完善了生态功能类型及结构，在一定程度上缓解了建设用地耕地和市民游憩需求之间的矛盾；另一方面生态环境改善后吸引广大市民来此休闲、观光，生态优势转换为发展优势，促进了绿色发展，践行了生态保护脱贫。

3. 发掘了乡村价值，促进乡村复兴

郊野公园的实施推动了乡村传统文化与当代文明的结合，推动了乡村文

化复兴，推动了城乡双向流动新型城镇化，实现乡村与城市的两元共生。廊下郊野公园充分挖掘万亩粮田景观的农地复合价值，枫叶岛红枫观赏深受市民追捧，山塘老街、山塘民俗苑经改造也成为城市学生的文艺实践基地，举办土布服饰设计大赛挖掘了土布民俗文化，增加市民体验，也成为廊下的独特优势，促进了乡村的全面复兴。

用活"金钥匙"　引领富裕路

——浙江省江山市土地整治助推精准脱贫典型案例

位于浙江省西南门户和钱塘江源头之一的江山市，地貌类型多样，以山地丘陵为主，素有"七山一水二分田"之称，其中平厚和溪间谷地占11.2%，山地丘陵占88.8%，地势东南高、西北低，中部为河谷地带，整体为不对称的"凹状"，市域面积2019平方千米。2014年末，江山市耕地总面积51.97万亩，下辖12个镇、5个乡、2个街道，292个行政村，13个社区。江山市山川秀美，物产丰富。境内森林覆盖率超过67%，有国家级森林公园一个，大小水库500余座。旅游资源丰富，有国家级风景名胜区、国家"4A"级景区——江郎山，全国唯一保存完整的黄巢起义遗址——仙霞关，以及清漾毛氏祖居、保安戴笠老家、浮盖山、峡里湖等150余处景点，自然景观秀丽奇特。

根据中央、省、衢州市的统一部署，江山市历届市委、市政府都高度重视土地整治工作，把土地整治既作为保障国家粮食安全，又作为促进"三农"工作、统筹城乡发展的"金钥匙"工程来抓，并取得了可喜的成绩。据统计，"十二五"期间，江山市累计完成垦造耕地2.1939万亩、完成建设用地复垦0.129万亩、实施农村土地综合整治城乡建设用地挂钩0.4758万亩、建设旱涝保收高标准基本农田20.46万亩，累计投入资金18亿余元。通过土地整治，不仅有效补充了耕地，缓解了人地矛盾，提高了农田（耕地）质量，优化了城乡土地利用结构和布局，促进了美丽乡村和生态文明建设，还极大地促进了土地流转，为精准帮扶"村＋农户＋基地＋公司"规模化经营模式的发展创造了良好条件。目前，江山市土地流转价格已达到每年每亩500～800元。例如：峡口镇拾称坛山垦造耕地项目实施后除户均分得1600元土地流转租金外，村里每年还有5万元进账；贺村镇友爱村整村1128亩高标准基本农田流转给省级种粮大户，流转价格达700元/亩，农民脱离了土地到企业上班，又增加了收入；塘源口乡仓坂村外子山开发垦造耕地项目土地流转租金达800元/亩，成为江山市目前土地流转租金最高区块；张村乡秀峰村琚岭土地综合整治项目实施后，使世代居住在半山坡上，出门就得翻山越岭，走的是一条仅有 1 米左右宽的砌石台阶路，到乡集镇要花两三个小时的 84 户村民，全部搬迁到张村乡政府所在地的秀峰小区建好了三层楼房，村民不仅赚钱容易，还能够分到项目区土地流转的租金，同时连接项目区路打通后，项目区周围山场的毛竹、杉木等也身价大增。真正实现"村民得实惠、村级得壮大、乡镇得发展、政府得空间"的愿望。

一、领导重视，政策引领，为土地整治助推精准脱贫提供有力支撑

1. 领导挂帅，部门协作，为项目推进提供保障

为确保土地整治工作的顺利推进，江山市政府专门成立了由市长任组长，分管国土、农业的副市长担任副组长，市政府办公室、国土、农业、财政、水利、审计、农办等 13 个部门主要负责人为成员的土地整治工作领导小组，并下设办公室，办公室主任由国土资源局局长兼任。

2. 政策配套，制度健全，使项目建设有章可循

2013 年 5 月，江山市在衢州市范围 6 个县（市、区）中率先出台了《江山市土地整治项目管理暂行办法》，明确职责、通力协作。项目建设严格遵循国家"六项制度"，即项目法人制、公告制、"招投标"制、监理制、合同制、审计制。项目资金投入做到与时俱进，适时提高标准。至目前止，江山市土地开发项目亩均投资为 5.5 万元/亩，比 2010 年提高了 1.5 万元/亩；高标准基本农田建设类项目投资已达 1 万元/亩，比 2010 年提高了 2.5 倍；宅基地复垦项目投资为 6.5 万元/亩、独立工矿复垦 4 万元/亩。同时，市政府将土地整治工作列入"双争先"考核（即综合考核和专项考核），将此项工作与乡镇（街道）、部门奖金相挂钩。

二、狠抓项目管理，提高工程质量，确保精准帮扶到位

为确保项目顺利通过验收，江山市自始至终做到严把六道关：一是严把项目选址关，在项目选址上，要求各乡镇（街道）广泛征求村、队、农户意见，并形成签字决议，力求获得群众支持和理解；二是严把项目设计关，要求设计单位做到细心调查，规划布局要尊重民意精心设计；三是严把"招投

标"关，土地整治工程建设发包都要按规定进入市、乡镇"招投标"平台，通过相关网站等发布公告，杜绝暗箱操作；四是严把项目管理关，对参与项目设计、施工、监理等单位严格按照国家、省有关规定执行，并结合江山市市情，制定《江山市土地整治项目工程管理细则（试行）》；五是严把项目验收关，制定《江山市土地整治项目验收程序》，明确相关职责及验收程序，对项目不能通过初验的，市级坚决不通过验收；六是严把资金审计关，为确保资金安全有效使用，聘任中介单位参与工程审价，在施工单位拨款前，做到跟踪审价，杜绝多报、瞒报工程量现象，工程完工后，按规定上报审计部门审计。

三、注重项目发挥效益，努力实现项目帮扶精准脱贫

为使项目尽早发挥效益，全市上下未雨绸缪，精心组织。在项目立项前，必须召开村民代表大会，并经过 2/3 以上村民代表同意，方可上报实施。同时，制定建设后分田方案或土地流转方案，一旦工程完工，要及时将土地分配到户或完成土地流转，做到无缝对接。与此同时，由政府出资配送有机肥给种植户，分别为：土地开发项目按新增耕地面积免费配送 3.5 吨/亩（其中土壤检测前送 2 吨/亩，验收后连续三年每年送 0.5 吨/亩），高标准基本农田按新建面积连续三年每年免费配送 0.25 吨/亩，农村土地综合整治项目按新增耕地面积连续三年每年免费配送 0.5 吨/亩，用于培育地力，提高有机质含量。由于措施得力，各方面管理到位，项目效益发挥明显，得到广大群众的支持和拥护，使村民积极性得到极大提高，由原先下任务要村里执行转变为现在村里要主动申请的可喜局面。

前不久，笔者在距江山市区 40 余千米的塘源口乡仓坂村外子山看到，一块写着"江山市东部省级现代农业综合区"的大型牌子十分醒目。放眼望去，方圆几里的"千亩猕猴桃"精品园示范基地里，枝繁叶茂的猕猴桃树上已挂果累累，好一派丰收景象。

"这片土地经过'整容'后，不仅大大提高了'颜值'，更加提高了产值，使我们的'腰包'逐渐鼓起来了。"正在江山彬峰农业发展有限公司帮忙管理猕猴桃园的仓坂村村民乐呵呵地相告，"这真是要感谢党和政府的富民政策，感谢国土资源部门的大力支持啊……"

同行的仓坂村党支部书记解释说，村民所说的土地"整容"就是塘源口

乡积极对接市国土资源部门实施的土地整治项目——塘源口乡仓坂村外子山低丘缓坡开发垦造耕地项目。

江山彬峰农业发展有限公司承包前,这片土地都是"癞痢头"的低丘缓坡,虽然局部区块有少数杉树,但有的树龄已近 40 年,整个区块经济效益较低。

因塘源口乡地处江山东部偏远山区,多年来,村民们只能守着祖辈留下收益较低的林地和穿插在山间的少数耕地,描绘着传统型的"农耕图",居住着相当部分低收入农户。近年来,在江山市上下吹响发展工业经济"号角"之际,因地处碗窑水库饮用水源保护地等因素,该乡不适宜发展工业经济。塘源口乡党委、政府立足区域实际,审时度势,积极探索"借力发展,做大特色农业产业"和"科技先导,龙头带动,农户参与,统一管理,品牌营销"惠及低收入农户的发展致富之路,以江山市拥有"中国猕猴桃之乡"美誉的优势,将猕猴桃、油茶等作为重点扶持产业,对接土地整治、农业综合开发等项目,加快农业转型提升、产业化发展步伐。

2011 年初,塘源口乡在完成仓坂村一期 500 亩低丘缓坡开发项目,由回乡老板承包并注册成立的市神农猕猴桃专业合作社负责经营的基础上,当得知市国土资源部门计划实施省级示范性低丘缓坡开发项目的消息后,乡领导便进一步加强与市国土资源部门的对接,经过多次联合实地踏勘,确定将项目规划地划定为紧邻乡道的仓坂村外子山启动二期低丘缓坡开发项目的立项意向。

项目意向确定后,政策处理过程中却遇到了阻力。乡、村两级干部经过调查摸底,发现部分村民持不同意见,对统一开发后祖辈传下的山场是否变成集体资产,收成能不能保证等顾虑重重。得知村民们的想法,乡、村干部统一思想,逐家逐户做宣传解释工作,承诺前期基础设施建设不要村民投入,还有政策处理(青苗、附着物补偿)费的补助,项目建成后,鼓励村民按规划统一种植猕猴桃,愿意自种的村民仍然保留经营权,不愿意自种的村民平整后的土地由村里统一"打包"对外承包,承包后的收益,村与农户按"二八"利益分成。同时,村委会与每户签订协议书,并加盖公章,让村民们吃下"定心丸",村民不需一分资金投入,还有八成的净收益。经过 20 余个日夜的沟通,终于得到村民们的理解和支持,项目顺利落地,前期工作得以加快推进。

在江山市国土资源局的大力支持下,2012 年 1 月,塘源口乡仓坂村外子山低丘缓坡开发垦造耕地项目工程顺利动工建设，项目实施总面积302亩，新建机耕路9条总长2570米、灌排渠16条总长3409米，挖填土方45.31万立方米，总投资678万元，项目工程于2012年底前基本完工。

该项目的实施，使低丘缓坡得到平整，路渠得到配套，交通、灌溉条件得到极大的改善，从不起眼的"癞痢头"一举变成"香馍馍"，投资者的"抢手货"。2013年初，村里进行土地流转发包，由江山彬峰农业发展有限公司以前3年16万元，以后按每3年递增6%的高价中标，获得302亩土地承包40年的经营权。土地承包后该公司在当地雇佣20人进行种植、培育猕猴桃，在猕猴桃间套种大豆、西瓜等农作物，当年就获得较好的收成。该公司在自身得到较好发展的同时，使当地农民不仅有租金收益，还能在该公司务工领到工资，真正尝到了土地整治的甜头。为此，村里专门在项目区边坡上制作了"土地整治，利国惠民"8个鲜红大字的标语。

通过土地整治项目的实施，建立了塘源口猕猴桃休闲观光园的，为全市猕猴桃产业健康发展起到示范作用。园区内种植户通过发展乡村休闲旅游加快销售进度，提高种植效益。据介绍，猕猴桃休闲观光园直接带动农户217户，新增从业人数200人，当地农民年均收入达到15000元。同时，促进了江山市家庭农场或农业发展有限公司等企业的建立，据统计，江山市已涌现农业企业600余家，惠及江山市60万人民共同迈向富裕之路。

"美好乡村建设先进县" 的精准扶贫

——安徽省蒙城县土地整治助推精准脱贫典型案例

蒙城，古称漆园，是春秋战国时期思想家庄子的故乡。全县面积2091平方千米，耕地230万亩，人口130万人，辖19个乡镇，是全国高标准基本农田建设示范县、全国优质粮棉大县、全国造林绿化百佳县、全国科学技术示范县、安徽省文明县、安徽省美好乡村建设先进县。蒙城县原有贫困村60个，耕地53.81万亩，统计在册贫困人口86300人。

近年来，蒙城县县委、县政府全面贯彻党的十八大和十八届四中全会、五中全会和中央、省、市扶贫攻坚工作会议精神，坚持以经济建设为中心，坚持加快科学发展不动摇，坚持稳中求进的工作总基调，主动适应经济发展新常态。在省、市国土资源管理部门的大力支持和指导下，始终把重点放在依托农村土地综合整治保护耕地、增加耕地的质量和数量上来，并重点注重与精准扶贫工作的相互结合。"十二五"以来，蒙城县共承担土地综合整治项目46个，总投资62480.62万元，建设高标准农田80.89万亩，其中治理贫困村26个，治理耕地面积17.49万亩，帮助28900人顺利脱贫。

一、坚持政府主导，强力推进建设

为强力推进土地整治项目与精准扶贫工作紧密结合，县政府成立了由县长任组长，分管常务副县长任副组长，县直有关部门和乡镇主要负责人为成员的土地整治项目建设和扶贫攻坚工作领导小组，并下设办公室，专司此项工作。对项目实施过程中出现的问题，县政府主要领导亲自调度，及时协调解决，当年能调整项目规划的则调整规划服从扶贫攻坚工作要求；当年项目规划无法调整的，则在下年度的项目规划中优先考虑扶贫攻坚工作。县政府将土地整治与扶贫攻坚工作纳入岗位责任目标任务，实行每周一调度、一汇报；每月现场一督查，查进度、查质量、查原因、查责任，下发督查通报的工作制度，始终将土地整治和扶贫攻坚工作作为农村工作的重中之重，抓在手上，放在心上，落实到行动上，确保土地整治项目建设和扶贫攻坚工作同时顺利进行。

二、坚持充分论证，注重规划科学

在项目申报阶段，优先考虑贫困村的实际需求，项目选址优先向贫困村倾斜；在项目的可研规划阶段，注重利用电视、广播、宣传栏等形式，深入宣传土地整治建设和扶贫攻坚工作的政策、意义，最大限度吸纳群众广泛参与；在项目规划与预算编制阶段，整合扶贫、农业综合开发、水务、农业等各类资金，统筹规划、分类实施，确保项目工程建设适合扶贫攻坚的需求；充分征求县直有关单位意见，注重与扶贫攻坚规划相结合、与土地利用总体规划相结合、与美丽集镇美好乡村建设相结合、与现代农业规划相结合、与实际需要相结合、与其他部门的项目规划相结合，保证规划的科学性、前瞻性、合理性。特别是扶贫光伏发电项目、连片特色农业种植项目、养殖项目等扶贫工程需要配套和完善基础设施建设的，绝对优先考虑，确保扶贫攻坚工作的顺利推进。

三、加强项目监管，确保工程合格

土地整治项目的每一个工程，都是广大农民的致富工程、小康工程，扶贫攻坚工程更是党和群众的连心工程。

强化管理制度，严格实行公告制、法人制、工程招投标制、工程监理制、合同制和资金报账审计等制度规定，让一切都在阳光下运行。

加强过程监管，公开项目相关人员联系方式，接受大家监督；聘请群众代表为质量监督员，对各项工程质量进行全程跟踪监督；创新建立了县土地开发整理中心和所在乡镇人民政府双业主管理办法，明确具体职责，防止推诿扯皮；招标具有资质的单位从项目规划设计开始进行跟踪审计，保证包括隐蔽工程在内的所有工程都能按图施工；由业主单位招标有资质的单位在施工单位自行委托检测的同时进行第三方监测，保证单体工程质量；利用科技手段引进监理管理系统，保证监理单位尽责监管。

规范验收程序，项目建设结束后由业主单位组织人员对项目进行100%的工程自验；自验合格后，由县级人民政府组织县交通、水务等单位的专家进行初验；初验合格，并完成工程造价审核、竣工财政决算后，由县政府申请市农村土地综合整治领导小组组织市交通、水务、财政等单位的专家进行验收，对验收中发现的问题进行书面反馈，要求限期整改；整改完毕并经所在镇、村签字认可后，申请市农村土地综合整治领导小组进行复核，复核合格后下达验收批复。

对一年质保期满申请支付质保金的，由县政府组织相关单位人员逐一核查工程质量，存在问题的填写项目工程存在问题登记表，要求针对存在问题逐一进行整改；整改完成后，再次组织人员到现场复核，复核合格经所在镇人民政府分管领导、村主要负责人签字加盖公章后，方可按程序拨付质保金。

四、建设民心工程，增加群众福祉

"十二五"以来的项目建设，把原来坑洼不平的自耕路建设成宽阔平整的田间路（414.33 千米）和生产路（789.48 千米），方便群众生产生活；建设支沟 181.94 千米，疏浚农沟 1178.94 千米，新建生产桥 1317 座，维修老桥 47 座，过路涵 4893 座，新建农用井 5172 眼，建设节制闸 5 座，真正达到了"旱能灌、涝能排、路相通"；共植树 63.3 万棵，重点完善了项目区农田防护林网，加强了管护责任制，提高了成活率和保存率，改善了农村生态环境；对原有的坑塘、低洼地、空心村等废旧闲置地进行综合整治，新增耕地面积 1481.52 公顷。

将土地整治项目与扶贫攻坚贫困人口搬迁安置相结合，配套和完善美好乡村基础设施及环境绿化美化工程，全县涌现了乐土镇双龙村、范集工业园区韩寨村等 21 个省市级美好乡村示范村。在项目实施过程中，对技术含量较低的人工劳动，要求施工单位尽量使用本村范围内的贫困人员。仅此一项，每年给全县贫困家庭带来了上百万元的工资性收入。整治后的土地因其耕作便利、设施齐全，加之实施小地块并大地块，吸引了北京市、江苏省、浙江省等地的农业发展公司、种粮大户、养殖大户竞相前来流转土地"筑巢"创业，每亩土地流转的承包费用上涨了 200 元；整治后的土地范围内已成立农业合作社 156 家，家庭农场 47 个，吸纳了 6000 多名留守贫困人员就近就业，人均年增收 1 万多元。

为实现中央要求让贫困人口尽快脱贫，蒙城县 2016 年高标准农田建设项目规划中，整合各类项目资金，按照亩均投资不低于 1500 元的标准，把全县未治理的 34 个贫困村 36.32 万亩耕地全部纳入治理范围，保证贫困村在年底甩掉贫困的帽子，贫困人口依靠土地整治的成果尽快走上致富的道路。土地整治提高了土地质量，增加了耕地面积，满足了现代农业规模化、集约化生产的要求，增加了农村发展的后劲，促进了农村发展和农民增收；扶贫攻坚工作让贫困人口尽快脱贫致富，更多地体会到党和国家的温暖，享受到改革开放的红利。两项工作的紧密结合，让扶贫攻坚工作有了更有力的抓手，让土地整治效果得到更有力的体现。土地整治的一条条路、一座座桥、一眼眼井、一片片新增耕地，使经济效益不断提升，富民优势日趋凸显，唱响蒙城科学发展、和谐共进的希望之歌。

寻找统筹城乡发展的动力"油门"

——福建省创新旧村复垦增减挂钩模式助推精准脱贫典型案例

我国的城乡关系，历经了深刻的变化。改革开放后，二元体制使城乡差距在经济高速增长中不断拉大。如何实现城乡统筹发展，让落后的农村彻底摆脱贫困，是亟待解决的现实问题。中国共产党第十八次全国代表大会以来，习近平总书记多次深入贫困地区调研，对扶贫开发做出了一系列重要指示，提出要以更加明确的目标、更加有力的举措、更加有效的行动，深入实施精准扶贫、精准脱贫。福建省结合自身特点，独辟蹊径走出了一条旧村复垦增减挂钩之路，激发农村建设用地这块沉睡中的宝藏，探索城市反哺农村的可行路径，为福建省的城乡统筹发展提供了强有力的资金支撑。

福建省位于我国东南沿海，地貌类型以丘陵、山地为主，素有"八山一水一分田"之称。据测算，全省补充耕地后备资源仅8万公顷，只能满足十年左右的耕地占补平衡需求，而后备资源中，闲置、空置、低效利用的农村建设用地高达3.4万公顷，通过整治复垦可补充耕地1.7万公顷。这对耕地后备资源严重匮乏，占补平衡压力巨大的福建来说，是十分可观的潜在资源。

2010年2月，福建省政府办公厅下发了《关于实施农村土地整治和城乡建设用地增减挂钩意见的通知》（闽政办〔2010〕43号），确定在福建省21个综合改革试点小城镇和6个试点县实施旧村复垦增减挂钩政策。2010—2013年，为响应中央扶贫救灾的有关精神，福建省又先后将受自然灾害或受地质灾害威胁的农户、生活条件恶劣的偏僻自然村、23个省级重点扶贫县纳入试点范围。

自2010年旧村复垦项目实施以来，截至2016年上半年，福建省共审核旧村复垦项目2566个，规模13.2万亩，可新增耕地12.4万亩，其中已验收结算4.9万亩。交易挂钩指标8.0万亩，交易金额约210亿元，为推进福建省新农村建设提供了强大的政策和资金支持。

一、政策创新：一根杠杆撬动城乡两头

福建省的"挂钩"政策，有其独特的内涵和特点，其实质是立足耕地占补平衡和城市反哺农村，通过经营性房地产用地占用耕地的占补平衡，推进旧村复垦、促进耕地保护、推动新农村建设，有别于国家层面的"增减挂钩"政策。

1. 拆旧与建新分离，指标使用突破行政区域限制

有别于国家试点政策拆旧区与建新区捆绑实施、县域封闭运作的模式，福建省的"挂钩"政策在项目实施和指标交易两方面都解除了一对一的捆绑，使农村的拆旧与城市的建设占用在空间和时间上完全脱离，不仅为城乡土地资源在全省范围内的优化配置提供了可能性，也大大解放了城乡指标交易双方的活力。

2. 指标使用仍占用年度建设用地计划，防止城市"摊大饼"

与国家试点政策中新增耕地指标不占年度建设用地计划指标不同，福建省使用"挂钩"指标的经营性房地产和商服用地仍被列入年度建设用地计划指标，涉及农用地转用和土地征收的，仍按规定报批。此项制度设计有效抑制了城市"摊大饼"，防止城市无限制购买挂钩指标而盲目扩张。

3. 建立"倒逼机制"，旧村复垦添活力

福建省规定城市经营性房地产用地和商服用地占用耕地的，必须使用旧村复垦新增耕地挂钩指标，通过"倒逼"，强制城市购买指标，保证旧村复垦新增耕地挂钩指标的市场需求。可以说，这一制度设计是推动政策可持续发展，保持长期活力的关键点。

4. 实行指标"预售"，为项目启动筹得"第一桶金"

为解决农村实施旧村复垦项目的启动资金问题，福建省允许"先交易指标后造地"，通过指标"预售"（先预核定指标并交易，后复垦验收）为农村的拆旧复垦工作筹措足够的启动资金。从实施情况看，这一制度设计对政策的推行至关重要，是政策启动的第一脚"油门"，调动了方方面面的积极性。

二、典型做法："大城关安置"与"高标准补偿"

1. 泉州市德化县的"大城关安置"模式

德化县地处泉州市北部山区，是闻名中外的"中国瓷都"。在德化县，村民进城务工现象十分普遍，农村形成了大量空置房甚至"空心村"，2800公顷农村居民点用地基本上处于低效闲置状态。

县政府顺应形势，因地制宜推行"大城关安置"模式，解决进城务工拆迁农户的"三难"问题，进一步促进农民城镇化。

（1）解决买房难问题。在合理确定补偿标准的基础上，采取灵活多样的安置形式，除允许就地或在镇区安置以外，在县城关建设3263套配套设施完善的安置限价房，比市场价格每平方米优惠1000余元，让进城务工的拆迁户拥有城关限价房购买资格，深受拆迁农户欢迎。

（2）解决落户难问题。先行先试推行户籍制度改革，建立和完善以居住地确立居民户口性质的户籍管理制度，使进城务工的拆迁户在城关有条件落户。

（3）解决子女就学难问题。放宽就学门槛，免收进城务工农民子女小学、初中借读费，统一电脑公平派位，让进城务工的拆迁户子女有书可读。一系列配套政策措施让进城的拆迁农户拥有"双重保险"，既保留其在农村的地权、山权、林权、水权、房权和计生政策等"旧权益"，又享有城市的就业、住房、教育、医疗、社保等"新福利"，安心扎根城市，推动城镇化发展的进程。

2. 南平市延平区的"高标准补偿"模式

南平延平区位于福建省中部偏北，经常遭受洪涝灾害威胁。延平区政府科学规范推进旧村复垦，利用旧村复垦新增耕地指标交易的收益，大力实施"造福工程"，帮助受灾或地灾威胁点的农户完成灾后的重建工作。

（1）提高补偿标准，加大反哺农民力度。延平区政府规定，旧村复垦新增耕地挂钩指标交易价的70%用于补偿农民。按每公顷600万的平均交易价估算，直接用于补偿农民的资金将达到每公顷420万元。

（2）严格项目立项，实行整村整片推进。延平区对旧村复垦项目的立项条件进行严格把关，对单片图斑面积过小、复垦难度大、无退宅协议的地块一律不列入拆除复垦的范围，努力实行整村整片、规模推进，优化土地利用布局，提高农村综合整治的效益。

（3）规范资金管理，保障资金安全。延平区区委、区政府高度重视旧村复垦工作，将此项工作列入各乡镇年终绩效考核范围。同时，为强化与规范资金管理，出台了专门的资金管理办法，做到"专户管理、专账核算、封闭运行"，确保资金安全。

三、实施成效

该政策的实施不仅有效促进了耕地占补平衡，在推进社会主义新农村建设、土地节约集约利用、统筹城乡发展促进农业增效、农民增收等方面也取得了一定的成效。

1. 实现城市反哺农村，促进城乡统筹发展

中国共产党第十八次全国代表大会报告提出，要"提高被征地农民在土地增值收益中的分配比例"。福建省旧村复垦增减挂钩政策很好地落实了中央的要求，让偏远地区、山区农村和农民能够分享城市土地的增值收益，促进发达和沿海地区资金反哺落后地区和山区农村。仅以泉州市永春县为例，该县旧村复垦工作启动仅半年时间，就完成旧房拆除1313幢，交易指标162.6公顷，获得资金6.13亿元，相当于2011年全县一般预算收入8.1亿元的76%。

2. 提高土地利用效率，推动节约集约用地

通过旧村复垦，对散乱、闲置、废弃的农村旧宅基地进行重新规划和综合整治，引导农村集中建设和村民有序转移，达到优化土地利用布局、提高农村土地利用效率、促进土地节约集约利用的目的。如莆田市涵江区江口镇东大村，实施旧村复垦27.6公顷，涉及搬迁户279户，项目完工后，项目区内人均用地面积从171平方米下降到70平方米，实现了新村建设和节约用地的和谐共赢。

3. 补充耕地面积，促进农业增产、农民增收

2015年，福建省通过旧村复垦新增耕地约1.3万亩，不仅有效补充了耕地数量，也相应减少了林地和未利用地的开发，缓解了生态环境风险。通过旧村复垦与农田基础设施建设，还促进了耕地集中连片，推进田与村的综合整治，改善农业生产条件，促进农业增产、农民增收。

"三个转变"造福老区

——江西省瑞金市叶坪乡两个村级 土地综合整治助推精准脱贫典型案例

扶贫攻坚，任重道远；造福老区，时不我待。为不辜负总书记的殷切期望与重托，江西省瑞金市国土资源部门依托叶坪乡田坞村等两个村土地综合整治工作平台，紧紧围绕"三个转变"，实现了结对帮扶措施精准化、基础设施建设精准化、产业发展扶持精准化，为精准脱贫工作开创了良好局面。

一、项目基本情况

2014年在叶坪乡田坞村等两个村开展土地整理项目。该项目建设规模150.3公顷，总投资约462.02万元，全部为省级投资，涉及叶坪乡田坞村、朱坊村。目前，项目已完工。

二、主要措施

1. 事前做足动员，制定了土地权属调整方案

土地整治是国家投资的惠民工程，通过层层召开干群和党员大会、张贴宣传单大力宣传，取得了群众的理解和支持。

2. 定期召开调度会

定期召开调度会，发现施工进度落后、组织施工不力、工程有质量问题等情况，立即对施工单位进行约谈，帮助查摆原因，及时改进；屡谈不动就进行诚信履约教育，使得工程进度、质量得到了保障。

3. 组织学习交流

发现施工单位施工工艺、进度落后，即组织其到施工工艺先进、进度较快的单位进行学习取经，并为其提出合理化建议和改进方法。

4. 为加快进度，实行了工期倒排

及时指导施工单位按照未完工程量进行工期倒排，要求定员定量，合理安排施工机械进场，赶晴天，抢雨天，安全施工。

5. 强化监理单位责任

要求每个施工现场都要安排监理人员，实行旁站监督，对达不到规划设计要求和标准的工程，一律整改和返工，以提高工程整体质量，做群众满意工程。

三、项目实施成效

1. 变"漫灌"为"滴灌"，实现帮扶措施精准化

按照农户申请、组级评议、组级公示、村级审核、村级公示、乡级复核、村级公告等"七步法"，召开小组会、户主会、全村党员群众代表大会，统一贫困标准，设置排除指标，采取按收入倒排、群众评议、公示公告等方式，精准识别全村扶贫户 128 户 367 人。按照定对象、定政策、定措施、定责任、定目标的"五定"要求，对精准识别的贫困户，梳理因病、因残、因灾、缺土地、缺技术及交通条件落后等具体原因，结合贫困户意愿，针对每一贫困户具体情况，制定扶贫措施，做到精准施策。

2. 变"输血"为"造血"，实现基础设施建设精准化

依托叶坪乡田坞村土地综合整治工作平台优势，坚持规划先行，做到高起点规划、高标准建设、高精细管理，围绕建设"城乡一体化示范区、现代农业示范区、乡村旅游示范区"，加大在村庄水利、交通、产业基地、土地平整等基础设施建设力度，真正变"输血"为"造血"。截至目前，全村共打造土坯房改造示范点 3 个，涉及改造农户 561 户，实施民房整治 154 户，粉刷外墙 6 万余平方米，土地平整 400 余亩，新建或扩建道路 2.2 千米，实施"三面不见土"水渠 1.2 千米。

3. 变"农民"为"股民"，实现产业发展扶持精准化

依托现代农业产业示范区，以产业扶贫为抓手，充分发挥蔬菜、葡萄、花卉苗木等产业优势，按照"公司＋合作社＋农户""合作社＋农户""产业户＋农户"等多种经营模式，重点培育一批产业户，积极帮助解决产业户技术、资金、土地流转方面遇到的难题，引导产业户做大做强，示范带动周边农户发家致富，让贫困户以土地入股、劳力入股、资金入股等方式，每年年底按股发放分红，真正变"农民"为"股民"。同时在聘请劳力时优先考虑，增加贫困户收入。截至目前，帮扶建成华夏农业观光园、四海葡萄合作社、大田尾大棚蔬菜基地等大型产业基地 5 个，种植面积达 1500 余亩，吸收贫困户就业 38 户 60 余人，当地农户年人均增收 1200 元，促进了农民脱贫致富。帮助流转土地 400 余亩，流转后人均增加租地收入 260 元/亩。先后 2 次邀请广州市农科院的专家来村里指导大棚蔬菜种植，培训贫困户 86 人次。

瑞金市叶坪乡田坞村等两个村土地综合整治做到整村推进与扶持到户相结合、产业开发与改善基础设施环境相结合、物质扶贫与智力扶贫相结合，在着力推动老区特别是原中央苏区加快发展中，让老区群众在全面建成小康社会进程中发挥重要作用。

夯实精准脱贫的土地根基

——山东省菏泽市农村土地整治助推精准脱贫典型案例

　　山东省菏泽市地处鲁西南，辖八县三区，土地总面积 1.22 万平方千米，总人口 1003 万，耕地面积 1247 万亩，基本农田面积 1078 万亩。由于自然区位和历史原因，菏泽市一直属于山东省欠发达地区，目前全市省级以上贫困人口 93 万人，占全省总贫困人口的 1/3。贫困人口绝大部分生活在农村，土地是其最主要生活来源。"十二五"期间菏泽市实施农村土地整治项目 162 个，农用地整治规模 420 万亩，总投资 23.63 亿元，建成高标准农田面积 367 万亩；村庄建设用地整治即城乡建设用地增减挂钩项目 129 个，整治村庄 238 个，复垦耕地总面积 4.3 万亩，节余指标面积 3.4 万亩，其中贫困村庄 83 个，涉及贫困人口 1.6 万人，实现"增减挂钩"指标收益 51.6 亿元，从根本上改善了贫困村庄的生产生活条件。

一、项目布局"三倾斜"

1. 农村土地整治规划向贫困村庄倾斜

　　充分考虑贫困村庄、镇的实际情况，大力推进农用地整治和高标准农田建设，大力推进城乡散乱、闲置、低效建设用地整治利用，大力推进废弃、污染、退化土地复垦治理，将土地整治及高标准农田建设与扶贫开发结合的项目纳入土地整治规划。逐村排查和调查走访，选择腾地潜力大、房屋破旧、区位偏僻、交通不便、群众改造愿望强烈村庄及黄河滩区和黄河故道区移民搬迁、地质灾害避险、扶贫开发村庄等，优先纳入"增减挂钩"项目区规划。

2. 农村土地整治项目向贫困地区倾斜

　　东明县小井镇属于省级贫困乡镇，在实地蹲点调研的基础上，利用市级土地有偿使用费为该镇安排高标准基本农田建设项目，面积 1.9 万亩，投资 2000 万元。该项目涉及贫困户 1011 户，3210 人，其中，省级贫困村 2 个、391 户、1632 人，市级贫困村 8 个、620 户、1578 人。结合菏泽市市委、市政府开展的"双联双创"扶贫专项活动，对单县曹庄乡、莱河镇深入调查了解，找准制约村镇经济发展的症结，利用市级土地有偿使用费安排高标准基本农田项目1.9万亩，投资1800万元，涉及6个贫困村2600人。

3. 整治地区资金向贫困村庄倾斜

按照中央和省关于扶贫开发工作的有关要求，菏泽市新增费补助资金用于贫困地区农地整治项目建设的约为4.6亿元。同时，为加快贫困村庄改造步伐，市政府筹资20亿元，集中投向单县、曹县等贫困村庄"增减挂钩"项目区，节余指标补偿标准提升到20万元/亩。曹县、单县、定陶区、鄄城县等积极整合各项涉农项目资金13亿余元，集中投向贫困村庄挂钩项目区，用于改善村庄基础和公益设施条件。

二、项目实施"三严格"

1. 严格施工管理

严格对土地整治中介机构、评审机构从业资格（备案）管理，对项目规划设计、招标、监理等单位定期进行绩效和诚信考评。对隐蔽工程质量严格把关。县区政府组织审计、财政、建设、国土等多部门深入施工现场，对照设计要求，针对每条路、渠及所有建筑物，采用观效果、测数据、查隐患等多种灵活多样的办法，对工程质量进行检查和评估。每项工程特别是隐蔽工程，每一道工序完工后，由施工单位申请报验，经项目承担单位负责人、监督管理技术人员、监理工程师验收合格签字后方可进入下一道工序施工。每项工程的设计标准以书面形式发给村委会，工程施工时由村委会安排2~3名群众代表对工程质量进行监督，发现问题及时改进。

2. 严格廉政勤政

《土地综合整治项目职务犯罪预防意见》建立了对工程进度、质量的联合监督机制，并邀请县检察院预防职务犯罪部门的领导对项目管理人员和所有施工单位负责人进行了预防职务犯罪教育，县国土资源局与各施工单位分别签订了《项目实施廉政合同书》。鄄城县在项目"招投标"中严把保密关，实行"一箱两锁"（招标代理公司一把锁，监管部门一把锁）的办法，有效防止投标信息的泄漏，卡紧把牢评标环节。采取纪律约束、封闭评审、评委临时抽取等方式，使整个评标过程公正、严谨、精细。真正做到了"零投诉"。

3. 严格维护项目区群众权益

对"增减挂钩"项目申报方案按规定程序组织群众代表听证，听证结果向全体群众公示，并经95%以上群众同意；坚持复垦区土地复垦质量与安置区功能配套建设一并验收，达不到规划设计和政策规定标准，群众综合满意度达不到90%及以上的，一律不准通过验收。在项目区成立由群众推举的代表组成的议事委员会，全程参与和监督项目区方案论证、村民房屋评估、基础设施建设和专项资金使用，各项结果必须向项目区全体群众及时公开。对困难群众通过争取危房改造资金、扶贫专项资金、民政救助等方式予以扶助，确保不因项目建设增加群众困难。严禁以任何形式拖欠、挪用、截留群众项目补偿资金，严禁违背群众意愿大拆大建，严禁以断水、断电、断路等方式强制群众搬迁，一经发现依规依纪从严处理。

三、项目效益"三同步"

1. 农村土地整治项目与农业特色产业项目同步设计

将牡丹区黄堽镇土地整治项目与牡丹特色产业小镇规划有机结合，围绕牡丹种植、产品深加工、旅游观光等产业发展需要，科学合理进行土地整治项目设计施工，现已投资1.5亿元用于牡丹产业园区配套设施建设，使该镇牡丹产业企业数量和规模不断膨胀，黄堽镇先后被命名为菏泽市唯一的"牡丹种植专业乡镇""山东省十佳花卉乡镇""山东省旅游百强乡镇"，该镇已累计流转土地用于牡丹规模化种植3万余亩，其中包括1300余户贫困家庭的4300亩地，租金收益1600元/（年·亩）。牡丹区皇镇乡北部高标准基本农田建设区，涉及7个行政村，34个自然村，贫困户1942户，人口5243人，人均年收入1905元/人。整治面积1.5万亩，亩均投资1500元/亩，项目完成后，流转土地5000亩，成立9个农业合作社，种植花卉、苗木，建设成景观农业区，带动乡村旅游业发展。同时，将项目区范围内德商高速公路取土场的废弃坑塘500余亩进行整治，增加有效耕地400亩，由村集体承包给村民个人经营，增加村级集体经济收入。

2. 农地整治项目与村庄整治项目同步实施

高新区吕陵镇南部高标准基本农田建设区，涉及8个村，贫困户1010户，贫困人口2382人，项目面积1.39万亩，亩均投资1500元/亩。项目完成后，托管流转土地6000亩，建成辣椒等蔬菜和苗木基地，亩均增收4000～

5000 元/亩。同时，对项目区范围内的乔堂村进行"空心村"改造，旧村占地面积279.45 亩，新村规划占地 110 亩。单县谢集镇、莱河镇承担的省级田、水、路、林、村综合整治项目，农地整理项目已通过省级验收，村庄整治项目已完成或基本完成村庄 6 个，涉及人口 1.4 万人，其中贫困人口 1200 人。

3. 贫困村庄生产条件与生活条件同步改善

曹县砖庙镇"十三村"社区借助"增减挂钩"政策由原 13 个贫困自然村合并而成，实际腾地 2000 余亩。目前，该社区生活环境得到根本改善。一是公共服务功能齐全。幼儿园、小学、中学、社区服务中心、养老服务中心、垃圾和污水处理、文体广场、商业超市、医院等一应俱全。二是依靠 2000 亩土地流转租金收益，壮大了村集体收益，减免了社区居民卫生费、公共电费、水资源费、养老医疗保险等多项费用。三是通过新增耕地流转，社区发展了绿化高效种植大棚、农家乐、大学生创业园等系列产业，居民收入水平显著提高。单县谢集镇李村寺社区、郓城县南赵楼镇"六和苑"社区、东明县长兴集乡七号新村等，居住人口均在 3000 人以上，居民非农收入占 70% 以上，城镇化服务设施比较齐全，基本达到了城镇化社区标准。

创新扶贫模式　致力共同富裕

——湖北省通山县低丘岗地改造项目对接精准脱贫典型案例

通山县是湖北省重点扶贫县、脱贫奔小康试点县和幕阜山片区扶贫攻坚县。近年来，按照县委、县政府统一部署，将大畈等 6 个乡镇 2015 年度低丘岗地改造项目板桥片作为探索精准扶贫机制的试验田，以点带面，推进扶贫攻坚，探索了"资源共享"扶贫模式，并在该县全面推行，取得明显成效。

一、基本情况

板桥村是该县富水湖畔一个库区贫困村。全村有 10 个村民小组，375 户、1769 人。一方面，贫困人口多，2013 年全村人均年收入低于 2300 元的贫困户有 144 户、642 人，贫困人口占比达 36.3%。还有 36 户人均年纯收入低于 627 元的特困户只能靠政府低保救助保障生活，难以通过传统的帮扶措施带动脱贫。另一方面，山水资源丰富，全村水面面积 5160 亩，其中可利用 3200 亩，已利用 2200 亩；山林面积 13724 亩，其中宜造林荒山 4288 亩，多数资源闲置。

二、具体做法

通山县在研究依托山水资源，以低丘岗地改造项目为平台，通过产业扶持政策，支持产业发展，带动大多数群众脱贫致富的路径、模式时，考虑到如果将产业扶持政策用于"垒个体"，鼓励农民自己种植油茶，虽然国家政策资金奖补可直达农户，但无法解决土地分散不连片、难以规模经营、效益不高的问题。用于"垒集体"，扶持村集体种植油茶，可以实现规模发展，但是主体不明，后期往往无人管理，从过去的经验来看，效益也不理想。用于"垒企业"，发展快、效益好，能够实现规模经营，但是群众的收益少，不能实现全体村民共同致富。

为了破解"垒个体""垒集体""垒企业"都不能很好地带动群众共同致富，尤其是解决特困户致富的问题。在深入调查研究的基础上，通山县按照《中华人民共和国农村土地承包法》第十二条"农民集体所有的土地依法属于村农民集体所有的，由村集体经济组织或者村民委员会发包"的规定和政策项目资金是跟着土地走的实际情况，决定将国家产业扶持政策、板桥村山水资源开发与贫困户捆绑在一起，实现政策共享、资源共享，以政策投入撬动市场投资，用市场的办法开发荒山资源，发展油茶产业，探索了"二次流转"促进板桥村整体脱贫、共同致富的有效路径。

1. 精心酝酿

组织县、镇、村多次召开群众座谈会，研究讨论形成一致意见，决定将4000亩荒山集体发包，开发建设油茶基地；决定整合低丘岗地改造、油茶产业发展、扶贫移民产业发展等政策项目资金，按每亩2000元的标准与基地对接，支持基地前期建设。

2. 招商开发

板桥村村委会面向社会公开招商，引进企业开发荒山资源，前置条件是将荒山资源整体发包，企业按每亩5000元的资金投入，农民以林地及每亩2000元的政策资金入股，按股权参与公司分红，多收多分，少收少分，亏本不赔，共同制定公司章程，规范经营管理。通过招商引资，引进了湖北天宇三农公司，合作开发建设3000亩油茶基地。

3. 二次流转

第一次流转，由村委会主导，从81户村民手中将3000亩林地经营权流转到村委会，在这个过程中充分考虑土地承包者的利益，不影响农村土地承包经营体制，土地租金以市场行情为基础，尊重土地承包者的合法利益，并且原承包者同样享受股权收益。村委会组织村民小组与村民签订林地流转认可书，与村民小组签订林地流转合同。解决了土地分散不连片、不能适度规模经营的问题。第二次流转，村委会将3000亩林地以人均1亩左右的标准，流转至全村每个村民，余下的300亩林地留存村集体，村民和村集体以林地资源和每亩2000元的政策项目资金入股公司，由村委会代表村民与公司签订股权协议，体现土地集体所有，国家扶持政策集体享受。再由村委组织召开村民代表和党员会议，表决通过股权收益分配方案，向村民发放股份证，分配股权。股权证经司法公证，依法保障村民利益。村民不需要任何投入就能获得股权分红，实现了全体村民林地资源和政策资源"两个共享"。

4.凭股分红

村委会与企业签订 30 年林地入股联合经营合同，五年挂果后，亩产纯利益在 2000~3000 元之间，农户收益体现在两个方面：一方面是租金收入，原 81 户土地承包经营户主，可获得前 15 年每亩每年 25 元、后 15 年每亩每年 50 元的租金收入；另一方面是股金分红收入，全村 1769 人参与股金分红。公司从第 6 年到第 15 年按利益的 20%、后 15 年按利益的 21% 支付全村 1769 名村民分红。按亩平均最低利润 2000 元标准和 20% 的利益分红计算，3000 亩基地稳产期最低可年分红 120 万元，全村 1769 人人均可年分红 678 元。村委会 300 亩面积的集体股权，每年最低可收益 12 万元，实现了村集体与村民收入"两个增长"。例如，聋哑村民全某的爱人病亡，与 13 岁的儿子相依为命，除每月领取低保金外，其他靠远亲近邻救助，没有办法帮扶发展生产。后来，工作队帮其建住房，让其孩子免费读书，并发放低保补助每年每人不少于 3000 元。目前她与儿子 2 人拥有 2 亩油茶，国家 2000 余元的政策入股资金，5 年后每年最低可收入 1200 元。工作队还帮她建了 10 口网箱，挂靠养殖大户代为经营，每年可增收 6000 元。除政策外，产业帮扶每年可给她带来 7000 多元收入，解决了她的生活困难。

三、主要经验

板桥村林地"二次流转"、推动资源共享模式，使村民与企业结成利益共同体，企业不必为流转土地操心，减轻了企业工作量，同时，政策项目资金作为村民股金入股投入油茶基地开发，缓解了企业前期基础投入压力，企业满意。原林地承包户承包的这些荒山基本没有什么收益，现在则可享受土地租金补偿和公司利益分红，其他村民享受公司利润分红。全体村民摇身变成了股民，坐享红利，群众个个满意，主动维护企业发展，实现了企业和村民"两个满意"。

四、实施成效

板桥村"二次流转"的经验，在通山县得到全面推广，大畈镇杉木园 6000 亩油茶（大畈等 6 个乡镇 2015 年度低丘岗地改造项目）、杨芳林乡金珠千亩油茶（杨芳林乡等 5 个乡镇 2013 年度低丘岗地改造项目）、黄沙铺镇万山红千亩油茶（黄沙铺等 4 个乡镇 2013 年度低丘岗地改造项目）等一批连片油茶基地，都先后引入"二次流转"、推动资源共享模式开发经营，形成了"一花引来百花开"的带动效应。目前，全县新发展油茶 9 万亩，建成万亩油茶基地 2 处、千亩油茶基地 12 处，建成 5000 亩茶叶示范基地 1 处，千亩楠竹、千亩杉木速丰林、千亩香榧等连片示范基地多处。

山成"万宝山" 地变"刮金板"

——湖南省桑植县三个村土地开发项目
助推精准脱贫典型案例

桑植县位于武陵山脉腹地，隶属湖南省张家界市，曾是湘鄂西、湘鄂川黔革命根据地的中心，贺龙元帅的故乡，中国工农红军第二方面军长征出发地，属于全国14个集中连片特困地区之一。全县总面积3474平方千米，辖23个乡镇、299个村（居）委会，28个民族，47万人。"九山半水半分田"是桑植县的真实写照，全县耕地面积28.96万亩，仅占土地总面积的5.6%。目前，桑植县仍有贫困人口10.2万人，贫困发生率24.4%，高出全省平均水平14个百分点，扶贫工作任务十分艰巨。

近年来，桑植县按照"产业扶贫、工业兴县、绿色发展"的总体思路和"整合资金，加快具有产业基础的贫困片区基础设施建设，基本实现片区经济良性发展"的集中连片扶贫新模式，立足土地资源优势，积极争取和实施农村土地连片开发整治项目，在山区农民产业脱贫致富工程体系上精准发力，创造了"以土促农""以土兴农""以土富农"的农村土地开发整治助推精准脱贫新经验、新模式。五年来，全县组织实施各级各类农村土地整治项目37个，完成投资32145.6万元，建设规模10362公顷，新增耕地532.8公顷，建成高标准农田6016.5公顷。农村土地开发整治极大改善了项目区农业生产条件，带动了全县发展商品蔬菜基地5.9万亩，茶叶种植基地5万亩，烟叶种植基地4万亩，油茶种植基地8.5万亩，从事产业人数达19.8万人，10万余农民通过产业扶贫实现了脱贫致富。

一、项目基本情况

"产业是地区发展的内在生命力，没有产业就不可能从根本上脱贫，产业离不开土地这个基础，离不开龙头带动。"桑植县新华村与李坪村、桥沟村交界的一大片荒草地，地面开阔平坦，地势较高，坡度适中，高差不大，适合搞土地开发，发展烟叶、反季节蔬菜的气候和海拔条件得天独厚。经多次论证、踏勘选址和积极争取，新华等3个村土地开发项目被列入2012年张家界市级投资土地开发项目计划。项目总建设规模544.93公顷，新增耕地435.33公顷，总投资2545.51万元。工程建设内容包括土地平整、灌溉与排水、田间路桥、农田防护及生态环境保护共四大工程。

项目自2013年3月10日开工建设，仅3个月时间便完成施工任务。工程建设总规模544.93公顷，新开垦耕地6529亩，完成新修蓄水池31座，斗沟2条995米，农沟10条1.33万米，田间道路64条4.64万米。项目对新增耕地区域进行平整，3个村增加连片耕地面积6000余亩，根据项目区地形特点和群众要求，对新增耕地进行梯田修筑，通过实施表土剥离回填、土地翻耕和人工平整，极大提高了耕地质量；通过完善排灌体系和田间道路布局，新修了田间道和生产道，使项目土地变成"地成片、树成行、路成网、渠相连、灌得进、排得出"的高产稳产耕地，极大改善了项目区农业生产条件，为发展现代农业产业打下了坚实基础。

驱车行进武陵山腹地的项目区，沿途随处可见层层叠叠的梯地盘旋于高低起伏的大山之上。梯地之间，一条条蜿蜒的机耕路连通各户；一个个蓄水池、一条条引水渠镶嵌在纵横交错的田野上，构成一幅美丽的乡村原野图景。路边的产业基地里，老百姓正在热火朝天地辛勤劳作，地里绿油油的烟叶和高山蔬菜长势喜人，一片生机勃勃的景象。这些昔日贫瘠荒芜的高山台地，如今在全县土地开发整治项目推动下，变成了地成片、路成网、林成行的"万宝山"，荒野变成了肥沃、增产、宜耕种的"刮金板"。

二、具体做法

1. 全面整合各方力量

新华等3个村的土地开发项目获得市级立项，这是张家界建市以来新增耕地面积最大、投资最多的土地开发项目，市、县领导高度重视，在项目动员会议上明确提出，该项目是个系统工程，不仅是国土部门一家的事，相关部门必须共同参与，做到"共炒一盘菜，共办一桌席"。县政府将该项目列入全县重点工程，成立了工作领导小组和指挥部，由县人民政府常务副县长任工作领导小组组长兼指挥长，县直相关部门负责人为成员，全面协调工程施工的外围环境，并将该项目建设作为全县重点工程进行考评考核。项目建设过程中，从业主单位、施工单位、监理单位及辖区镇政府、村支两委各单位，都为项目建设谋大事、解难事，各自按照职责分工细抓严管，分工到位，确保了项目建设整体推进、有序运行，较好地发挥了团结协作精神。同时，建设单位及项目区镇、村干部积极协调，化解矛盾，创造了良好的施工环境。

2. 引导群众深度参与

该项目建设涉及 3 个村近 2000 名群众，且与群众的切身利益息息相关，做好宣传与群众思想工作十分关键。项目建设过程中，始终尊重农民意愿，坚持公开透明，规范操作，赢得了群众的理解和支持。项目立项前，组织 3 个村的干部群众参与规划论证，根据群众的意愿制定申报项目建设内容，提高了群众对土地开发工作的接受和满意程度；项目动工前，将项目区面积、工程概况、土地权属调整等情况向群众公开，利用各类会议、上门走访等形式向群众宣传有关政策，保障了群众的知情权，凝聚了群众共识；项目建设过程中，通过村民代表大会推举村民代表，参与项目质量管理和监督，充分保障了群众的参与权；项目完工交付使用后，对新增耕地的分配使用根据农民自愿的原则，通过由村集体统一流转的方式，让农民获得收益。

3. 严格项目各环节管理

为把项目建成得民心、顺民意的民心工程，筑成发展产业脱贫致富的平台，严格按照"法人制、公告制、'招投标'制、合同制、监理制"要求，强化监督，严格管理，始终坚持将质量放在首位。在项目实施过程中严把五道关口：一是严把项目招标关。在项目"招投标"过程中，按照"两次摇号中标法"，确定招标单位，纪检监察部门全程参与和监督招标工作，有力地防范了围标、串标及腐败现象的发生。二是严把工程进度关。对建设项目制定工程施工计划，填报工程施工进度表严格按计划施工；没有节假日，没有休息日，坚守在一线、战斗在工地；抢抓农闲，确保施工不误农时。三是严把质量监管关。采取"一到、二查、三督"的方式，强化质量管理。四是严把资金管理关。在项目资金使用上，严格实行"四个"坚持：坚持项目资金专项资金专款专用、单独核算、建立专账；坚持按照规定的范围开支，绝不突破预算概定总额；坚持法人"一支笔"审批，严把资金管理关；坚持科目资金决算，严格资金审计。五是严把纠纷调处关。重心下移，缜密考虑，主动下访，调解权属纠纷，维护群众权益，保障社会稳定。

三、主要经验

1. 以土地整治为纽带，同心协力助脱贫

"栽好梧桐树，自有凤凰来"。从 2013 年开始，张家界永强农业公司依托项目建设，充分利用项目区的优质土地和高寒气候，将经过品种改良的萝卜作为主导产业培植，统一技术指导、统一收购、与蔬菜市场销售对接，推行规模化、科技化反季节种植，实行标准化、有机化生产，推进品牌化、产业化发展。采取"公司+合作社+基地+农户"的模式，与项目区的 209 户农民签订了 4000 余亩土地流转合同，按照规模化、标准化、生态化、集约化的理念，建立了高山蔬菜示范基地，让农民直接用土地入股，建成后变成股份获取利润，按贫困农户 10%、合作社 15%、农民土地入股 20%、公司 45%、村级集体 10% 的分配比例进行收益分配，配置给项目区贫困农民，让农民获取入股收入，确保群众有稳定的收益来源。同时，项目区土地入股农民参与务工，解决了 300 余人的就业问题，农民既有土地流转收益，还可以参加公司用工获得工资收入，每人每年收入在 2 万元左右。2013 年"桑植萝卜"被认定为绿色食品 A 级产品，2014 年 7 月底被认定为"中国国家地理标志保护产品"，"桑植萝卜"畅销至长沙、广州、香港等地，公司也先后通过 ISO9001：2008、ISO14001：2004 质量体系认证，成长为湖南省省级农业产业化龙头企业。

2. 以土地整治为平台，培育产业链

"土地开发确实给我们带来了实实在在的效益，有了土地，自己学会了种植技术、科学管理，建立了销售网络，真正找到了致富的'金饭碗'，感谢国土局给我们做了真正的实事！"说到土地开发项目给群众带来的好处，新华村丫角尖组萝卜种植大户卓某感慨万分。以前丫角尖是全镇最穷的地方，他也是村里最穷的贫困户，过去在零散的土地上种玉米、土豆，亩产不足千元，如今通过土地开发，耕地成片了，机耕路通了，土地能旱涝保收了。2013 年他加入村里的正宏蔬菜专业合作社，租了项目区 600 亩地种植萝卜，一年种三季，每季纯收入 1500 元，全年种植萝卜收入达 27 万余元，成了远近闻名的冒尖户，丫角尖的大部分群众依靠种植萝卜一举甩掉了贫困帽子，丫角尖变成了全镇最富裕的地方。像卓某这样的项目区和周边很多农户，依托"公司+基地+合作社+农户""合作社+土地流转+贫困户"产业发展模式，离

土不离家，发展起了高山蔬菜、优质烟叶、高山云雾茶等产业，变身成为商人、老板，带动全镇的产业大发展，使人潮溪镇成为全县有名的产业大镇。

四、实施成效

土地开发带来产业大发展。昔日荒山野岭，而今变成了现代农业产业园区。截至2015年年底，项目区所在的新华、李坪、桥沟村共发展烟叶基地2900亩，蔬菜种植基地3200亩，配套灌溉渠5.6千米，产业路26.92千米，培育专业合作社6家，带动就业685人，实现人均纯收入5915元/人，比项目实施前翻了一番。预计2017年，3个村人均种植蔬菜、烟叶分别3亩以上，仅此两项人均纯收入即可达8000元以上，实现了整体由"贫困"向"小康"的蜕变。

桑植县在实施农村土地整治中，按照"整合资金、集中投入、国土搭台、部门跟进、连片推进"的整治模式，整合烟草、交通、电力、农业等部门涉农资金，完善项目区基础设施，提高产出能力。同时，充分发掘后备土地资源，以基本农田建设为基础，以农业产业结构调整为重点，形成了土地整治—土地招商—发展产业—反哺"三农"—精准脱贫的良性循环。桑植县现已形成优质蔬菜、茶叶、烟叶、油茶为主的特色农业，建成了廖家村镇冲天溪蔬菜示范基地、人潮溪镇叶家界烟叶示范基地、苦竹坪乡油茶示范基地等40余个高效农业示范园和一批优质农产品生产基地，土地流转10万亩，发展各类农民专业合作组织419家，培育省市农业龙头企业34家。实施土地开发整治项目，直接促进了全县农业产业蓬勃发展，成为扶贫攻坚的"助推器"、脱贫致富的"加速器"，奏响了城乡一体、经济发展、生态建设齐头并进的和谐音符。

补齐短板打基础　全域整治谋腾飞

——湖南省新田县土地整治助推精准脱贫典型案例

新田县位于湖南省南部，是革命老区县、国家扶贫开发工作重点县、国土资源部和湖南省国土资源厅定点扶贫县。全县总面积 1022.4 平方千米，辖 19 个乡镇、379 个行政村（社区），总人口 42 万人。作为国土资源系统对口帮扶县，国土资源部门以问题为导向，找准致贫因素，建立问题清单，以土地整治为突破口，进行全方位帮扶，依托资源优势，谋求经济社会全面快速发展。新田县"十二五"期间实施各级土地整治项目 22 个，建设规模 5521.64 公顷，投资 1.51 亿元，有效带动了当地经济社会发展，起到了精准脱贫主力军的作用，其中，2013 年投资的省级新田县大坪塘乡、高山乡土地整治项目在助推精准脱贫上取得了显著的成效。

一、基本情况

新田县大坪塘乡、高山乡土地整治项目建设总规模 0.83 万亩，总投资 1637.97 万元，该项目为湖南省 2013 年省级投资土地整治项目。位于项目区核心的草坪村既是国家级贫困村，又是湖南省国土资源厅定点扶贫对象，该村辖草坪、社下洞两个自然村，共计 314 户 1258 人，其中五保户 6 人，低保 65 人，70 岁以上 86 人。全村耕地 896 亩，其中水田 781 亩（旱涝保收的仅 115 亩），旱地 115 亩，小学 1 所。该村人均耕地 0.71 亩/人（低于全省平均水平），当地老百姓喝的是地表水，走的是泥巴路，灌溉没设施，产业没规模，村里没收入，用电没保障，建房没地方。

该项目按照"帮扶一个村，带动一大片"的思路，实施以草坪村为中心，囊括周边 2 个乡、6 个贫困村在内的土地整治项目，开展田、水、路全面整治。连片改善水利设施。通过"电排抽水、水库蓄水、渠道引水"，连片改善两乡六村水利设施，新修电排 2 处，整修山塘和小型水库 7 个，新建和整修沟渠 32 条 28 千米，有力保障了生产用水。连片实施土地平整。流转土地 400

亩，在不破坏耕作层的前提下，将零散地平整为连片地，并安装节水喷灌设施，机械取代了人力。高标准农田的建设，实现了经济效益、社会效益和生态效益的最大化。连片加强道路建设。在两乡六村修建水泥路 8 条 3.2 千米、二级田间道 28 条 14.3 千米、整修村道 400 米，所帮扶村特别是草坪村基本实现了出行便利、机械进田。基础设施极大改善，基本实现了"渠相通、路相连、旱涝保收、高产稳产"。

二、具体做法

1. 找准致贫问题，按清单补齐发展短板

从项目谋划阶段开始，扶贫工作队就组织对项目区的情况进行了全面清查，分类对贫困原因进行了分析整理，建立了问题清单。项目区需要重点解决的主要问题有：第一是水利设施匮乏，常年受旱灾威胁，旱涝保收的耕地仅 115 亩，其余耕地要靠天吃饭。针对这一情况，通过"电排抽水、水库蓄水、渠道引水"，连片改善两乡六村水利设施，新修电排 2 处，整修山塘和小型水库 7 个，新建和整修沟渠 32 条 28 千米，有力保障了生产用水。第二是田块破碎化严重，耕地节约集约利用水平低。通过项目建设促进流转土地 400 亩，在不破坏耕作层的前提下，将零散地平整为连片地，并安装节水喷灌设施，机械取代了人力。高标准农田的建设，实现了经济效益、社会效益和生态效益的最大化。新开发 500 余亩荒山，用于村级集体产业发展。第三是田间道路建设滞后，机械化耕作水平低下。项目区仍是以传统的手工生产为主，缺乏必要的田间道路，农田机械无法下田耕种，对此，在两乡六村修建水泥路 8 条 3.2 千米、二级田间道 28 条 14.3 千米、整修村道 400 米，所帮扶村特别是草坪村基本实现了出行便利、机械进田。基础设施的极大改善，基本实现了"渠相通、路相连、旱涝保收、高产稳产"。通过有针对性地寻找问题并采取对应的措施，基本解决了项目区发展的一些基础性限制因素。

2. 以土地整治为平台，整合多方资源投入

以土地整治项目为契机，积极争取不同部门、不同行业的资金投入，除土地整治资金外，项目区还争取其他资金 700 余万元，针对群众饮水、用电、住房、上学、就医等民生问题进行统筹解决。一是解决饮水困难。为解决草坪村老百姓喝的是高硬度地表水问题，历时 4 个月钻井 4 口，最深处达 114 米，日出水量 224 吨/天，修建了水泵房和 120 立方米高位蓄水池，铺设 4000

米主管，家家户户喝上了安全的自来水，结束了靠天饮水的历史，极大改善了生活条件。解决用电困难。对全村 20 世纪 90 年代初的电网进行全面改造，新装变压器 3 台，电线杆 97 根，高压线 1 千米，低压线若干，解决了全村线路老化、电压不稳等突出问题。二是解决上学困难。努力将穷村里的孩子培养出去，从根本上消除贫困。对村小学操场进行平整加高，修建 4 条排水沟，解决了坑坑洼洼、教室进水等问题；将学校全面整修，添置 80 套新课桌椅和篮球架、消毒柜、电风扇等设施；配备了校长，引进骨干教师 1 名，改善教学质量；建立村级"励学"基金；争取慈善机构长期结对资助 10 名贫困中小学生。三是解决就医困难。建设了功能完备的卫生室，配备 1 名乡村医生，基本做到小病不出村；动员村民参加农村合作医疗。关爱特困群体。修建了公寓式敬老院；建立"菜单式"结对帮扶机制，由县、乡干部与 19 名困难群众结为"亲戚"。四是推进新村建设。由于受水、电、路等制约，村民习惯占用良田建房。为此，编制了村庄建设规划，选择荒坡地油沼岭作为新居民点，完成了"三通一平"（通水、通电、通路，平整土地），并统一设计房子外观，宅基地低价有偿出让。五是加强环境整治。实施"三清五改一普及"工程，即清垃圾、清淤泥、清路障；改水、改厕、改路、改房、改环境；普及环卫知识。拆除危房 20 栋、旱厕 42 个，修建污水排水沟 4 条、巷道 6 条，实行门前卫生"三包"，脏乱的旧村换上了新颜。

3. 突出产业扶贫，发挥"富硒"土地效益

长期以来，草坪村产业零碎，农民人均收入不到 1800 元/人。坚持开发式扶贫，大力发展产业，增强内生动力。一是做好"富硒"文章。争取项目对新田县土壤富硒含量开展 1:1 万详查，为壮大"富硒"产业打下基础。二是培育新型农民。通过"走出去、请进来"，更新观念、培养技能。组织村干部和村民代表赴蓝山省级示范村、秀峰蔬菜基地、万家鹅业等单位学习考察。举办农村种养实用技术培训班 3 期，邀请专家授课，200 余人次参加培训。三是发展集体经济。新开发 500 余亩荒山，采取"合作社＋基地＋集体"的模式和立体种植、种养结合的方式，以种植富硒油茶为主，套种富硒农作物，放养土鸡、蜜蜂等，山地租金由每亩每年 20 元/亩增加到 150 元/亩，每年增加村集体收益 9 万余元。此外，新的居民点宅基地出让价款，增加集体收益近 70 万元。四是开发富硒产业。充分发挥土壤富硒的优势，采取"公司＋基地＋农户"的模式发展富硒蔬菜，流转土地 400 亩，由广东东升农场承担租金，免费提供技术和种子，保底价收购，昔日抛荒的耕地变为现代农业基地，

100 余户农民既有稳定租金，又有劳动所得，每亩年收入可达 7000～10000元/（亩·年）。

三、主要经验

1. 既统筹兼顾又更加注重促进农民增收

两年间，以土地整治为平台进行全域整治，统筹推进组织建设、基础设施、产业发展、安全饮水、电网改造、新农村建设、教育、卫生等扶贫工作，又始终把促进农民增收作为首要任务，通过改善生产条件、调整产业结构、发展现代农业等措施，努力增加农民收入。

2. 既坚持"输血"又更加注重增强"造血"功能

通过多方途径争取资金，把每分钱都用好，把每个环节都抓好，确保所做的事情经得起历史和群众的检验。同时，坚持内源式扶贫，增强内生动力，在基础设施建设、发展集体经济等方面下了很多功夫，增强村级组织的造血功能。

3. 既普惠全村又更加注重重点扶持困难群体

虽然两个自然村相隔较远，但最大限度让扶贫项目，比如基础设施、安全饮水、电网改造、高标准农田建设、产业发展等惠及全村群众。同时，推行精准扶贫，对困难群众，通过提取 30% 集体收益、纳入低保对象、修建敬老院、"菜单式"结对帮扶等，予以重点扶持，做到真扶贫、扶真贫。

四、实施成效

新田县大坪塘乡、高山乡土地整治项目坚持"科学扶贫，精准扶贫，内源扶贫"的思路，既坚持发动群众又注重吸引各级支持，既坚持整村推进又注重以点带面，既坚持统筹兼顾又注重农民增收，既坚持"输血"又注重增强"造血"功能，既坚持普惠全村又注重困难群体，切实做到补齐短板打好脱贫基础，发挥"富硒"优势谋经济腾飞。

该项目建设，使国家级贫困村新田县大坪乡草坪村发生了翻天覆地变化，农田和村庄基础设施得到极大改善，村里被评选为永州市十佳最美村庄，农田灌溉问题得到彻底解决，基本实现"渠相通、路相连、旱涝保收、高产稳产"。由此带动的土地流转和产业结构调整，使全村打造成一个"富硒"农业产业基地，昔日抛荒的耕地变为现代农业基地，100 余户农民既有稳定租金，又有劳动所得，每亩年收入可达 7000 ~ 10000 元/（亩·年），该村已经实现了整体脱贫，8 位孤寡老人已经住进了有卧室、客厅、餐厅、阳台、厕所和小院的村级敬老院，村集体产业收益能为他们生活给予充足的保障，生活再无后顾之忧。

破解农业发展基础设施瓶颈
带动农民增产增收

——海南省五指山市土地整治助推精准脱贫典型案例

为切实做好土地整治项目支持精准扶贫工作，推进五指山市农村尤其是贫困村经济社会发展，积极争取各级项目资金，扩大土地整治项目的建设范围。自 2008 年以来，五指山市实施完成和正在建设的省、市级投资土地整治项目 29 个，建设总规模 2206.71 公顷，新增耕地 36.83 公顷，完成工程总投资 1.1003 亿元，项目涉及 7 个乡镇。通过土地整治项目的实施，很大程度上破解了农业发展的基础设施瓶颈，带动了农民增产增收，提升了耕地质量和数量，改善了生产生活条件。五指山市畅好乡基本农田整治项目正是助推精准脱贫的典型案例之一。

一、项目基本情况

畅好乡番贺村村委会番贺村、志毛村是五指山市的 2 个贫困自然村，600 余人。农田内农业基础设施差，现有灌、排系统不完善，局部区域无灌溉和排水设施。有的灌溉水源为当地农民群众自行修建，极其简陋，灌溉保障程度不高。每逢台风暴雨，河水倒灌农田，水土流失较严重，土地产出率低且田间道路普遍为土路，而且很少，路面狭窄，路况差，坑洼不平，一遇雨天便泥泞难行，不能满足当地群众生产和生活需要。五指山市积极向省国土资源厅申报了五指山市畅好乡基本农田整治项目，项目涉及番贺村、志毛村，总投资 588.12 万元，建设规模 3281 亩，新增耕地 7.07 公顷。

目前，项目已实施建设，并完成审计决算交付使用。共建设完成土地平整 5 个片块，总面积 106.12 亩，实现新增耕地面积 106 亩，灌排渠道 60 条，各类道路 28 条，各类配套建筑物 946 宗。

二、具体做法

1. 健全组织机构，保障项目的实施

为确保项目的顺利实施，市委、市政府高度重视，相应成立了项目工作领导小组，由分管国土工作的副市长担任组长，市政府办副主任、市国土资源局局长为副组长，市发展改革、财政、水务、住建、土地中心及项目所在的乡镇负责人等相关单位为成员，领导小组下设办公室，办公室设在市国土资源局，办公室主任由局长兼任，分管耕地保护副局长和市土地中心主任为副主任。主要负责组织实施项目选址、规划设计、"招投标"代理机构和监理单位的公开竞选、工程施工的"招投标"管理工作、协调解决项目实施过程中遇到的有关重要问题，并做好监督管理工作。同时，以办公室主任为组长，从市土地中心抽调工作能力强、工作负责的人员为成员，负责项目实施过程中的青苗补偿、协调群众等日常施工现场管理工作。

2. 坚持群众参与，促使各方履职尽责

在工程开工前，组织项目所在地乡镇、村委会干部、群众召开群众动员会，由局长亲自主持大会，介绍项目实施情况和意义，争取获得群众的理解和支持。同时，在项目的实施建设过程中，邀请项目区群众全程参与过程监督，并积极参与工程建设，保障项目的施工质量。

3. 完善项目后期监管制度，落实项目实施责任

根据海南省国土资源厅《土地整治项目后续管护暂行办法》的要求，与项目所在的乡镇签订管护措施和管护移交书，明确管护内容和管护职责。项目交付使用后，因台风造成项目损毁丧失使用功能的，及时组织相关单位现场核实情况，并利用灾毁修复资金和因素法分配资金共计 100 万元进行修复。目前，项目使用功能良好，可以保障项目设施的正常运作。

三、主要经验

1. 大力推进土地整治项目，全面推动精准脱贫

在土地整治中，结合产业发展，结合新农村建设，按照"规划先行、政策引导、农民自愿"的原则，在充分尊重民意的基础上，科学编制土地整治规划设计方案、施工建设方案及土地权属调整方案，防止土地整治项目违背群众意愿，不切实际，盲目施工。五指山市是国家级贫困市，脱贫任务重，今后土地整治项目重点向贫困村倾斜，以农村土地综合整治为抓手，全力推进精准脱贫工作。通过实施土地整治项目，提高贫困村农业生产条件，改善贫困村农民生活环境，切实抓好精准脱贫工作，帮扶贫困群众尽快脱贫致富。

2. 完善项目后续管护制度，落实项目实施责任

把农村土地整治工作作为乡镇政绩考核的重要内容，明确各级政府及相关职能部门职责，形成农村土地整治市、镇、村三级联动工作机制。切实完善农村土地整治相关制度，以制度推进农村土地整治工作。特别要建立健全土地整治工程设施后续管护制度，明确管护内容、管护期限、管护责任，确保工程长期、有效、稳定地发挥效益。

3. 规范项目资金财务管理，提高资金使用效益

对土地整治项目资金的使用继续实行全程监控，将加强廉政建设、预防腐败贯穿于土地整治的全过程，坚决杜绝项目资金被挤占、挪用现象的发生，确保项目资金和人员安全。

4. 继续加大宣传工作力度，争取群众理解支持

采取多种形式，通过各种渠道，强化土地整治宣传工作，让广大群众了解规划方案，理解土地整治，支持工程建设，进一步提高参与土地整治工作的积极性和自觉性。力争将土地整治项目建设成精品工程、阳光工程、德政工程和民心工程。

四、实施成效

1. 耕地质量及数量明显提升

通过土地整治，新增耕地 106 亩，有效增加了五指山市的耕地总量。根据耕地质量等级评定报告显示，耕地质量较整治前提高了 2 个等级。

2. 农村生产生活条件得到改善

整治后的土地，实现了耕地集中连片和配套农业设施齐全。整治中共计建设各类灌排渠道 60 条，农田水利工程能够满足项目区灌溉和排涝需要；新建道路 28 条，较好地解决了项目区内连接项目区外的交通运输问题；完成各类配套建筑物 946 宗，使项目区达到"田成方、渠相通、路相连、涝能排、旱能灌、土地平整、肥沃安全"，项目实施的综合效益可观。为农民土地流转，改变传统的生产方式提供了方便，推动了农业产业结构调整。水泥田间路和排水灌溉工程的实施，使农民耕作更加便利，排涝抗旱得到有效保障。通过村庄整治，农村的生态环境也得到较大改变。

3. 项目区内农民增收立竿见影

在项目实施中，当地群众与施工单位从事劳务合作，农民工工资受当地政府保护，项目区内的农民踊跃加入工程建设，增加了农民收入。项目实施后，由于耕地数量的增加和耕地质量等级的提高，也为农民增收提供了条件。据调查，水稻亩均产量提高了 100 千克/亩以上。

土地整治"多规合一" 共同推进精准脱贫

——四川省巴中市巴州区土地整治
助推精准脱贫典型案例

四川省巴中市巴州区面积1359平方千米，辖23个乡镇、6个城区街道办事处，总人口82万（其中农业人口50.1万）。2015年地区生产总值128亿元。辖区贫困面大、贫困程度深、山高沟深平地少、耕地零散产业弱、城乡建设用地结构不合理。截至2015年年底，有建档贫困村114个，建卡贫困户1.6万户，贫困人口5.6万人。

一、基本情况

水宁寺镇枇杷村面积2.7平方千米，辖5个村民小组358户1287人。项目实施前，该村地质环境恶劣，基础条件差，村民普遍贫困，有建卡贫困户82户。为改变该村贫困现状，2013年年初，巴州区积极以城乡建设用地增减挂钩项目为抓手，整合土地整理、避险搬迁及其他涉农项目推进该村脱贫攻坚。

1. 枇杷村城乡建设用地增减挂钩项目

项目区涉及天宫村、沙嘴村、枇杷村3个村，拆旧涉及688户面积687.96亩，惠及贫困户228户，项目实施后可节余挂钩周转指标501.69亩。其中，枇杷村拆旧263户面积259.05亩，新建居住区3处，可节余挂钩周转指标162.35亩。项目实施充分尊重群众，拆旧复垦、建设新居，把农户分散居住过渡到农村新型社区集中居住。实施地质灾害避险搬迁41户，销号地质灾害隐患点3处。

2. 水宁寺镇枇杷村等5个村土地整理项目

项目2014年立项，总投资1601.4万元，建设规模10995亩，项目以招商方式引进社会投资人，通过公开招标确定施工和监理单位，2015年1月开工，7月竣工。通过土地整理项目实施，新增耕地面积963.15亩，平整土地8500

亩，新建蓄水池5口，整治排灌渠2500米，田间道路5500米。整治枇杷村土地780亩，建成高标准农田320亩，实现新增耕地约70亩。

3. 支持扶贫开发总体情况

枇杷村通过地质灾害避险搬迁和挂钩项目奖补，人均实现一次性财产性收入1.95万元/人以上；农户分散单项种植转向业主规模化多元化经营，共流转土地1200亩，发展枇杷产业672亩、核桃产业500亩、银杏苗圃300亩，套种丹参100亩。土地流转年均收入600元/亩，整理项目资金投入进入产业收益分红，新增的耕地由集体经济组织统一收益，年人均可实现80元/（年·人）收入，发展的产业投产后实行三七分成，年均分红收入900元/亩。三种收益年人均可实现收益1400元/（年·人）以上；同时，解决农村剩余劳动力就业200个，每个劳动力每年就地务工收入1.5万元/（年·人）以上，把项目建设变"输血"为"造血"。

实施"三大"国土项目叠加，实现了功能互补和"1+1+1＞3"效应，有效促进了农民增收。通过用活"增减挂钩"政策，实行拆旧奖补，增加了农民财产性收入。实施土地整理，促进土地规模流转，优化土地资源配置，推动农业产业规模经营和可持续发展，实现农业增效、农民增收。通过避险搬迁与"增减挂钩"、土坯房改建和生态移民等项目结合，整合补助资金，使搬迁群众平均补助较单一的避险搬迁补助金额提高2倍多。项目实施后，枇杷村年人均纯收入达到11000元/（年·人）以上。贫困户由82户降低到13户，贫困发生率由22.9%下降到3.6%。

叠加实施"三大"国土项目，有重点、渐进式推进美丽新村建设，效应凸显，完成"田、水、路、林、村"综合整治，"业兴、家富、人和、村美"的幸福美丽新村正在实现。

二、具体做法

1. 强化对接融合，推动项目覆盖立体化

一是统筹谋划布局。按照"全域覆盖、相互衔接、优势互补、协调共进"的工作思路，土地整治规划与土地利用、新村建设、环境保护等专项规划有机衔接。目前，巴州区将辖区436个行政村（城市规划区外）全域纳入土地整治、建设用地整治专项规划，共编制了111个土地开发整理项目，估算总投资13.6亿元，整治总规模达到96万亩，可实现新增耕地9.2万亩；规划了

162 个城乡建设用地增减挂钩项目区，可实现城镇建新区"增减挂钩"指标 2 万亩。二是全程跟进立项。在深入走访、广泛调研的基础上，扶贫开发工作部署到哪里，土地整治项目就覆盖到哪里。三是综合立体建设。按照"立体建设、综合示范、连片推进"的原则，解决单体项目建设力量不足的问题，推进田、水、路、林、村、房综合整治，实现"增减挂钩安居、土地整理兴业"。

2. 实行阳光操作，确保项目实施规范化

一是政府实行政策引领。坚持"集中发动、上下联动"，通过召开院户会和印发文件给农户，组织群众学习相关政策，国土、镇村干部和群众代表深入农户，把项目设计理念、建设内容、政策标准、项目前景讲清楚，就群众关心的建设方式、补偿标准、资金投入等问题进行逐一解答，引导村民算对比账、效益账和长远账，让群众从内心支持项目顺利实施。二是群众自主决策建设。坚持领导不拍板、群众说了算，让群众全程参与规划选址、勘察设计、户型设计，由群众自己说了算。三是群众代表促进建设。打破村民小组建制，引导村民成立业主管理委员会，业主委员会组成人员由村民公开选举产生，负责登记锁定拆旧房屋的实物、占地面积、补偿资金并张榜公示，兑现补偿奖励政策，管理筹集资金，监督工程建设质量，督促群众拆旧复垦。

3. 改革创新驱动，争取项目投入多元化

一是财政投入引领。着力解决单类项目、单项资金势单力薄的问题，按照"性质不变、渠道不乱、用途不改、各司其职"的原则，整合使用土地整治项目资金及其他涉农专项资金，发挥项目"规模效应"和资金的"集聚效应"。二是社会资本参与。充分运用市场手段破解项目建设资金瓶颈，成功引进多家社会投资人参与建设。三是多种渠道筹集资金。引导和鼓励群众自筹资金，鼓励银行开发"巴山新居贷"金融产品向搬迁不出来、新居建不起来的贫困户发放贷款，保障项目建设资金需求。

4. 注重综合开发，力求项目效益最大化

一是与现代农业发展相结合。坚持"区域化布局、规模化治理"，打破村组界限，大力实施土地整理项目，平整土地、增厚土层、调整土形、培肥地力、配套建设排灌渠系和田间耕作道路等设施，项目区域内田成方、林成网、路相通、渠相连，提高连片耕种能力，助推产村相融。二是与"巴山新居"建设相结合。按照"宜聚则聚、规模适度"的原则，聚居点建设坚持规划、设计、风貌、指导"四个统一"，配套建设"巴山新居"聚居点基础设施，同步建设村级组织活动场所"1＋N"。三是与深化农村改革相结合。以盘活农村土地资源为目标，试点推行农村土地"三权分置"，推进农村土地承包经营权流转改革。四是搭建耕地占补平衡指标、建设用地增减挂钩周围指标交易平台，推进指标对外交易，获得的指标收益全部反哺农村。

三、主要经验

1. 以政府为主导

一是统一规划。按照"全域覆盖、梯次推进、协调共进"的思路，注重多规衔接，科学编制实施规划。二是整合项目。按照"国土项目与扶贫攻坚同安排同部署"的工作要求，整合易地扶贫搬迁、扶贫开发、交通水利等关联项目，打好组合拳、打捆申报立项，促进效益叠加互补，释放最大红利。三是精准实施。坚持将项目实施与精准脱贫相结合，按照贫困村优先实施，贫困户全部实施的要求，做到规划衔接精准、资金投向精准、政策落地精准、受益对象精准，确保项目实施一片，脱贫致富一方，114 个贫困村 2018 年年底"三大"国土项目实现全覆盖。

2. 以群众为主体

一是自主决策。坚持群众的事群众评议，群众决策。通过成立业主委员会，充分激发群众主人翁精神，充分释放群众自主权。从项目设计、建设内容、建设方式到资金筹措、资金使用都由群众民主议定。二是参与建设。坚持民生项目群众参与、群众建设。通过搭建就业平台、提供务工机会，充分发挥群众积极性、创造性，鼓励群众积极投身土地整理项目建设，主动融入新农村建设。三是监督管理。坚持公开透明、阳光操作，充分发挥群众监督作用。土地整理项目由群众全程监督工作质量，提出整改措施，充分尊重民意。

3. 以市场为主力

一是链接利益。坚持"多元投入、风险共担、利益共享"原则，综合运用各种激励政策，以占补平衡指标和挂钩周转指标流转收入作为回购保障，通过公开招商，吸引社会资本实施增减挂钩和土地整理项目。二是创新模式。创新资本管理模式，社会投资土地整理项目采用固定价回购、指标分成、持证报征多种方式，支持社会投资人获得合理利润，充分调动参与项目的积极性，投资企业资金转入财政专户，按政府投资项目进行管理和使用。"增减挂钩"项目按"4＋3＋2"模式实施，"4"即政府投资、招商引资、村民自筹、公私合作（PPP）四种融资方式；"3"即固定价回购、指标分成、综合投资回报率三种投资收益保障；"2"即双业主、单业主两种组织形式。三是对外合作。坚持走出去、请进来，与多地国土资源部门构建合作机制，畅通信息渠道，实现资源互补，促进指标流转，变资源优势为资本优势。与成都市、攀枝花市等地达成"增减挂钩"周转指标和占补平衡指标流转协议，交易挂钩周转指标485亩，占补平衡指标8600亩，实现指标收入3.2亿元。

四、实施成效

2013年以来，巴州区立足区域特点，以统筹城乡为总揽，以实施土地整治项目为支撑，以释放土地权能为动力，以精准脱贫为目标，夯实基础，发展产业，建设新居，综合配套，连片推进，激活了农村土地资源，提高了土地利用效能，促进了城乡统筹发展，加速了脱贫攻坚进程。已形成"项目整合，产业先行，产村相融，整村推进"的脱贫攻坚新模式，三年来，全区减少贫困人口4.3万人。全区445个村（居委会）"国土三大项目"覆盖村已达237个村，占比达53.3%，受益人口达15.6万人。完成土地整理项目涉及232个村（其中贫困村33个），实施城乡建设用地增减挂钩26个村（其中贫困村6个），完成地质灾害避迁142个村（其中贫困村16个）。但是距2018年整体脱贫还任重而道远，截至目前，仅5.9%的土坯房依靠"增减挂钩"建起了新居，要覆盖全区全部贫困村需近1.5万亩挂钩周转指标，全区新建的"巴山新居"脱贫村每年平均10个左右才能实现"三年集中攻坚、两年巩固提升"的战略目标；光靠1500元/亩的土地整理资金投资强度太低，不能从根本上改变山区生产生活条件；全区仅39%的地灾隐患户通过避让搬迁改善居住条件，集中连片扶贫地区仅覆盖12%左右，挂钩周转指标及新增耕地指标交易渠道尚须拓宽。

"西藏江南"边境精准脱贫之路

——西藏自治区察隅县土地整治助推精准脱贫典型案例

一、基本情况

1. 项目区域基本概况

察隅县下察隅镇位于西藏自治区的东南角，处于察隅县的南部，是察隅县的边境镇之一。东与竹瓦根镇相邻，西北与上察隅镇相连，东南与缅甸相接，西南与印度接壤。边境线分中印、中缅两段。镇政府所在地距察隅县县城61千米，距上察隅镇50千米。

下察隅镇人口居住在山区海拔1400～1600米之间，整个镇森林覆盖面积达65%以上，镇政府所在地海拔为1548米，由于地理位置特殊，受印度洋气候的影响，终年气候温和，阳光充沛，雨量充足，四季不明显，年平均气温在12℃～14℃之间，年平均降雨量在720.3～987.2毫米之间，无霜期长达330天左右，属亚热带季风气候，优越的气候条件为下察隅镇动植物的繁殖提供了有利条件，自然资源众多，特产丰富，盛产水稻，因此，素有"西藏江南"之美誉。

京都村位于下察隅镇的西南面、距镇政府所在地约10千米，全村总人口93人，劳力38人，人均收入1700元/人。耕地面积370亩左右。京都村主要作物类型有玉米、油菜、荞麦、花生、辣椒、花椒等，粮食亩产量平均只有330千克/亩左右，玉米市场售价为2.2元/千克。京都村除两户外均为低保户，属下察隅镇贫困村，粮食大多为自家口粮，少部分出售，经济效益不高，经济收入主要依靠农业种植、林下资源采摘。

2. 项目实施总体情况

京都村土地整治项目总投资266.3万元，建设内容为整理开发土地540.17亩（整治部分377.01亩，开发部分163.16亩），新增耕地154.93亩，配套农田水利和田间道路工程。坡改梯土方移动28164立方米、干砌毛条石

2178 立方米、机械挖运客土 63394 立方米、人工平土 356316 平方米，新修农渠 2125 米、新建田间道 1725 米、新修农涵 10 个。项目法人为察隅县人民政府，建设单位为西藏林芝香格里拉建筑工程有限公司，监管单位为重庆江河工程建设监理有限公司西藏分公司。该项目于 2014 年 12 月 17 日开工，2015年 10 月底竣工。

3. 项目支持扶贫开发情况

察隅县下察隅镇京都村土地整治项目的实施，逐步推进了项目区内田、水、路等配套设施的综合治理，增加全村耕地数量，提高耕地质量，切实改善农村生产生活条件，确保粮食高产、稳产，从根本上解决贫困问题。项目完成后，农作物种植每年可实现增收 31 万元/年。

二、具体做法

以土地整治为抓手，切实做好精准脱贫工作。

1. 坚持规划引领

按照"规划先行、政策引导、农民自愿"的原则，在充分尊重民意的基础上，科学编制土地整治规划设计方案，采取"田、水、路、林、村"综合整治措施，防止土地整治项目违背群众意愿，不切实际，盲目施工。

2. 坚持群众参与

土地整治项目最大的受益者是项目区的群众。在此次项目实施过程中，察隅县坚持教育引导群众支持项目推进，从长远利益出发，大家的事情大家齐心办。同时，加大对项目的监督管理力度，让群众参与过程管理，把群众的意愿体现在设计理念之中，确保工程质量。从项目的立项选址到竣工验收，必须坚持群众参与，合理引导项目区群众参与工程建设投工投劳和监管，落实主体责任，确保项目投资效益。

3. 坚持落实责任

在项目实施中，进一步修改完善规章制度，明确岗位职责，统一技术标准，统一规划设计，统一操作模式，按照月报告、日常性检查和专项检查三种类型对项目进行监管。坚持用制度管人、管事、管权，让土地整治的每一个环节都在阳光下运行。凡是在土地整治项目建设中出现任何违规违纪行为，以及因放松监管，造成工程质量和安全隐患的失职渎职行为，坚决予以查处，绝不姑息迁就。该处理的处理，该移交的移交，切实将土地整治项目建设打造成人民称心、政府放心、助推脱贫的千秋工程。

三、主要经验

1. 重视权属管理

在项目立项前，明确整理区内的权属现状问题；在权属调整开始之前，制定详细的调整计划；在形成新的土地产权关系后，及时进行变更登记。

2. 完善组织机构

土地整治是一项综合过程，涉及范围比较广，工作时间较长，在具体的实施过程中，成立专门项目领导小组，负责工程管理和实施工作，领导小组多次召开县级部门协调会，充分征求国土、水利、农牧等部门及乡镇、村干部意见。因此，进一步完善组织机构，明确各机构的职权与工作程序，才能保证各部门之间的有效协调，防止推诿扯皮，提高土地整治机制的运行效率。

3. 加大沟通协调力度

加强土地整治与扶贫开发工作的结合，加快贫困地区脱贫致富步伐。根据扶贫部门的扶贫计划，合理选择项目区，对项目区实施土地整治项目助力精准扶贫进行充分调查论证，确保项目实施成效明显，扶贫力度加大，进一步维护民族地区、边疆地区社会和谐稳定。

4. 加强生态环境保护

土地整治过程十分复杂，涉及对土地资源的再组织和再优化。因此，在开展土地整理工作时，应做好生态评估工作，重视农田水利建设、中低产田改造过程中的生态环境保护问题，从而实现真正意义上的综合效益最大化，实现土地资源的可持续利用和经济社会的可持续发展。

四、实施成效

1. 提高耕地农作物的产量

通过土地整治，优化了京都村土地利用布局，提高了耕地质量，新增耕地 154.93 亩，增强了全村农业发展后劲，保证了农业持续稳定发展。项目实施后，通过改善灌溉条件和交通条件，可以提高耕地农作物的产量，结合察隅县以往实施的农业综合开发项目的经验，项目区整治后预计小麦产量为 400 千克/亩、玉米产量为 335 千克/亩、花生产量为 255 千克/亩。在生产成本方面主要降低的是人工成本和运输机械损耗成本等，结合察隅县以往实施的农业综合开发项目的经验，项目区整治后预计各种作物成本分别为小麦 405 元/亩、玉米 445 元/亩、花生 1065 元/亩。

2. 农村生产生活条件得到改善

整理后的土地，实现了耕地集中连片和配套设施齐全，区域内排灌通畅、道路通达，农田生态系统能量稳定、持续、有效循环利用，实现了景观生态效益，保证了农田经济效益，为农民土地流转，改变传统的生产方式提供了方便，推动了农业结构调整，农村的生态环境也得到较大改变。

3. 进一步落实全县耕地占补平衡

此次土地整治项目的实施，为保证察隅县县建设用地的供给，实现耕地先补后占，做出了积极贡献，进一步保障了全县项目用地审批的顺利进行，促进了县域经济的快速发展。

建设高标准基本农田
夯实精准脱贫农业基础

引　言

　　土地整治推动精准脱贫的本质是立足农村、农业、农民视角，从根本上改变发展方式、产业结构、生产条件、生活方式，从而产生内生动力，变帮扶为实现自身发展。在此过程中，应围绕高标准基本农田建设和美丽乡村建设目标，落实"藏粮于地、藏粮于技"战略，长期坚持以落实土地整治为平台推进高标准基本农田建设这条主线，充分发挥贫困地区生态环境和自然资源优势，推广先进实用技术，培植壮大特色支柱产业，促进产业结构调整，通过扶持龙头企业、农民专业合作社和互助资金组织，带动和帮助贫困农户发展生产。引导和支持企业到贫困地区投资兴业，带动贫困农户增收。

　　在农业生产条件较好的地区，通过坚持建设高标准基本农田，提升农业生产条件，立足农业精准扶贫，不同地方采取不同措施，开辟了脱贫新路子。吉林省大安市利用省级财政资金、省级新菜地建设资金和地方配套资金，采取投资收益给予贫困户，大棚发包优先贫困户，贫困户优先就业，"公司＋合作社＋农户"等帮扶形式实施了高标准农田整治项目和新菜地建设基金项目，完善了农业基础设施，提高了耕地质量，实现了较好的社会、经济和生态效益。河南省太康县合理制定项目规划促进扶贫开发，完善制度建设，细化项目监督责任，以质量促效益，严格工程监管。海南省临高县在自身良好的农业基础条件上，为克服道路设施配套不完备，灌溉设施多被毁坏，农业结构单一的状况，通过实施土地整治，确保项目工程质量，改善了农业生产、农民生活条件。贵州省黔西南布依族苗族自治州为典型的喀斯特地貌，为克服农业发展劣势，尽力实现就近就业，以精准脱贫与保护耕地，实现双赢为目标，创办培训基地，"输血与造血"双管齐下。

　　在建设高标准基本农田促进精准脱贫工作过程中，各省（自治区、直辖市）取得较好的成绩。通过土地整治，实现基础设施完善，建设了高标准基本农田，带动了群众生产积极性，实现了高效农业建设；围绕"产业发展脱贫"培育了贫困地区特色产业，充分发掘地区内生动力，切实增强自身造血能力，促进了贫困地区经济增长和贫困群众的长久增收；着力培育和发展专业大户、家庭农场、行业协会、农民合作社、农业龙头企业等新型农业经营主体，强化了农业大户与贫困农户的利益联结机制，发挥了其对贫困人口的组织和带动作用。

项目实施促脱贫　农民增产又增收

——吉林省大安市土地整治助推精准脱贫典型案例

大安市是吉林省白城市的县级市，位于吉林省西北部，地处松嫩平原腹地。近年来，大安市在国家、省、市有关部门的支持下，积极推进土地整治，大力推进扶贫、脱贫工作，取得了阶段性成绩。

一、基本情况

1. 区域基本情况

大安市实施的土地整治项目主要包括高标准农田整治项目和新菜地建设基金项目两类。其中，高标准农田整治项目区域位于两家子镇的同权村、同兴村。两个村面积 32.61 平方千米，其中，耕地面积 846.59 公顷，占土地总面积的 25.96％。共有农业户 706 户，农业人口 1724 人，同权村经济总收入 494 万元，农民人均纯收入 4500 元/人；贫困户人均纯收入 2900 元/人；同兴村经济总收入 290 万元，农民人均纯收入 4630 元/人，贫困户人均纯收入 2900 元/人。

新菜地建设基金区域位于月亮泡镇先进村。该村辖 4 个自然屯（古城屯、下坡子屯、南山头屯、薛坦屯），总户数 347 户、1105 人，面积 790 平方千米。其中，耕地面积 542 公顷（旱田 512 公顷，水田 30 公顷）。截至 2015 年年末，全村共有大型农用机械 2 台（套）、小型农用机械 300 台（套）；大棚 146 栋；大口径农田井 43 眼（电机井 43 眼），可灌溉面积 430 公顷，灌溉率为 83％；2015 年，全村经济总收入 1503.9 万元，农民人均纯收入 6800 元/人，贫困户人均纯收入 2900 元/人。

2. 土地整治实施总体情况

高标准农田整治项目区两家子镇同兴村基本农田面积 186 公顷，同权村基本农田面积 487 公顷，投资 1516 万元，每公顷比以往高标准基本农田整治项目多投资 10500 元，累计多投入 706.65 万元。新建机井 56 眼，柴改电机井 9 眼，新建田间道路 7000 延长米，生产路 15000 延长米，65 眼机井全部的配电工程。

新菜地建设基金项目区月亮泡镇先进村整治耕地 5 公顷，规划建设 33 栋果蔬暖棚，主要种植西甜瓜、黄菇娘、黑莓、草莓及各类蔬菜。总投资约1000 万元，月亮泡镇政府通过申请菜田基金投资 700 万元，占总投资的 70%，农业产业公司约出资 300 万元，占总投资的 30%。

3. 土地整治支持扶贫开发总体情况

通过高标准农田整治项目，扶持贫困户 144 户，贫困人口 292 人，分别占农业户和农业人口的 20.39% 和 16.94%。通过新菜地建设基金项目扶持贫困户 75 户，贫困人口 168 人。

二、具体做法

高标准农田整治项目利用省级财政资金投入，新菜地建设基金项目利用省级新菜地建设基金和地方配套资金投入。完善农业基础设施，提高耕地质量，改善耕作条件，优化产业结构。通过高标准农田整治项目和新菜地建设基金项目的实施，提高了单位面积产量，扩大了播种品种，优化了集约经营优势，达到了帮扶的实际效果。具体做法：一是投资收益给予贫困户帮扶。政府将投资的 70% 股份收益给予贫困户，帮助贫困户进行生产、生活，促进贫困户脱贫。二是大棚发包优先贫困户帮扶。农业产业公司在大棚发包时，要优先发包给有劳动能力的贫困户，贫困户按照农业产业公司要求进行种植、管理，农业产业公司负责保底收购产品，保障贫困户种植无风险。三是贫困户就业优先帮扶。农业产业公司在雇用员工时优先考虑贫困户，为贫困户提供就业岗位，促进贫困户增收。四是采取"公司＋合作社＋农户"的形式帮扶。通过农业产业公司强大的资金、人才、技术、市场等多要素支持，合作社组织可快速发展，贫困户通过加入合作社获得更稳定的销售渠道，更优质的产品，更高的销售价格，让贫困户获得更高收益。

三、实施成效

1. 社会效益

一是完善了农业生产条件，提高了耕地质量，带动了农民脱贫致富。通过科学设计，精心组织施工，高标准基本农田建设，不仅保护了大量耕地，且随着配套较完善的田间道路系统和农田灌排体系的形成，建立起互联互通的道路网络和灌排网络，项目区内农业生产条件将得到显著改善。通过相关改良措施，提高耕地的保水保肥能力，耕地质量将得到全面提高。完善的农业生产设施，有利于农业生产向集约化、规模化、机械化方向发展，有效地提高农作物产量，逐年增加农民收入，改善农民生活条件。二是促进农业结构调整，增加农民收入。项目实施后，将形成完善的田间道路系统和灌排设施，结合中心村建设，将极大改善项目区的农业生产条件，有利于农业产业化和农业经营规模化，也使其区位优势得到充分发挥，促进农业结构调整。三是在项目实施后，农民科技意识将普遍增强，并可充分利用完善的农业生产设施，大大提高项目区农业机械化水平，从而能进一步降低农民的经营成本与风险，提高劳动生产率，稳定和增加农民收入。通过高标准基本农田建设，项目区内年增产粮食201.9万千克/年。

2. 经济效益

高标准基本农田整治项目主要效益为原有耕地增产收益。据调查，项目区粮食作物产量为8500千克/公顷。由于周边配套设施的完善，整治后的耕地上劳动效率有一定程度的提高。高标准基本农田建设后，原有旱地每公顷增加产量1500千克/公顷，经济效益十分显著。高标准农田整治项目的实施，带来了可观的收益，已成为贫困户实现脱贫的可持续的经济来源。按可比价格计算，项目区可增加收入201.9万元，人均增加纯收入1171元/人，实现了人均收入4000元/人的脱贫目标。在新菜地建设基金项目区，按照目前价格，政府投资收益按每栋5000元计算（5000元/栋×33栋），可收益165000元；贫困户种植大棚收入按每栋10000元计算（10000元/栋×33栋），可收入330000元；产业公司就业收入按33人，每人每年收入5000元［5000元/（人·年）×33人］计算，可收入165000元/年，75户贫困户户均收益达8800元/户。随着市场经济的发展，投资收益、果蔬价格、用工价格也会上涨，贫困户的收益会更高。

3. 生态效益

通过高标准基本农田建设，使原有项目区内土地生态系统更加有序化，增加生态环境效益。通过对项目区内排水沟的清淤治理及新建桥涵等水工建筑物，使得项目区内排水通畅，可以有效地控制水土流失、改善土地利用生态环境。通过高标准基本农田建设，项目区被建成配套的生态环保型农业产业基地，中产田变中高产田，传统田变高效田，从而提高土地利用率和产出率，逐步实现高效农业，有效地解决生态建设与耕地需求的矛盾。

土地整治得民心　扶贫开发效果好

——河南省太康县土地整治助推精准脱贫典型案例

　　太康县位于河南省东南部，隶属周口市，辖23个乡镇，768个行政村，全县总面积1759平方千米，耕地面积193万亩，总人口148.65万人，盛产小麦、玉米、棉花，是典型的传统农业大县，素有"银太康"之称。随着现代农业的发展，经济作物、林果业种植等发展迅速，逐渐成为远近闻名的油桃之乡、辣椒之乡。近年来，太康县国土资源局立足工作实际，深入贯彻中央"精准扶贫"工作精神，以土地整治推进精准扶贫工作的深入开展，实现扶贫、脱贫的目标。先后实施了太康县清集等两个乡（镇）土地整理项目，太康县板桥镇、逊母口镇土地（高标准基本农田）整治项目等一批高标准基本农田整治项目，统筹项目建设、农业生产和精准扶贫工作的协调发展。通过加大对田间道路、农田水利等农业生产配套设施的投入，改善了项目区农业生产条件和发展环境，提高农民收入，实现困难群众的脱贫。

一、精准脱贫深入开展

　　太康县国土资源局为促进土地整治项目服务精准扶贫工作，帮扶贫困群众尽快脱贫致富，积极争取项目资金，以扶贫攻坚为目标，以土地整治为抓手开展精准扶贫工作，提高群众生产生活水平。实施了太康县清集等两个乡（镇）土地整治项目，涉及清集、独塘两个乡（镇）的40个行政村和清集乡林场，项目总规模5329.88公顷，总投资8200.21万元。项目新修农用排水沟13条、农用桥涵298座、农用井775眼及配套电力设施、田间道路63条；太康县板桥镇、逊母口镇土地（高标准基本农田）整治项目，涉及太康县板桥镇、逊母口镇两个镇30个行政村，总投资9297.93万元，整治规模为5225.04公顷。项目新建沟渠30542米、桥涵354座、机井1105眼、田间道路79892米。通过项目的实施，改善农民生产生活条件，有效地促进农业增效、农民增收，打好脱贫致富基础，为精准脱贫助力。

二、项目扶贫效果

独塘乡赵胡同村是出了名的贫困大村，人均耕地 1.5 亩/人，农业种植主要以小麦、玉米、大豆等传统农业为主，人均年收入不足 5000 元/人，村里贫困户较多。近几年村民逐渐发展种植西瓜、林果、蔬菜、绿化树等经济作物，农业经济发展呈现良好的势头。然而，赵胡同村的灌溉、交通等农业基础设施薄弱，十多年前修的柏油路已经严重损坏，走起路来深一脚浅一脚，运瓜车出了村车上的西瓜也坏了一半，群众苦不堪言。加上近几年气候干旱，村里能用的机井已经不多，在西瓜最需要灌溉的时节偏偏一井难求，农民渴望致富的努力受到基础设施薄弱的制约，农村经济发展举步维艰。这些困难随着土地整治项目的实施被一一解决，使这里的农民见到了曙光。

2013 年，太康县国土资源局积极争取政策资金，在耕地多、农业基础设施薄弱的独塘乡、清集镇规划了太康县清集等两个乡（镇）土地整理项目，因地制宜设计了机井、道路、农用桥涵、高低压电力设施，并于 2014 年 8 月开始实施。土地整治项目的实施极大地满足了农业生产灌溉、交通需要，村内与田间的道路连通了，打通了赵胡同村通往 311 国道的主要通道，村民再也不担心西瓜运不出去了。仅赵胡同村新打机井 24 眼，每眼井安装潜水泵，接通了电，农作物灌溉方便很多。由于项目区配套设施完备，项目区群众积极开展经济作物种植，两年内西瓜种植面积扩大了 1/3，粮食产量明显增加，蔬菜大棚由无到有，借鉴外地模式种植绿化树面积不断扩大……现在的赵胡同村，路变宽了、粮食产量高了、农民收入好了，大部分贫困户由此脱贫。

赵胡同村的赵某是村里的种粮大户，对土地整理项目扶贫的成效体会最深。赵某家共 12 亩地，前几年以种植小麦、玉米、西瓜为主，由于村里机井少，前几年天干雨少，西瓜产量低，再加上出村的道路坑坑洼洼，一车的西瓜一路上碰碰撞撞，到了市场上卖不上好价钱，卖瓜难成了老赵的头疼病，由原来种植的 3 亩西瓜减到 1 亩。听说土地整治项目施工单位进村施工了，赵某天天跑到指挥部问进度，就盼着他家的十多亩地里能打上一眼井，修通道路。2014 年年底，项目区主要道路全线贯通，机井施工完毕。"35 米？从来没见过恁深的井，抽水浇地不怕水不够用了！"老赵乐呵呵地说。2014 年秋季赵某就做好了规划，6 亩小麦套种西瓜，4 亩地种植景观树，2 亩地培育蔬菜大棚。村里人都说，从来没见他这么大干劲，是土地整理项目调动了大家生产的积极性啊。今年夏收,麦子还没来得及运到家里赵某就拉着一车的西瓜往西瓜市场赶,边开车边边和熟人打着招呼"今年瓜收成好,产量高,趁早卖个好价钱!"。

到2016年,太康县清集等两个乡(镇)土地整理项目实施两年来,通过农田水利、田间道路、配套电力工程的实施,显著提高了项目区的农业综合生产能力,虽然近两年干旱,但由于项目及时竣工,项目区的粮食生产不减反增,小麦由原来的亩产400千克/亩增长到550千克/亩,西瓜、果树都明显增产,蔬菜大棚增多,人均年收入由原来的4400元/人增长到5200元/人。

三、创新管理

2013年以来,太康县国土资源局认真贯彻中央扶贫开发方针,立足部门职能,积极探索土地整治与扶贫开发相结合的途径,坚持将土地整治项目和资金安排向贫困乡村倾斜,以促进农业增效、农民增收和农村发展为目标,大力推进土地整治工作,综合开展农田水利、田间道路等工程建设,着力改善贫困乡村生产生活条件。几年来,太康县已建设高标准基本农田整治项目两个,投入资金1.75亿元,建设总规模达15.8万亩,惠及23万人,参与土地整治的农民人均收入年均增加800元/人。在实践中,太康县在土地整治工作中不断总结经验,以土地整治助推精准脱贫取得较好的社会效果。

1. 合理制定项目规划促进扶贫开发

太康县是国家级贫困县,脱贫任务重,几年来以土地整治为抓手,项目重点向贫困乡村倾斜,全力推进精准扶贫工作。按照"规划先行、政策引导、农民自愿"的原则,在充分尊重民意的基础上,科学编制土地整治规划设计方案。2015年,为了加大土地整治扶贫力度,增加农民收入,规划了太康县马厂镇、马头镇,王集乡、高贤乡,常营镇、芝麻洼乡6个乡镇3个高标准基本农田整治项目,三个土地整治项目预算投资近3亿元,建设总规模达24万亩。通过实施土地整治项目,提高贫困村农业生产条件,改善贫困村农民生活环境,切实抓好精准扶贫工作,帮扶贫困群众尽快脱贫致富。

2. 完善制度建设,细化项目监督责任

把土地整治工作作为政府工作的重要内容,成立由主管副县长牵头,交通、财政、电力、住建、水利及乡镇政府为成员的土地整治项目建设指挥部,明确了项目所在地乡(镇)政府及相关职能部门的职责,形成农村土地整治县、乡、村三级联动工作机制。为了规范土地整治项目的管理，制定完善了《工程建设责任制划分》《指挥部人员责任分工》《工程建设监督检查制度》等多项管理制度，细化责任划分，确保了项目管理的规范有序。

3. 加强宣传、搞好动员

土地整治项目最终受益的是农村、农民，以改善农业生产条件和生产环境，增加耕地面积为目标，是利国利民的民心工程。但由于涉及村组、村民多，施工场面大，施工周期长，农民虽然盼望着进行土地整治，但又存在顾及眼前利益而不顾全大局的问题。要想把好事办好，就要充分调动群众的积极性。太康县把"战前动员"放到突出位置，采取召开群众会、动员会的形式面对面地宣传有关政策，在显著位置制作大型公示牌块，印发管理手册、项目管理宣传资料，使群众主动参与土地整治项目管理。

4. 以质量促效益，严格工程监管

一是明确监督职责。建立"现场监督、监理巡查、实地抽查、专项督察、群众监督举报"五位一体的质量管理办法，将指挥部工作人员分派到各项目标段，强化现场监管人员责任，保证及时发现问题、解决问题、整改到位。实行各标段责任人、项目负责人、监理等定岗位、定职责、定措施、定目标，严格核实把好工程建设质量关。施工方严格按照规划设计进行施工建设，坚决杜绝避难就易、偷工减料、以次充好、擅自增减。二是加强对工程原材料的监督。对项目建设过程进行全程监督。确保使用的材料必须经过严格审核，各类建设材料必须有产品质量检验合格证和相应质检报告、不符合设计要求的材料一律不许进场。三是加强督促检查。从项目开工起，指挥部领导不定期抽查暗访，发现问题及时解决。四是积极动员社会监督。不断创新工作方式，充分调动群众参与项目建设的积极性，聘请老党员、老干部作为义务监督员，对施工建设进行监督。把项目指挥部监督电话向群众公布，对群众反映的质量问题，指挥部领导亲自带人现场核实，对存在问题立即处罚相关人、立即整改相关事、立即拆除相关物。五是建立健全土地整理工程设施后期管护制度，将完工的工程移交项目所在乡镇政府和村组，明确管护内容、管护责任，确保工程长期发挥效益。把每一个项目做成合格工程、民心工程、富民工程。

太康县以高标准基本农田建设和美丽乡村建设为目标的土地整治工作，围绕"投资拉动脱贫"，以项目建设促进农村设施建设。对农业基础设施建设滞后、农村公共设施不足的地方加大投资建设，成为拉动贫困乡村经济增长，促进脱贫攻坚的重要手段。土地整治项目的实施改善了农业生产条件、交通条件，村容村貌得到了较大改善，在促进贫困乡村脱贫致富方面发挥的重要作用日益受到全社会的关注，深得广大农民群众的支持和拥护，群众满意度不低于95%，成为名副其实的"民心工程"。今后，太康县会切实把土地整治作为国土资源部门推进脱贫的重要抓手，作为落实国家扶贫开发战略的重要支撑，当作一项政治任务做好、做实。

联好整治大脉络　打造扶贫助推器

——湖北省嘉鱼县土地整治助推精准脱贫典型案例

一、基本情况

嘉鱼县位于湖北省东南部，面积 1020 平方千米，其中耕地面积 50 万亩，总人口 37 万，是全国第一批 116 个基本农田保护示范县、湖北省 46 个粮食主产区和 13 个整体推进农村土地整治示范县之一，也是全国首届国土资源节约集约模范县、湖北省蔬菜大县和水产大县。

习近平总书记在调研农村工作时曾指出：中国要强农业必须强，中国要美农村必须美，中国要富农民必须富。近年来，在上级党委、政府的正确领导和国土资源、财政等部门的大力支持下，嘉鱼县把土地整治与精准扶贫紧密结合，按照"政府主导、农民主体、国土搭台、部门参与、统筹规划、整合资金"的思路，在项目建设与农业增效、农民增收、农村发展上做好文章，有序推进高产农田整治、低丘岗地改造等农村土地整治项目建设，收到了保发展、守红线、促转变、惠民生的实效。2008 年以来，共实施了土地整治项目 20 个，总建设规模 47 万亩，总投资额 8.63 亿元，净增耕地面积 1.56 万亩。

二、主要成效

通过土地整治实践，嘉鱼县实现了"两改一增"：

1. 农业基础极大改善

嘉鱼县是一个地域小县、水患大县，农业抵御自然灾害的能力一直较弱，特别是 1996—1999 年的"四年三灾"，农业损失惨重。通过开展土地整治，全县基本农田区形成了"田成方、林成行、渠相通、路相连、旱涝保收、高产稳产"的格局，农业不再"望天收"。特别是 2016 年 7 月以来，遭遇"98

+"洪涝灾害，土地整治项目经受住了严峻考验，并发挥了显著效益，降低了农作物的受灾程度。在周边县市受灾严重的情况下，嘉鱼县实现了灾年不减产，农业产值较上年增长10.7%。

2. 农村面貌显著改变

为贯彻中央精准扶贫政策，嘉鱼县立足部门职能，在土地整治，城乡建设用地增减挂钩与新农村建设上找切入点，按照"政府主导、农民主体、项目支撑、企业帮扶"的模式，结合新农村建设，对田、水、路、林、村进行整体综合整治，重点在四邑、官桥等村实施了迁村腾地、整村推进新农村建设试点，四邑村原项目区内4个零星居民点总占地566亩，将其整体搬迁到四邑新村，建成176户新农村示范点，占地80亩，净增耕地面积486亩。官桥村已建成万亩油茶基地、800亩特色水产板块，300户现代农村新住宅区。

3. 农民收入加快增长

潘家湾镇通过对基本农田整体规划、连片建设、统筹推进，建成近10万亩优质蔬菜基地，带动周边村民迅速致富，为嘉鱼县赢得"北有寿光、南有嘉鱼"美誉。解放渠项目是湖北省首批建成的国家投资高标准基本农田，项目实施前，该地区为一片低洼地，是名副其实的"水袋子"、老百姓的"伤心田"。通过土地整治，项目区产能提高20%以上、生产成本降低20%以上，每年为农民增收1800万元，"水袋子"变成了"钱袋子"；新街镇八栏湖基本农田土地整治项目在实施前，每亩年平均收入不足8000元，实施土地整治后每亩年平均收入增加到1.5万元以上。主要做法是在"力"字上做文章，联好土地整治大脉络，打造农村扶贫脱贫的助推器。

三、具体做法

1. 领导垂范，激发凝聚力

农村土地整治是一项牵动社会大动脉、惠及农民福祉的系统工程，涉及面广，工作千头万绪，若没有地方党委政府的高度重视、没有上级国土资源管理部门的大力支持，那将会举步维艰。为保障项目建设的有序推进，嘉鱼县成立了由县委书记任政委，县长任总指挥，其他县委常委分片负责的工作领导小组，规定县级分片负责同志必须定期深入项目区一线现场办公，研究解决实际问题，各项目镇成立相应工作专班，全力服务项目建设。充分发挥考评指挥棒作用，把土地整治纳入镇级政府耕地保护责任目标进行考核。细化国土、农业、林业、水利、纪检监察等相关部门的职责，建立了县、镇、村三级责任体系。先后在四邑村、净堡村、界石村召开现场办公会，研究解决迁村腾地、整村推进新农村建设中的具体问题。正是得益于这样的工作力度，官桥村、四邑村、净堡村建成一道道土地整治助推新农村建设的靓丽风景，探索出一条以土地整治为载体、"村企共建"推进城乡统筹发展的成功之路。迁村腾地项目区的农民，每户根据自身需要，只需花 3~8 万元，就能住进造价 15~20 万元的别墅小洋楼，水电、网络、天然气一应俱全，配套设施完善。项目区农民感慨土地整治带来的好处："土地整治好！让我们告别了旧砖瓦房，过上了城里人的生活。"

与此同时，在嘉鱼县电视台、中国嘉鱼网开辟宣传专栏，组织精准扶贫工作队深入村组宣讲政策，所有项目规划设计方案广泛征求村民代表意见，争取群众支持，在全县上下形成了政府统一领导、部门联动配合、群众广泛参与的良好氛围。

2. 规划先行，发挥牵引力

规划是土地整治的灵魂所在，起到牵一发而动全身的作用。只有事先把规划做好了，才能保证土地整治的有序推进；否则，失之毫厘，差以千里。近年来，嘉鱼县按照全域规划、全域整治的理念，在编制土地整治规划时，充分尊重农民意愿，凡涉及土地权属调整，做到确保土地权属明晰、农民权益份额准确。认真做好土地利用规划与村镇建设、农业农村发展、产业布局、生态建设等相关规划的衔接，保证土地整治规划科学、合理、可行。按照"产业集群、投资集中、资源集约、产出高效"的要求及"渠道不乱、用途不变、整合使用"的原则，采取"项目跟着规划走、资金跟着项目走、监管跟着资金走"的土地整治模式，建立项目建设联席会议制度，由政府牵头整合部门项目资金，充分发挥资金的综合效益，实现了"各炒一盘菜、共办一桌席"，收到了"1 + 1 > 2"的效果。新街镇八栏湖基本农田土地整理项目在规划的引领下，整合国土、农业、水利等部门资金 5000 多万元，引导农民改变种植模式，发展精细化种植，每亩年平均收入由不足 8000 元增加到现在 1.8 万元以上。

3. 创新机制，形成推动力

为确保把每个项目都建成精品惠民工程，积极探索创新项目建设管理机制。一是创新质量监管机制。土地整治能不能成为真正的民心工程、德政工程，质量是天平、是试金石。嘉鱼县大力推行标段建设工程"末位淘汰制"、工程建设质量"终身负责制"、项目进度"倒逼"机制，聘请村组干部、老党员为义务监督员，与管理人员、监理人员组成检查组，对各标段实行交叉监督，发现问题及时责令停工整改。充分发挥县人大代表、政协委员的视察监督作用，加强对项目质量和进度的监督，确保每个土地整治项目高效实施。二是创新后期管护机制。俗话说：项目三分建、七分管。项目竣工后后期管护跟不上，再好的"民心工程"也会变成"伤心工程"。多年来，嘉鱼县一直把加强项目后期管护作为重要环节之一，制定基本农田统一编码，落实管护主体、明确管护责任：以项目为单元，科学划分片区，形成镇、村、组和承包人上下联动的网络化管理格局；采取市场手段与政府补助相结合的办法，探索从土地整治新增耕地集体出租收益及耕地开垦费中提取一定比例的资金，作为项目管护经费。更加注重耕地质量建设，加快改善农业基础设施，提高耕地产能，保障粮食安全。三是创新预警防控机制。在坚持推行廉政建设责任书、开展廉政谈话、举办廉政讲座等常规风险防控基础上，探索推行了廉政保证金制度，凡中标单位必须缴纳 10 万元廉政保证金，存入廉政专户，待项目竣工后，经县纪委、县检察院和县国土资源局核实确认无违反廉政规定记录后，全额退还保证金；否则，除全额没收保证金、追究相关责任人责任外，还要将中标单位列入"黑名单"，禁止其参与全县任何工程招投标。

4. 运用科技，注入新活力

嘉鱼县坚持把科技作为第一生产力，对高产农田、蔬菜基地、示范区严格监管。按照国土资源遥感监测"一张图"和综合监管平台建设的总体部署，争取县财政投资 1000 多万元，建成了全县 1：2000 航拍 3D 数据库和高产农田视频监控系统，构建起了以信息化为支撑的土地利用"一张图"综合监管平台，全面全程监管，并运用航飞成果加快推进农村集体土地所有权和宅基地确权发证，切实维护村民的土地合法权益。如今，坐在办公室都能随时监控全县基本农田保护区的耕地保护情况，实现了底数清、情况明、数据准、现实性强。

下一步，嘉鱼县将坚持把土地整治与精准扶贫深度结合，在方法举措上下功夫，用土地整治的大手笔，为农业增效、农民增收打下坚实的基础！

山美水美　醉美露美

——广西壮族自治区田阳县露美片区
土地整治助推精准脱贫典型案例

百色市田阳县于 2013 年开始实施百色市露美片区土地整治项目。从田阳县土地利用总体规划及土地整治专项规划出发，结合自治区党委、政府在全区铺开的"美丽广西·清洁乡村"活动，综合考虑项目区的自然、社会、经济条件，对项目区进行"田、水、路、村、房"综合整治，吸引社会资本，促进一、二、三产业融合发展，取得了良好的效果。

一、基本情况

田阳县露美片区土地整治项目位于田阳县那满镇露美村、新立村和那坡镇宝美村 3 个行政村。该项目于 2013 年 8 月 16 日获得批复立项，同年 12 月 4 日开工建设，并于 2015 年 3 月 25 日竣工。项目实施总面积 510.34 公顷，总投资 2733.79 万元，涉及露美村和邻近的新立村、那坡镇宝美村、合力村共 38 个村民小组。田阳县露美片区土地整治项目完成田格平整 52.34 公顷，水平梯田 19.72 公顷，挡土墙 593.44 米，浆砌石田埂 3523.33 米；完成支沟 5 条 1614.59 米，斗沟 7 条 5356.76 米；农沟 24 条 7300.21 米，新建排水涵管 82 座，壅水坝 6 座，机械通行盖板 47 座，人行盖板 14 座；完成新建田间主道 11 条 5100.84 米，改建田间主道 16 条 6075.23 米，改建田间次道 7 条 3195.76 米，新建田间次道 2 条 1667.05 米，新建生产路 14 条 2915.29 米，改建生产路 3 条 777.03 米，新建观光路 4 条 3310 米。

二、具体做法

1. 大力开展土地平整，改善农业生产条件

土地平整前，群众只能种玉米、水稻等低产值的农作物，勉强可以解决

温饱问题，人均年收入仅 2025 元，是整个田阳县最贫穷的地方之一。土地整治把该村原有的荒地、水毁地、休闲地等开发整治成耕地，对中低产田进行了改造，通过土地平整、归并分割细碎的地块，提高了耕地数量和质量。群众现在除了种植玉米、水稻外，还可以种植西红柿、西葫芦、蔬菜等经济作物，人均年收入提高 1000 元以上。

2. 吸引社会资本，创造新的就业机会

露美片区的土地经过平整以后，种植条件有了很大的改善，吸引了社会资本的关注。国土、水利、农业、交通等各部门通力合作，提供配套的喷灌设施，完善田间道路系统和水利排灌系统，满足了现代农业耕作生产需要，提高了耕地抗御旱涝灾害的能力，为涉农企业的入驻提供了良好的条件。壮乡河谷、聚之乐、老韦物流、壮乡一品等龙头企业纷纷入驻，"万亩香蕉""万亩火龙果""黑山羊养殖合作社"等项目轰轰烈烈地开展。土地流转使群众纷纷受益，每年每亩 1300 元的租金比之前自己种植玉米的收入还要高，而且每年每亩租金上涨 50 元。虽然没有了土地，但群众并不担心生计，因为大规模的种植园需要大量的产业农民来护理。比如村民苏大姐，家中有 4 亩多土地，她把 3 亩多租给聚之乐公司，剩下 1 亩用于种植水稻。她和老公一起到创意园为该公司管理农作物，每人日工资 80 元，按照每月 20 天、每年 6 个月计算，苏大姐家 5 口人 2 个劳动力，光靠在农业园打工就达到了家庭人均年收入 4000 元。苏大姐说，现在在家务农也不比在外面打工差了，还能照顾老人小孩，养鸡养鸭养猪也不耽误，日子比以前好太多了。

3. 发展生态旅游，拓宽发展道路

露美片区依山傍水，风景秀丽，有着优越的生态环境和自然资源。随着涉农企业的纷纷入驻，昔日贫穷的乡村已经有了极大的改变。为了充分利用资源，发挥优势，扩大土地整治的效应，该县国土资源局在项目设计中引入先进理念，将新立村、露美村定位为休闲农业观光区，宝美村、合力村定位为生态农业示范区，通过对田、水、路、林、村综合整治，结合水利、农业、扶贫、住建、交通、旅游等部门和各大涉农企业、经济能人的投入，把露美片区打造成集休闲观光和生态示范于一体的现代农业示范基地。"醉美乡村"的口号深入人心，红墙绿瓦错落有致，村前屋后红花绿树相映成趣，水泥路整洁干净四通八达，形成了一道靓丽的风景。目前，露美片区已经有钓鱼、烧烤、采摘、游玩等旅游项目，下一步将继续开发漂流、游泳、水上乐园等娱乐项目，争取形成吃喝玩乐一条龙的一站式生态旅游体验和以农业带动旅游、以旅游促进农业的可持续发展模式。通过发展旅游业，带动餐饮、零售、交通运输、酒店等第三产业的发展，为精准脱贫注入新的动力。目前，露美片区的旅游产业已初具规模，对解决农村剩余劳动力、提高农民收入有着重要的作用和意义。

三、主要经验

1. 建立政府为责任主体，各部门共建的建设模式

明确了县级人民政府是具体负责高标准农田建设的工作主体，要整合国土资源、发展改革、水利、农业等部门的相关项目，聚合各类涉农资金整体推进，重点开展农田水源工程、灌溉排水设施、田间道路、土地平整和土壤改良等一系列工程建设，同时改善农田生态环境，确保耕地基础设施水平适应现代农业生产方式，符合高标准农田建设要求。同时，明确了各级人民政府和各相关部门的职责，理顺了关系，保障了资金，奠定了基础。

2. 加大宣传，营造良好的土地整治氛围

土地整治工程的实施，牵动千家万户的利益，群众不支持，不理解，工程就无法顺利开展，无法取得预期效果。田阳县高度重视土地整治宣传工作，通过电视、广播、板报、杂志、宣传片、宣传册、现场会、摄影比赛、培训等方式，加大土地整治宣传。项目实施以来，群众主动作为实施管理员，监督项目工程质量，形成了良好的社会氛围。土地整治属于"民心工程"和"德政工程"已深入人心。

3. 引进先进理念，因地制宜制定发展模式

在具体实施过程中，田阳县国土资源局在项目设计中引入先进理念，将新立村、露美村定位为休闲农业观光区，宝美村、合力村定位为生态农业示范区，并分别制定了不同的发展策略和规划，避免了恶性竞争的内耗和单一重复的弊端，两个分区既相互独立又相辅相成。引入先进理念，因地制宜制定发展模式，多产业多模式地推进，才能使脱贫致富的发展道路越走越宽、越走越亮。

四、实施成效

1. 改善了农业生产条件，促进了农民增收

通过土地整治，露美片区做到了"有地可种"，形成了"田成片、水成

系、路成网"的高标准基本农田，耕地质量提高，提高了耕地抗御旱涝灾害的能力，为群众种养脱贫提供了基础。仅此一项，就能保证项目区群众人均年纯收入达到3000元以上。

2. 激发农民种植积极性，助推农民脱贫

土地整治后，当地政府开展各种技能培训和农村实用技术培训，确保每人至少掌握一项职业技能或农村实用技术，使群众从传统农民转变为产业农民、工人，实现增产增收的脱贫目标。在农业园务工的农户，基本能实现人均年纯收入提高500元以上。

3. 引进龙头企业，促进土地流转

通过有序引导，将整理成片的耕地流转给龙头企业、专业合作社和种植大户，发展特色种植业、休闲观光农业和乡村旅游，确保每户有一个增收致富项目，增加项目区群众收入。

4. 开展新农村建设，促进生态旅游

田阳露美片区土地整治工作，使农民得到了增产增收的实惠，带动了新农村新农业的发展，促进了生态旅游产业的形成，走出了一条土地扶贫的新路子，为国土资源工作提供了一个新的思路和范本。

摸准贫根　有的放矢　加快群众增收脱贫步伐

——海南省临高县土地整治助推精准脱贫典型案例

一、项目基本情况

临高县位于海南岛西北部，东邻澄迈县，西南与儋州市接壤，北濒琼州海峡。全境东西宽 34 千米，南北长 47 千米，陆地面积 1317 平方千米，距海南省省会海口市 83 千米。临高县具有发展农业较好的地理气候条件，土层厚，灌溉水源足，一年四季温暖如春，适宜种植各种作物，农业是该县经济收入的主要来源，种植业为该县农业的主体。

根据临高县社会实际情况及土地利用总体规划要求，该县 2010 年 4 月将南宝镇郎西田洋 13058 亩拟选为土地整治项目区，同年 12 月海南省国土资源厅下达建设任务通知。临高县南宝镇郎西田洋土地整理项目区位于海南省临高县西南部，距县城 30 千米，毗邻儋州市，与西联、西流、新盈、加来四个国有农场接壤，是边远偏僻的革命老区镇。全镇有 9 个村委会，38 个自然村，3065 户，总人口 13019 人。全镇总面积 80 平方千米，其中水旱田 13928 亩，旱地 8008 亩，人均占有耕地面积 1.5 亩/人。项目区涉及南宝镇的南宝、古道、松梅、松明、郎基、武郎等 6 个村委会的松明村、武吉村、照里村、才郎村、文代村、郎基村、三角村、上坎村、加来村、武郎村、圣道村、甘郎村、松梅村等 14 个自然村，项目总预算 4516 万元。

该项目区的气候条件对农作物特别是热带作物生产很有利，但项目区所处的地区在不同时期会出现不同程度的气象灾害，主要包括春旱、台风、暴雨等几种。干旱主要表现为冬旱与春旱，可使农作物受到很大的损害，是水稻、瓜菜大幅度减产的主要原因，项目所处地区多年平均春旱日可高达 105 天。台风是晚稻产量不稳定的主要原因，影响项目区的台风最早出现在 5 月，最迟在 11 月。暴雨对农作物、水产养殖是不利的，尤其是连续出现的暴雨可导致严重的洪涝灾害并与台风孪生，以致房屋、灌排设施遭受毁坏，给人民群众的生命财产造成严重损失。

二、具体做法与经验

1. 摸准贫根，有的放矢

项目区内主要的南北向田间路为南宝四支斗－2旁的土路（路宽6米），以及松明村拦水坝引水渠旁的土路（路宽4米），东西向的田间路主要有加来村－临高公路（3.5米宽水泥路），郎基村－临高公路（在建3.5米宽水泥路），松明村水泥路。除此之外，田间内的道路较少，间距过大，部分是断头路，而且大部分田间道路是土路，路况质量较差，雨天道路泥泞，坑洼不平，路基宽度小，涵洞配套不完善或破损严重，造成农副产品运输及农业机械通行困难，给群众生产、生活带来诸多不便。

项目区内主要灌溉渠道南宝第四支渠现状运行良好，可以利用；其余均为土渠，杂草丛生，淤积、渗漏、破损严重。项目区内部排水特别是田间排水系统较差，区内现状排水通过现有土沟直接排出项目区南部。项目区内田间工程较少，沟渠大部分为农民自己挖掘，深浅不一，宽度不一，致使地块零乱，路渠不配套。灌溉或排水涵管毁坏，致使灌溉或排水不畅。项目区内机耕农用桥数量较少且年久失修，多处需重新修建。

当地农田水利基础设施年久失修，田、路、渠不配套，易受旱灾、涝灾的影响，严重制约农业的发展。并且农业结构过于单一，农民收入较低，人均收入只有3898元/人。

2. 精心实施，确保质量

项目经实施后平整地块1.904公顷。新建引水渠1条，总长2209米；斗渠8条，总长7628米；农渠48条，总长16871米。支沟5条，总长7075米；斗沟16条，总长8016米；农沟52条，总长16305米。村道排水沟1条，总长485米。矩形排水出口15座；U形农沟排水出口1座；U形渠道穿路涵41座；U形排沟穿路涵46座；矩形排沟穿路涵32座；道路排水涵261座；人行桥228座；农机下田坡道101座；公路桥7座；双孔桥1座；错车道3座；PVC排水管24条；沉沙池42座；维修原有旧桥1座；挡土墙12284米；标识块28块。支沟1水闸1座；农桥7座；梯形渠道穿路涵2座；盖板涵47座；圆管涵85座；拦水坝8座；渡槽6座；消力池6座；检查井8座；排水口20座；地下下水管道185米；进水口1座；桥涵10座；交通桥1座；交通标志牌11座；土地整理标志牌1座。一级田间道6条，总长8917米；二级田间道36条，总长25493米；生产路35条，总长17025米；村道5条，总长2296米。

土地整治最终受益群体为人民群众，项目实施中，让当地农民群众当"监理员"，切实参与工程建设。项目实施的每项工序，都接受当地农民群众的监督，确保整个项目的质量让当地群众放心。

3. 加强沟通协调，广泛发动群众参与

土地整治项目涉及面广，工程建设内容多，当地村民是否支持对项目能否建出成效十分关键。项目设计时充分收集当地自然、社会经济及农民种植习惯等大量资料，设计方案充分征求了有关部门及部分村民代表的意见，进行深入讨论分析后不断完善。在项目实施过程中，发动乡镇干部与广大农户面对面、心贴心地进行了深入交流，与广大群众说明土地整治工作的重要性和必要性，引导当地农户积极参与、配合项目开展，为该项目顺利实施奠定了良好的基础。

三、主要成效

该项目完成后，项目区内田间道路通达度达到100%。建立区内构建顺畅的交通运输网络，按机械化和耕作的要求合理规划田块，改善项目区农业生产条件和农田生态环境，使项目区田成方，路相连，满足了区内5699.50亩水田、1778.20亩旱地灌溉要求，实现旱能灌、涝能排，保证常年稳产高产。

项目建设期间，当地部分农户参与工地施工工作，参与的农民人均收益增加5678元/人。

项目实施后，因配套设施已基本完善，改善了耕作条件，提高了耕地质量，建成了高标准农田。在当地政府引导下调整了种植结构，增加香蕉和瓜菜种植面积，正常每年可新增产稻谷120吨、瓜菜160吨、草本水果240吨，取得了很好的经济效益，带动了当地广大群众农业生产积极性。对加快群众增收脱贫步伐，确保实现全面建成小康社会的目标发挥了良好的推动作用。

科学合理规划　建设高标准农田

——四川省达州市土地整治助推精准脱贫典型案例

近年来，在省国土资源厅的大力关心支持帮助下，在市委、市政府的坚强领导下，全市国土资源系统依托农村土地整治平台，大力助推精准脱贫，取得了明显成效。

一、基本情况

1. 区域基本概况

达州市，地处四川东部，辖4县2区1市，面积1.66万平方千米，总人口690万。作为秦巴山区集中连片扶贫开发重点区域，达州市贫困人口多、贫困面大、贫困程度深，全市7个县（市、区），就有宣汉县、万源市2个国家扶贫开发工作重点县、5个省定贫困县（区）。截至2014年底，全市共有建档立卡贫困村828个、贫困户23.2万户、63.66万人，居四川省第一，贫困发生率为11.62%，高于全国4.42个百分点、四川省3.92个百分点。

2. 土地整治实施总体情况

"十二五"期间，达州市积极筹集各级资金，在贫困地区大力推进农村土地整治项目，建成"田成方，路相连，渠相通，旱能灌，涝能排，土肥沃，结构优"高标准基本农田148.43万亩，涉及土地整理项目165个，总投资约19.60亿元。其中，完成改造完善30.97万亩，涉及土地整理项目38个，总投资0.93亿元；完成全面整治117.46万亩，涉及土地整理项目127个，投资规模约18.67亿元。

3. 2016年土地整治支持扶贫开发总体情况

2016年，农村土地整治专项扶贫是省国土资源厅脱贫攻坚十条措施的重要举措之一，达州市结合实际，计划在宣汉县、万源市等6个贫困县实施10个省级投资土地整理项目，项目总投资1.53亿元，建设规模12.59万亩，预计新增耕地1.03万亩，其中水田0.56万亩、旱地0.47万亩，耕地质量平均提升 1 个等级，项目覆盖 6 个贫困县（市、区）40 个村，直接受益 6 万人。

二、主要经验及做法

1. 未雨绸缪，规划先行

规划是争取支持的基础，也是国家投资的依据。2012 年，达州市起草编制了《秦巴山片区达州市区域发展与扶贫攻坚实施规划（2011—2015 年）》，对农村土地整治专项扶贫项目超前做好谋划和储备工作。2016 年，为进一步贯彻落实中央、省、市扶贫开发决策部署，达州市依托农村土地整治综合整治平台，研究制定了 2016 年农村土地整治专项扶贫工作计划，全力助推贫困村脱贫奔小康。

2. 加强组织，落实责任

2012—2015 年，市政府连续三年开展了"达州市农村土地整治项目实施突破年"专项活动，2016 年已将农村土地整治专项扶贫任务纳入了县（市、区）政府的年度目标绩效考核，并建立了由市政府督查室牵头的专项督察的制度，明确了各级部门的职能职责，确保了各项工作落到实处。同时，全市国土资源系统每年都将土地整理工作作为国土资源管理工作的重中之重来抓，实行"一把手"负责制，采取倒排工期、重点督办等措施，主动协调财政、发改、审计、农业等部门落实好相应的职责，确保了项目扎实有序推进。

3. 强化资金保障，推进扶贫项目建设

资金保障是确保项目顺利实施的前提条件。一方面，积极争取中央、省级财政资金，逐年增加市、县两级财政资金投入。据统计，"十二五"期间，全市累计投入土地整治项目资金 19.60 亿元。另一方面，加强资金整合，切实发挥资金的叠加效益。2012 年以来，全市坚持以土地整理项目为基础，按照"渠道不乱、用途不变、专账管理、统筹安排、各计其功"的原则，统筹农业、水利、交通等各类涉农资金，安排到农村土地整理项目区集中使用，发挥了项目资金的集群效应。

4. 对接产业需求，确保规划科学合理

紧密结合农村产业发展规划、城镇规划、新农村建设规划和农建综合示范区建设，科学编制市、县土地整治规划，合理安排布局土地整理项目。项目规划设计是否科学合理直接决定了项目实施效果。为提高规划设计的科学性，土地整理项目在规划设计前，以调查问卷、村民代表大会等形式充分了

解群众或业主意愿；在规划设计期间，根据前期调查并结合实际，由规划编制单位会同建设单位、乡镇村社等相关人员全程参与编制规划设计；规划设计完成后，再次征求群众及业主意见，直至2/3以上代表同意；最后，市国土资源局组织专家采取"室内查看资料—实地踏勘论证—综合评价"的审查的方式，对规划设计成果进行全面审查，避免出现工程设计与实际脱节、工程量计算失真等现象，有效提升了规划的可操作性和指导性。

5. 实施多维监管，确保项目工程质量

为提升土地整理项目质量，确保项目资金用在项目实施上，构建了"政府、国土、监理、群众"齐抓共管、多级联动的立体监管体系，充分发挥各个监管主体作用。市、县两级政府将其纳入年度目标绩效考核内容、定期督查通报的同时，还经常召开专题会、现场会，听取汇报，了解项目建设情况；市国土资源局建立周汇总、月报告、季督查、年问责制度，强化项目实施进度、工程质量、资金使用、廉政建设等督促检查，定期在全市进行通报。县级国土资源部门严格执行项目"六制"，派驻现场代表，全程监管项目质量、督促进度；监理单位现场适时控制工程质量、进度、资金；群众成立工程质量义务监督小组，对工程质量进行适时监督。

三、实施成效

1. 补充数量与提升质量并举，巩固了占补平衡基础

3年来，全市通过实施165个土地整理项目，新增了耕地15.24万亩；按照高标准基本农田建设标准的要求，合理布局土地平整、农田水利、田间道路工程，极大改善了农业生产基础设施条件，经整治后的耕地质量平均提高了1个等级，严格落实了耕地数量、质量的占补平衡。

2. 保护资源与保障发展并重，促进了城乡统筹发展

通过土地整理，全市约在150个乡（镇）660个行政村建成了148.43万亩集中连片、设施配套、高产稳产、生态良好、抗灾能力强高标准基本农田，有效保护了耕地资源。同时，通过土地整理提升了土地利用效益、配套了基础设施、改善了生产条件，实现了耕地规模经营、人口集中居住、产业集聚发展，农业增产和农民增收，促进了新农村建设和城乡统筹发展。

3. 土地整理与产业发展同步，实现了农民增收致富

全市紧紧围绕农业"四区建设"、3万亩农建综合示范区建设安排土地整理项目，并加强与农业产业发展的衔接，合理规划布局各项工程措施，一方面改善了农业生产的基础设施条件，降低了农业生产成本；另一方面有效推动了农村土地流转，促进了农业产业化规模化经营，农民在获取土地流转收益的同时，还获得了务工机会，增加了收入。据统计，3 年来全市实施的 125 个土地整理项目遍布 120 个乡（镇），土地整理的红利惠及了 500 个行政村的 100 万村民。如：宣汉县君塘镇土地整理项目实施后，通过土地流转引进了葡萄、西瓜等种植大户，村民由以前从事种植业亩均纯收入不足 1000 元增加到了 2000 余元，同时每天还有不低于 60 元的务工收入。

以高标准基本农田建设为引领
共同建设现代农业设施

——贵州省毕节市七星关区土地整治助推精准脱贫典型案例

毕节市七星关区位于贵州省西北部，地处川滇黔三省交汇处，土地面积 3410.98 平方千米。地势从西向东北逐渐降低，属山地类型，温湿共济，雨热同期，立体气候明显，雨量充沛，平均气温 12℃ ~ 16℃，年均降雨量 700 ~ 1200 毫米/年，全年日照率约 31%，相对湿度 82%。作为毕节"开发扶贫、生态建设"试验区核心区域的七星关区，城镇化和工业化水平低，第二产业、第三产业不发达，现代农业设施缺乏，种植方式落后。42 个乡（镇）、街道中扶贫开发重点乡（镇）20 个，全区 154.9 万人口中有 19.2 万贫困人口。

几年来，七星关区积极争取并实施的土地开发复垦、坡改梯、农田水利建设、烟水配套建设等基本农田建设项目，通过卧牛石的清除和田土坎、田间道归并等措施，增加有效耕地面积；同时，实施山地梯化、坡地局部平整，完善灌溉与排水设施，落实农田防护与生态环境保护等措施，减少水土流失面积，进一步提升了排灌能力和粮食生产能力，进一步保障了生态环境安全，进一步改善了群众生产生活条件。近 5 年来共计立项实施高标准基本农田建设项目 90 余个，建成高标准基本农田 15.6 万余亩，增加有效耕地 48000 余亩，受益人口 20 余万人。其中，最具典型性和代表性的是朱昌高标准基本农田建设项目（以下称朱昌典型项目）。

一、项目情况

朱昌典型项目，是在实施已立项的七星关区朱昌镇宋伍村 2012 年度土地整治项目及七星关区朱昌镇 2013 年度农业综合开发项目的基础上，不断整合财政、林业、农业、水利、扶贫等部门的涉农资金，逐步拓展建设规模，综合建设各类涉农工程而形成的项目。项目总建设规模面积 12874 亩，总投资 11210.68 万元（其中省级投入 1417.31 万元、市级投入 835.64 万元、区级投入 8957.73 万元)。工程主要内容为农田水利工程、道路工程、坡改梯工程、土地平整工程、农田生态防护工程等。

项目重点实施非农建设项目耕作层剥离利用土壤改良工程,详细情况如下:

项目区域土地虽较为平整,但长期处于板结或淹水状态,土壤团粒结构不稳定,致使土体通气性、透水性较差,土壤养分不利作物吸收,肥力较为低下。借助开展耕作层剥离利用试点工作之契机,将城区非农建设占用的耕地剥离 30~50 厘米耕作层,通过对其"体检"后,选择熟化度高、团粒结构稳定、土体通透性好、容易释放养分的土壤,用于朱昌项目区耕作层土壤改良,基本还原符合农作物生长的土壤剖面结构、有机质含量、pH 值及质地等理化性状;同时,通过整合项目拉沟建渠,筑堤修路,改良排灌设施,改善土壤墒情,结合农作物不同特点测土配方施肥,有效提高土壤肥力,耕地利用等由原来的平均 12 等提升到 10 等。现已利用剥离耕作层土壤约 20 万方,改良项目区耕地面积 1100 余亩,复垦区和梯化区客土 500 余亩。

二、推进措施

对朱昌典型项目的建设,七星关区按照党委领导、政府统筹、国土搭台、各业共建、群众参与的工作机制推进,具体措施如下。

1. 加强基层组织建设

加强基层组织建设,打牢基层组织的战斗堡垒作用和致富带头作用,切实转变工作作风,密切联系群众,为项目顺利实施提供强有力的组织保障。

2. 强化民主法制意识

以会议、培训、活动等形式加强民主法制教育,增强群众守法和依法维权意识,提高群众自我管理能力,为项目顺利实施打牢群众基础。

3. 构建产权保障基础

以深化土地制度改革为契机,加大土地确权颁证力度,使土地所有权、承包权、经营权更加明晰,创新土地承包经营权和农村集体建设用地使用权管理制度,努力盘活农村土地资源,增加农民土地财产性收入。目前,全面完成朱昌镇的集体土地所有权确权颁证,完成农民宅基地使用权确权颁证 7852 宗,已实现土地产权抵押贷款 280 余万元。

4. 引领土地合股利用

建立农村土地承包经营权为主的专业合作社，创新土地规模流转方式和经营方式，探索土地规模化经营、标准化管理，农产品安全化生产的有效途径。目前，已引入贵州星丰公司等 10 余家企业入驻，培育了兴泰达种养殖专业合作社等 11 家农业合作社，流转土地 5300 亩。建设智能温室大棚 1 万平方米，连栋温室大棚 327 个，244972 平方米，建设 5 个养殖场，有圈舍 36 栋，面积 102240 平方米，种植蔬菜 0.68 万亩，养猪 1.2 万头，蛋鸡 42.97 万只。农民在生产中从传统农民转为产业工人。

5. 倡导耕地节约利用

坚持"节约集约利用国土资源"的原则，充分利用城区非农建设占用的耕作层进行剥离，并经过"体检"后，用于肥效互补的项目区耕地土壤改良或用作复垦区域客土，确保土地节约高效。目前，已利用剥离的耕作层土壤 20 万立方米，改良项目区耕地面积 1100 亩，复垦区和梯化区客土 500 亩。

三、实施成效

朱昌镇典型项目，是在七星关区区委的领导下，由区政府统筹以国土资源部门高标准农田建设为引领，整合区直各涉农部门的相关工程，共同建设的高效农业示范项目；通过积极引导农村集体土地承包经营权流转，规模化发展山地高效农业、特色产业，引导和带动农民增产增收，逐步推动脱贫摘帽目标早日实现。

项目建设真正体现了高标准基本农田建设"党委领导、政府统筹、国土搭台、各业共建、群众参与、整体推进"的工作机制；融合了集体土地产权制度改革试点、耕地耕作层剥离利用试点等工作内容，对推进土地节约集约利用、保护耕地、发展山地高效农业、解决剩余劳动力就业、实现脱贫致富奔小康有一定的示范作用。

通过对山、水、田、林、路、村进行综合整治后，新增耕地 400 余亩，耕地利用等由原来的平均 12 等提升到平均 10 等。

建立农村土地承包经营权为主的专业合作社，创新土地规模流转方式和经营方式，探索土地规模化经营、标准化管理，农产品安全化生产的有效途径。

通过土地流转开展现代高效农业种植、养殖，耕地亩产值从 2013 年前的

1000 元/亩,提升到 2014 年年底的 50000 元/亩;群众在获得流转土地收入的基础上,进入高效农业园区转型成为产业工人,每人每年纯收入可达 26000元/(年·人),是此前散户自行种植收入的 20 倍,629 户贫困户、2500 人由此脱贫。项目区被贵州省政府批准为贵州省 100 个现代高效农业示范园区,群众得到真正实惠,扶贫工作取得实效。

创新土地整治实施机制
打造现代农业休闲综合体

——贵州省赫章县平山土地整治助推精准脱贫典型案例

一、项目区概况

1. 基本情况

贵州省平山乡位于赫章县东部，距县城 15 千米，326 国道和毕威高速公路贯穿全境，交通条件便利，电力、电信、公路等基础设施建设相对完善。辖 17 个行政村 104 个村民组 8304 户 34933 人，居住着汉、彝、苗、布依、白族 5 个民族，面积 94.5 平方千米。全乡最高峰蚂蟥箐梁子海拔 2114 米，最低点江南村海拔 1260 米，平均海拔 1595 米。平山乡属暖温带温凉春干夏湿气候区，全年无霜期 245 天。气温日差较大，年差较小，年均气温 12.7℃，年均降雨量 870.7 毫米，雨热同季，光照条件好。

2. 项目建设情况

平山乡为休闲观光农业园区，素有"江南鱼米之乡"的美誉，乡政府推行"药材种植＋休闲观光"模式，以"万亩药用植物园区"为建设目标，吸引投资者及游客观光。赫章县 2014 年省级蔬菜项目，建设规模 12000 亩，引进各种资金 2.6 亿元，包括露天大樱桃标准化种植示范区、高效大棚蔬菜种植示范区、综合公共服务区、精品果蔬种植示范区等 4 个区域。完成 6300 平方米的院坝硬化，建成田间道路 7100 米，建设文化广场 4 个。完成 12 座病险水库的除险加固，解决了 1256 人的饮水安全问题。加快推进电网升级改造，对 17 个村进行了配电网改造，实现了城乡用电同网同价。全面启动 326 国道沿线"四在农家·美丽乡村"建设及绿化工程。精品果蔬种植示范园：位于中寨村，建设规模 400 亩。建设内容包括种植各种精品果蔬，生态餐厅建设。高效大棚蔬菜种植示范区，建设规模 500 亩，其中 200 亩用于示范大棚高效蔬菜种植技术，自动化灌溉展示、病虫综合防治展示、科技展示等。育苗中心 200 亩，预计年培育 60 万~80 万株优质大樱桃苗木和其他果蔬苗木，充分保障了园区大樱桃种植优质苗木和各果蔬苗木的供应及贵州省和其他省份的果蔬种植苗木的需求。

二、具体做法

1. 建设高标准基本农田，增加粮食产量

本项目规划建设规模为 12000 亩。项目区建设完成后，项目区高标准基本农田面积为 7500 亩，新增耕地 357 亩。中寨村贫困人口由原来的 42 户、83 人，减至 20 户、47 人。项目区耕地利用质量等别平均提高了 1 等，土地利用率提高了 120%。

2. 加强基础设施建设，调整农业产业结构

围绕产业生态化、生态产业化目标，提出了"向荒山要地、念好'山'字经"的思路，因地制宜大力发展生态循环农业，促进土地资源节约、集约、高效利用，在中寨村流转土地 4500 余亩，科学规划，于 2013 年引进山东益昌食品发展有限公司投资 2 亿元建设赫章县鲁源高效生态农业发展有限公司。目前，已完成高效蔬菜大棚 1500 个 2500 亩、大樱桃示范种植 1000 亩、观光示范采摘园 500 亩。按照公司 + 农户 + 基地的模式，带动全乡发展 10000 亩黄桃、10000 亩大樱桃、10000 亩蔬菜种植。引进山东爱佳畜禽有限公司投资 1.5 亿元，建设占地总面积为 500 亩的 6 个年存栏总计 200 万羽蛋鸡养殖场，配套建设年产 10 万吨有机肥加工厂 1 个、年产 10 万吨饲料加工厂 1 个、500 万羽种鸡场 1 个，项目全部建成后，形成了集果蔬种植、生态养殖、有机化肥、饲料加工于一体的生态循环农业经济模式，不仅有效改良土壤，供应园区需求，还带动了农业产销链条，真正实现了农业投入减量化、生产过程清洁化、废物利用循环化、产品供给无害化。同时引进紫晶药业有限公司、贵州黔草堂中药有限公司、烟台天丹航天育种产品有限公司采取"公司 + 合作社 + 农户 + 基地"的模式，种植半夏、虎耳草、航天丹参、三七等中药材 10000 亩。

3. 通过综合治理，改善农业生态环境

本项目通过土地平整，修建田间道，排灌渠，经果林种植，实现省委提出的"大数据 + 现代山地特色高效农业 + 旅游业"。运用新媒体在发展电子商务上做文章、找出路，帮助群众通过网络营销，将贫困乡村的特色产业和乡

土产品，进行市场开拓销售和品牌培育推广，推动了全乡农业产业结构调整、农村基础设施改善、农民创业致富思维转变、贫困对象自我造血功能提升，快速培养新的经济增长点，有效帮助群众增收。平山乡中寨村新型农业示范园建设项目表土覆土后，大大提高了项目区土壤厚度和肥力，增加了耕地的产出，使当地老百姓经济收益增加。生态效益改善了利用区土壤厚度和肥力，提高了耕地产出率，为粮食增产，农民增收提供了有利条件，增强了项目区水土保持，涵养水源，抗旱排涝的能力。

4. 提升农民满意度，促进农民创收增收

坚持用市场经济的思路和办法来推动产业化扶贫，创新思路，积极探索利益链接机制和模式，一是培训模式（即公司流转土地，农户培训模式）：公司按照 500 元每年每亩的价格（以后每 5 年每亩递增 100 元）向农户统一流转土地、统一进行平整和土壤改良、统一规划，由合作社组织贫困户、被流转土地的农户和致富能手到园区进行技术培训，培训期间公司按照 50 元/人/天的标准向受训农户支付生活补助。二是农户＋公司经营模式（即 5：5 模式）：农户培训合格后，以零租金返包公司投资建设的大棚自行种植、自行管理，由公司统一提供苗木、肥料、技术指导及产品销售，公司和农户以各占 50% 的比例进行效益分成。三是农户＋公司＋村支部经营模式（即 5：3：2 模式）：针对由扶贫或其他项目资金补助建设的大棚，农户培训合格后，以零租金返包大棚，由公司统一提供苗木、肥料、技术指导及产品销售，效益由农户、公司和村支部分别按照农户 50%、公司 30%、村支部 20% 比例进行分成，村支部的效益分成将用于村级公益事业建设和产业滚动发展。

针对向公司返包大棚发展种植的贫困户，由公司先行每月借款 1000 元给贫困户用于日常开支，待年底获得效益分成后再进行结算。几种模式都降低了农民种植风险，提高了农户种植积极性，鼓励群众大力发展大樱桃、蔬菜种植等产业，公司与种植农户签订保底价收购协议，实现生产、加工、销售一体化。

三、主要经验

1. 始终坚持把创新利益链接机制作为推进扶贫开发的重要举措

坚持用市场经济的思路和办法来推动产业化扶贫，创新思路，积极探索利益链接机制和模式，构建产业化扶贫体系，努力实现企业和农户共赢。一是公司化经营模式（即公司流转土地，农户务工模式）：按照 500 元每年每亩的价格（以后每 5 年每亩递增 100 元）由公司统一流转土地，统一规划、统一管理，优先组织贫困户、二女结扎户、被流转土地的农户及致富能手到园区进行技术培训和务工，并按 50 元/天的标准由公司支付工资。二是公司＋农户经营模式（即"五五分成"模式）：农户培训合格后，以零租金返包公司投资建设的大棚进行种植和管理，由公司统一提供苗木、肥料、技术指导及产品销售，公司和农户以各占 50% 的比例进行利益分成。三是农户＋公司＋支部模式（即"五三二分成"模式）：针对由扶贫或其他项目资金补助建设的大棚，农户培训合格后，以零租金返包大棚，由公司统一提供苗木、肥料、技术指导及产品销售，效益由农户、公司和村支部分别按照农户 50%、公司 30%、村支部 20% 比例进行分成，村支部的利益分成用于村级公益事业建设和产业滚动发展。四是 33351 扶贫模式：由政府、企业、贫困户 3 方共同投资 3000 万元（政府争取 500 万元项目资金以"先建后补、以奖代补"按项目进度给予补助，企业投入 2000 万元，100 户贫困户每户贷款 5 万元合计 500 万元入资）建设年存栏量 30 万羽蛋鸡养殖场，用 5 年时间带动 100 户贫困户精准脱贫。项目公司在平山乡每建设 1 个年存栏量 30 万羽蛋鸡养殖场，均注册一个子公司和带动 100 户无劳动能力的贫困户，子公司连续 5 年，每年从利润收益中拿出 100 万元给平山乡人民政府，由平山乡人民政府结合当年 100 户贫困户的实际情况安排分红。

2. 始终坚持把电商平台作为推进扶贫开发的重要引擎

围绕省委提出的"大数据＋现代山地特色高效农业＋旅游业"融合发展的农村电商路子，平山乡结合实际，主动求变，把优势资源与市场精准对接，运用新媒体在发展电子商务上做文章、找出路，帮助群众通过网络营销，将贫困乡村的特色产业和乡土产品，进行市场开拓销售和品牌培育推广，推动了全乡农业产业结构调整、农村基础设施改善、农民创业致富思维转变、贫困对象自我造血功能提升，快速培养新的经济增长点，有效帮助群众增收。目前已建成占地 10 亩的农村电子商务平台一个，主要销售大樱桃、西红柿、核桃、江南香米、民族服饰、手工艺品等本地特色产品，预计年销售额达 1 亿元。

3. 始终坚持把基础设施建设作为推进扶贫开发的有力支撑

按照"政府搭台、企业主导、统一规划、各业共建"的原则，加快交通、水利、电力、信息等基础设施建设，努力破除扶贫开发的主要障碍，土地整治内容不仅局限在土地面积和土地质量上，而是承载更多的社会功能。全乡通村水泥路全面建成通车。完成 6300 平方米的院坝硬化，建成田间道路 7100 米，建设文化广场 4 个。完成 12 座病险水库的除险加固，解决了 1256 人的饮水安全问题。加快推进电网升级改造，对 17 个村进行了配电网改造，实现了城乡用电同网同价。全面启动 326 国道沿线 "四在农家·美丽乡村" 建设及绿化工程。

4. 始终坚持把提升素质作为推动扶贫开发的重要基础

按照 "扶贫先扶智、治穷先治愚" 的原则，把提升人口素质作为扶贫开发的治本之策，加大对贫困群众的培训力度，增强其自身造血功能，整合各类培训资源，从山东省聘请 23 位果蔬种植技术专业人才，开展车厘子嫁接管理、核桃嫁接管理、黄桃种植管理、中药材种植等实用技术培训，转移就业技能培训 8000 余人次，输出外出务工人员 3150 余人。

四、实施成效

1. 政府搭台、企业主导，统一规划、各业共建

由政府请山东农业大学在准备发展产业的中寨村实施测量，并绘制出 1∶200 的现状图，根据现状图对土地进行统一规划。整合各部门资金 6000 万元，引进企业资金 3.5 亿元，对项目区 "田、水、路、村" 综合整治，强化了区域农业基础设施建设，为园区建设打下了坚实基础。

2. 吸引观光旅游，促使产业发展

建设精品果蔬种植示范园、高效大棚蔬菜种植示范园、露天大樱桃标准化种植示范园、中药产业示范园、综合公共服务区 5 个园区，带动了当地农家乐发展，促进了农业产业升级发展。

3. 依托土地整治，改善耕地条件、打造现代农业休闲综合体

合理利用非农建设占用耕地耕作层，提高耕地质量。流转的 4000 余亩耕地因土地贫瘠，平均只有 10 厘米厚的熟土层，按照农业园区功能分区，1000 亩大樱桃种植示范区只需要进行土地改良和整治，占地 500 亩的 200 万羽蛋鸡养殖场土地需要剥离，2500 亩大棚种植区域全部需要增加土地肥力，按照平均覆土 40 厘米的标准，共需熟土 37 万方，为高效合理利用土壤资源，县乡联手、三管齐下，让 37 万方熟土顺利搬新 "家"，使荒山变成农民脱贫致富的 "靠山"。一是占地 500 亩的 200 万羽蛋鸡养殖场和 2500 亩大棚种植区域可剥离熟土 15 万方，改良土地 1000 亩。二是乡政府按照每方 10 元的标准补助鲁源公司运费共计 70 万元，从乡驻地小城镇建设及一体化学校建设项目剥离熟土 7 万方改良土地 500 亩。三是县政府按照每方 15 元的标准补助鲁源公司运费共计 225 万元，从野马川工业园区剥离熟土 15 万方改良土地 1000 亩。

4. 转变土地整治观念

贫困地区土地整治不应局限在耕地面积和质量，而应向承载更多社会和生态功能的系统工程转变。平山项目工程布局和建设内容都超过了土地整治项目的区域；整治后的耕地种植不再是传统的玉米、马铃薯，而是大棚蔬菜、果树，超越了基本农田使用范围。

5. 促进群众观念转变，实现农业产业化发展合作新思路

将高效集约经营理念引入传统农业生产经营，通过对土地、资金、劳动力、设备等各生产要素进行优化组合，加快区域农业集约化发展，进而实现农业现代化。整合各类培训资源，从山东省聘请 23 位果蔬种植技术专业人才，开展车厘子嫁接管理、核桃嫁接管理、黄桃种植管理、中药材种植等实用技术培训，转移就业技能培训 8000 余人次，输出外出务工人员 3150 余人。2013 年，引进了山东莱阳埠前果蔬产销专业合作社，成立了赫章县平山果蔬产销专业合作社，对高效农业示范园进行开发。园区用地以 500 元/亩的价格向农户流转（每 5 年增加 100 元），由合作社流转土地投资建设高效大棚。农户按最低 50 元/天的标准到园区务工，在促进劳动就业的同时，学习种植和管理技术。学会技术后合作社将大棚反租给农户，按照五五分成的方式把大棚出让给农户自行管理。

加强基础设施建设　助推农民脱贫致富

——陕西省南郑县土地整治助推精准脱贫典型案例

一、基本情况

南郑县东接城固县、西乡县，西连宁强县、勉县，北邻汉江，与汉台区隔江相望，南濒巴山与四川省南江县、通江县、旺苍县交界。全县总面积2824平方千米，是汉中市"双百"城市规划的重要组成部分。全县总人口56.56万人，辖20个镇，1个街道办事处，307个村社区。耕地面积74.55万亩，园地面积1.85万亩，林地面积307.84万亩，草地面积6.15万亩，城镇村及工矿用地面积13.67万亩，交通用地面积3.53万亩，水域及水利设施用地面积8.03万亩，其他土地面积5.74万亩。全年耕地保有量74.32万亩，基本农田保护面积60.2万亩，全年完成生产总值154.04亿元，财政总收入34.22亿元、地方财政收入6.5亿元，城、乡居民收入分别达到25465元、9368元。

小南海镇地处南郑县南部，米仓山北麓，秦巴山腹地。东与法镇镇毗邻，东南临碑坝镇，南与四川省通江县相邻，西与红庙镇相连，北与牟家坝镇接壤，总面积241.04平方千米，镇政府驻郑家坝村，距县城36千米，辖14个行政村，3303户，12583人，耕地面积19233.3亩（其中水田9004亩）。

南郑县小南海镇郑家坝村地处山区，325户、1167人，5个村民小组，690个劳动力，耕地面积819亩，其中水田612亩，人多地少，人均耕地面积小。自2014年5月南郑县国土资源局扶贫包联小南海镇郑家坝村以来，依托南郑县2012年圣水镇、小南海镇高标准基本农田建设项目投入150余万元。通过项目建设，项目区建成集中连片、设施配套、高产稳产、生态良好、抗灾能力强，与现代农业生产和经营方式相适应的基本农田。极大地改善了该村农业基础设施，实现了扶贫包连与自身工作同步推进的双赢局面，为郑家坝村在脱贫致富的道路上打下了坚实的基础。正如一直在外打工的小南海镇郑家坝村村民刘仲斌所说"我才出去了一年,村里水泥路铺了,河堤修了,田间道路也有了,以后收割的粮食就不用背了,这么大的变化可真是没想到呀!各项基础设施好了,大家致富的积极性、信心也高了"。

二、具体做法

南郑县土地整治总体思路是:建立土地整治五大体系,即明确的责任目标、健全的组织体系、规范的管理制度、顺畅的资金渠道和严格的监督机制;实施土地整治规范化管理、标准化建设、社会化服务、产业化开发的四个目标;全面完成土地整治提高耕地质量、改善生态环境、保证占补平衡三方面的任务。具体做法包括以下方面。

1. 领导重视,部门协作

县委、县政府对耕地保护及占补平衡工作高度重视,农业、水利、林业等部门给予了大力支持和帮助。分管县长经常过问具体事项,对一些重点项目建设多次实地检查指导,并提出相应的工作措施;各镇党委政府根据上级要求,制定适合于当地实际情况的规划措施和实施方案,并保障施工外部环境,使土地整治工作有序进行。

2. 科学编制土地整治规划

明确以促进保护耕地、节约集约用地、改善农业生产生活条件和保护生态环境为出发点,结合南郑县实际,按照先易后难、整体推进的思路,实施"生态整治、民生整治、资源整治"。根据土地整治潜力分析和区域社会经济发展需求分析,依据《南郑县土地利用总体规划》,第二次全国土地调查和年度变更调查数据,科学编制《南郑县土地整治规划》,确定了未来全县土地整治目标、任务和空间布局,为指导全县土地整治打牢基础。

3. 积极储备后备资源,打牢占补平衡基础

经过多年的开发利用,南郑县耕地后备资源不足,耕地补充潜力有限。据调查,全县可补充耕地多分布在生态脆弱的巴山地区,交通不便,而且雨水充沛,杂树生长较快,不仅开发利用的成本高,而且与林业及生态环境建设存在较大的矛盾,耕地补充的潜力十分有限。为此,我们结合遥感卫星影像图与土地利用现状图筛选后备资源,并联合地籍等相关科室专业人员进行实地核查,对符合立项条件的宜耕林地邀请林业部门现场勘察,将宜耕林地列入年度变更计划。仅在2013年度土地变更调查工作中就已储备后备资源

3800亩，2014年度又申报后备资源5800余亩，2015年申报后备资源4100亩。同时，2015年双退摸底调查，通过资料收集、内业处理、外业核查共计上报南郑县宜耕面积205810亩，为今后占补平衡工作打下坚实的基础。

4. 严把选址设计关

按照汉中市占补平衡项目立项标准要求，在实地调查踏勘的基础上，经复垦中心会议集体讨论后报县国土资源局，县国土资源局组织相关科室召开内审会审定后在上报市国土资源局。同时土地复垦开发整理中心工作人员配合设计单位深入项目区，按照相关要求，进行规划设计和预算编制，设计单位将规划设计和预算编制完成后，立项面积150以下的占补平衡项目由县土地复垦开发整理中心邀请财政、农业、水利部门专家进行评审，并由县国土资源局下达项目规划设计和预算编制批复。

5. 严把规范管理关

对土地整治项目严格实行项目管理，认真执行项目法人制、招投标制、公告制、监理制、合同制等制度，将土地复垦开发整理中心工作人员划片包抓项目实施管理工作，做到分工明确，责任到人。项目包抓人和监理共同对项目实施进行全程监督、指导和管理，保证项目严格按照批准的规划设计实施，确保投资效益。

6. 严把工程质量关

为土地整治工作取得明显成效，南郑县把工程质量始终放在首位，加强现场指导和质量监督，坚持"七个结合"，促进工作健康有序地进行。即：坚持经济、生态、社会效益相结合；坚持工程、生物措施相结合；坚持治山治水与帮助群众脱贫致富、增加收入相结合；坚持治理与调整农业产业结构相结合；坚持提高耕地质量、增加有效耕地面积与改善农业生产条件和生态环境相结合；坚持落实科学发展观，促进资源永续利用与美丽乡村建设相结合；坚持土地整治与高标准基本农田建设相结合，按照精准扶贫要求，结合项目建设，改善项目区农业生产条件和基础设施状况，促进项目区村民增收，尽快脱贫奔小康。项目竣工后由项目施工单位和项目包抓人，依据规划设计进行自验，自验合格后由施工单位提出请验报告，由县国土资源局按照市国土资源局占补平衡项目验收办法要求邀请农业、水利等相关部门专家及镇、村干部群众组成验收组，以批准规划设计图为依据，对开发耕地的平整度、耕作层厚度、土壤肥力和相关设施质量严格把关。对验收不合格的，提出整改意见，限期整改。

7. 严把资金管理关

严格执行国土资源部和省国土资源厅有关土地开发整理项目资金管理文件规定，设立专户、建立专账，做到专款专用。按照事前审查、事中监督、事后检查的要求，定期不定期开展资金使用专项检查，严禁挤占挪用，切实把全部资金用于项目建设，确保每个项目的顺利实施和按期按质竣工。确保项目、资金、人员安全。

8. 严把后期管护关

土地整治项目竣工验收后，依据土地权属，及时将土地和有关设施移交给镇人民政府、村民委员会或村民小组，按照"谁受益、谁管护"的原则，落实管护责任，组织群众进行耕种，确保项目发挥长期效益。占补平衡项目竣工验收后，扣留工程款10%作为质保金，连续耕作3年以后经县国土资源局验收通过后予以退还。2014年6月，县政府下发了《关于进一步加强土地开发复垦整理项目管护工作的通知》（南政发〔2014〕17号）文件，强化了管护措施，明确管护责任，健全了管护制度，确保项目工程持久利用，服务好农业生产。

9. 严把档案管理关

在项目实施中，县国土资源局对项目档案管理高度重视。严格按照市国土资源局最新要求对项目建设形成的各类文档、财务资料进行了装订归档，并指派专人专柜管理。

三、主要经验

加强基础设施项目建设是农村脱贫致富的一个重要支点，而地处镇政府所在地的郑家坝村村民贫困，集体经济薄弱，南郑县将该村列为重点扶贫村，2014年5月由南郑县国土资源局扶贫包联小南海镇郑家坝村，县国土资源局领导通过深入调查研究，找准扶贫措施：一是该村人多地少，且耕地质量不高，大部分耕地无排水设施，田间道路仅容1人通过，所以收获的粮食全部靠肩扛背驮的方式运输，劳动强度极高，而且近300亩水田，由于排水不畅只能耕作一季（当地叫泡冬田），有的家庭收获的粮食还不能满足口粮。针对此况，南郑县国土资源局依托高标准基本农田建设项目目投资120余万元把郑家坝村二组、三组连片300亩农田改造成为高标准农田，新增了1.5米宽排洪渠2条250米，0.6米灌溉渠到1条380米，0.3米灌溉渠道2条460米，新修3米宽砂砾石路面田间道路220米，机耕桥1座，该项措施的实施不但为机械化耕种提供了条件，而且实现了该地块一年两季的种植条件，相当于新增耕地300亩。二是流经郑家坝村的冷水河属南郑县两条主要河流之一，2012年"7.9"洪灾、2014年"9.9"洪灾、2015年"6.28"洪灾对邻村的河堤造成了极大破坏，河堤多处坍塌，蔓延的泥石流不但淤积了农田，更重要的是威胁了中心小学近500名师生的人身安全，一到雨季人心惶惶，为了彻底消除这一威胁，2015年7月南郑县国土资源局依托高标准基本农田建设项目筹资30余万，采用浆砌石加固修复损毁最为严重的350米河堤，彻底消除了洪水对群众人身、财产的安全隐患，保护了耕地。

四、实施成效

据统计，"十二五"以来，南郑县共实施省级投资土地整治项目19个（含4个高标准基本农田建设项目），项目建设总规模5578.54公顷，总投资9950.73万元，恢复灾毁耕地150.09公顷，新增耕地8.39公顷；实施并通过市国土资源局验收土地整治项目（占补平衡项目）62个，净增耕地面积11741.58亩，总投资6443万元。2015年，南郑县通过市国土资源局验收占补平衡项目16个，补充耕地达2305.824亩，实现了占补平衡目标，保障了全县重点项目建设用地需求，促进了县域经济发展。

通过土地整治项目的实施，项目区受益人口达11万余人，加强了高标准农田建设，提高了农业综合生产能力；排除了干旱缺水的障碍因子，提高了有效灌溉面积，增加了有效耕地面积；实现了农业增产、农民增收的双重目标；改善了农村环境面貌，提高了农民生产生活质量。灌溉渠系和排水、排洪渠系配套使得项目区生产条件改善，促使土地产出率大幅度提高，经济效益显著。增加高标准基本农田面积，提升耕地质量；完善田间基础设施，改善农业生产条件，促进集中连片，发挥规模效益；促进现代农业生产，改善传统经营方式，促进农村经济的持续健康发展。

通过项目实施，使小南海镇郑家坝村的土地生产条件得到较大改善，农田道路、农田水利及配套设施的完善，耕地的利用现状更加科学，土地利用率和农业生产效率大幅度得到提高，取得了良好的经济、生态、社会效益，机耕机收面积达90%以上，每亩提高粮食产量100千克，达到了农业增效、农民增收的目的。

深入实地办实事　心系群众惠民生

——新疆维吾尔自治区阿克苏地区沙雅县托依堡勒迪镇英依干其村等 3 个村土地整治助推精准脱贫典型案例

沙雅县，位于新疆维吾尔自治区西南部，阿克苏地区东偏南。处于塔里木盆地北部，渭干河绿洲平原的南端，北靠天山，南拥大漠，是一个以维吾尔族为主体的多民族聚居县，维吾尔族比例达到 86%。沙雅县是全国优质商品棉生产县和自治区粮食生产基地县，棉花产量居全国第一，自古就有"塞外粮仓"之称，耕地面积约 120 万亩。

沙雅县尽管北有渭干河，南有塔里木河，但缺水问题依然突出，主要原因有两个：一是水资源总量不足，不能满足棉花、粮食大县和新型工业化发展及生态保护的需要；二是利用率不高，由于基础设施薄弱，沙质土地，渗漏性大，水的利用率低。水资源的短缺成了沙雅农业发展的绊脚石。近几年，在国家的大力支持下，县域内水利骨干型工程正在逐步修建、完善。但是，由于水资源短缺，支渠、斗渠基本上都没有防渗，水的利用率依然不高，灌溉保证率依然不足 46%，而支渠、斗渠防渗资金县财政无法负担，引进的滴灌节水技术需要农民每亩增加投入 460 元，对于本就贫困的农民，实在是无法承担。现土地整治项目完美地解决了这一问题，由国家出钱，建成滴灌工程再无偿移交给农民。项目区是农业区，但由于农田基础设施条件较差，加上灌水方法和灌溉制度的不合理，大部分土地产出率低，经济效益较低；田间道路的不合理，造成了土地资源的浪费，交通条件较差，农田防护林比较缺乏，防风效果差。因此，实施土地平整，配套水利设施，兴建道路和农田防护林，对提高耕地综合生产能力，促进项目区粮食增产，农民增收，农业增效有重要的意义。农田水利工程作为土地整治项目最重要的工程，在南疆大部分地区，由于田块破碎，少数民族接受能力等方面原因，仍是实施渠道防渗，节水效果低微。"十二五"期间，沙雅县共实施了 9 个土地整理项目，对有条件的地方，通过大量的宣讲培训等工作，引进滴灌节水技术，取得了良好的效果，引领南疆节水灌溉进入了一个新的时代，托依堡勒迪镇英依干其村等 3 个村基本农田整治项目就是其中 1 个。

一、深入项目区，了解群众需求

项目区位于新疆维吾尔自治区阿克苏地区沙雅县以南托依堡勒迪镇境内，距县城约 10 千米。项目区北临科克布运村，南接色日马克村四小队，东与吉米勒托格拉克村四小队接壤，西与新其满村二小队相邻，涉及托依堡勒迪镇 3 个行政村，分别是英依干其村、英阔克布运村及托依堡勒迪一农场，总面积 741.15 公顷，建设总规模 652.99 公顷，其中水浇地 602.17 公顷，主要种植作物为棉花。

项目区属于渭干河老灌区，由托依堡渠和喀拉库木支渠分水，基础设施经过多年运行，老化现象比较严重。大部分斗渠为土渠，渗漏严重，每年开春都要除草、修渠，耗费了大量的人力、财力，在灌溉高峰期，用水非常紧张，用水协调困难；项目区道路路面质量差，车行土扬，通行能力差；现状农田防护林网面积较小，存在不同程度的缺林现象。

项目立项后，沙雅县国土资源局采用"三下三上"法，多次带领设计单位深入项目区，了解项目区存在的问题，充分征求当地村民意见，力求设计实事求是解决问题。设计单位深入项目区实地完成现场踏勘，认真听取当地干部群众意见，规划设计初级方案；县国土资源局对初级方案审核后，下发征求、乡、村干部和群众意见，进行修改完善，形成定案上报评审；规划设计方案经审查批准后，最后下发县、乡、村三级公示，并逐级签字上报。

同时，沙雅县国土资源局多次带设计人员去已实施的项目区、正在施工的项目区学习经验，了解存在的问题，总结村民、施工方的建议，避免出现类似的问题。

"通过'三下三上'法，充分了解农民意愿，学习总结已有的问题和经验，使设计既符合总体规划要求，又充分兼顾群众意见。这样的设计，行得通，实施得也好。用村民的话说：'修的每一条路都是我们想修的，打的每一口井都是我们想打的，这样才是好项目。'"主抓土地整治工作的沙雅县国土资源局狄剑局长说。

二、心系群众，协调施工难题

项目区设计工程包括四大工程：土地平整工程、灌溉与排水工程、道路工程和农田防护林工程，在施工过程中，牵涉各家各户土地占用问题，有大量需要协调解决的问题。沙雅县国土资源局在项目实施过程中，注重发挥个人的能动性、创造性，耐心细致地与群众沟通协调，以务实的工作作风化解矛盾；加强群众思想工作，充分调动基层群众的积极性，参与到工程施工和监督中，使各项工程得以顺利实施。

项目建设期间，沙雅县国土资源局副局长狄剑大部分时间在项目区、在县乡村里。机关干部、党员干部，特别是土地整治中心的同志一天到晚都在下面。项目启动多久，局里的干部职工就跑多久，个个都跑成了面膛黑红的汉子。

在工程实施中，为了确保工程质量，所有的施工标段不仅有监理单位，还有群众代表参与其中，到哪个村，哪个村就得有群众代表，共同监督施工单位，并且给施工单位创造了好的施工环境。"路是给我们村修的，井是给我们村打的，树是给我们村栽的。"抱着这样的朴素情怀，村民对质量就更关心了。在项目实施过程中，使用当地农民工的比例达85%以上。通过组织群众参与项目建设，让群众明显得到实惠，基层党组织的凝聚力、战斗力也更强了。

项目区完工后，整修支渠2167米，斗渠6014米，配套附属建筑物节制分水闸38座，涵桥28座，新建滴灌系统12套，并配套相应的沉淀池、管理房、首部设备、管道、闸阀井及电力工程；新建田间道580米，改建田间道10646米；新建生产路831米，改建生产路3674米；完成土地平整204.50公顷；补种防护林15.84公顷，栽种新疆杨52747棵。

三、深入群众，加强培训宣传

俗话说，"三分建、七分管"，项目建成后，做好滴灌系统运行管理工作是确保农业高效节水工程建设充分发挥作用，促进农业提质增效的关键环节。在和乡、村干部互相交流切磋的过程中，沙雅县国土资源局提出：有人管、有钱管、有章管，即明确乡镇政府为项目后期管护主体责任单位，对项目区所有设施的管护负全责；项目竣工验收后，各相关乡镇要与县指挥部及时签订接管协议，落实监管经费；出台监管制度，明确农业部门为项目后期管护牵头监管单位，水利部门为中小农田水利设施管护主体，严格履行项目建成后的监管职责。

目前，沙雅县推行的滴灌系统运行管理模式有四种：一是种植大户的滴灌系统运行管理由种植大户自行负责；二是"村组＋农户"模式；三是个人承包模式；四是物业化管理模式。后三种模式主要是针对各村基本农户，根据当地村民滴灌土地面积，村民掌握滴灌技术运行管理水平，按照村民自愿，召开一事一议表决的办法，自行选取。

"村组＋农户"模式是指由村委会牵头，通过"一事一议"方式，在受益区群众中选取 2～3 名责任心强、技术水平较高的村民作为滴灌系统管理人员；滴灌系统运行前，由村委会按照每亩 30～50 元收取运行费用，费用主要用于管理人员工资、电费和维修费等，该管理模式的优点是通过提前收取管理费用，稳定了首部管理队伍，使系统能正常运行，缺点是管理人员缺乏激励机制，同时首部人员由本村人员担任，在新建滴灌系统的村组，缺乏滴灌系统运行管理的经验和技术，对于系统出现问题时不能及时解决。

"个人承包模式"是指受益区群众通过召开"一事一议"会议，在本村选择一名有责任心，懂运行，并有一定资金能力的村民，以承包的方式负责滴灌运行管理工作；滴灌系统运行前，由承包人在电力公司规定的农业电价 0.3 元/度的基础上，加收 0.15 元/度的运行管理费，收取的管理费主要用于管理人员工资，滴灌系统运行电费和维修费等，承包制是一种市场化运行模式，滴灌系统运行状况直接与承包人利益挂钩，提高了管理人员的积极性，保障了滴灌系统的正常运行。

"物业化管理模式"以各乡镇成立的新农村服务公司为滴灌运行管理单位，负责各乡镇滴灌系统的运行管理工作，由新农村服务公司组建专业化首部管理队伍，一方面通过聘用社会上的懂管理、会维修的人员，组成滴灌队伍技术骨干力量，另一方面从每个滴灌系统受益区群众中聘用一些工作人员，以便与受益区群众积极沟通协调；滴灌系统运行前，新农村服务公司在受益区群众处收取 50 元/亩的服务费，该费用用于公司基本支出，包括管理人员工资、维修费、电费等，新农村服务公司实行自负盈亏。公司物业化管理模式弥补了"村组＋农户"模式缺乏滴灌系统运行管理的经验和技术，人员缺乏激励机制的缺点，为滴灌系统的正常运行提供了保障。

项目区建成后，由国土资源局负责，召集项目区涉及村民，进行滴灌系统运行管理的培训。县农业局、水利局、农技站负责人依次对滴灌管理运行模式，运行情况以及棉花滴灌田间运行管理情况进行了介绍，并就运行模式进行表决，最后决定参照"村组＋农户"，以生产大队为单位，每个大队推选

15 名懂技术的村民，义务承担滴灌系统的运行管理，水、电、肥料等由农户自由协商解决。

四、省心省力还省钱，节水增产展笑颜

经过多年推广，广大干部和农民群众认识到滴灌技术是一种科学的灌溉方式，已经从建设之初的节水、抗旱作用转变为现在的省工、省肥、省药、增地、增产、增效作用，因而受到广泛欢迎。

沙雅县托依堡勒迪镇等乡镇的滴灌棉田比例已超过了全乡棉花种植面积的 50%，棉花亩均产量超过了 400 千克。据沙雅县托依堡勒迪镇农村经济发展办公室主任阿布都吉然木·赛买提介绍，经初步估算，如果棉花目标价格补贴全部到位，该镇滴灌棉亩产 400 千克以上籽棉的棉田亩均纯收入可超过 3000 元，较常规灌溉棉田的亩均收入高出 500 元以上。

土地整治引入新技术 助推精准脱贫工程

——新疆生产建设兵团第二师二十七团
土地整治助推精准脱贫典型案例

新疆生产建设兵团国土资源局认真贯彻中央、兵团扶贫开发方针，立足部门职能，积极探索土地整治与扶贫开发相结合的途径，坚持土地整治项目和资金安排向贫困团场倾斜，以促进农业增效、职工增收和团场发展为出发点和落脚点，在二师大力推进以农用地整治为重点的土地整治工作，着力改善贫困团场的生产生活条件和生态环境。十余年来，二师共申请土地整治项目 19 个，投入资金 44757.9 万元，建设总规模达 45.52 万亩，新增耕地 2.6 万亩，通过土地整治，增加了二师的有效耕地面积，提高了耕地质量，增加了团场农业综合生产能力，提高了农业生产的经济效益，推动了职工增收和团场增效。

一、项目基本情况

新疆生产建设兵团第二师二十七团位于巴音郭楞自治州焉耆县境内，农区土地面积 15.8 万亩，灌溉面积 8.37 万亩，是一个以农业为基础，农、林、牧、公、交、建、商、副综合发展的国有农垦企业。主要作物以小麦、甜菜、番茄、辣椒为主，产业结构单一，多年负债经营，导致团场整体经济水平不高，职工生活水平较差，是兵团极贫困团场。

第二师二十七团 2013 年第二批高标准基本农田建设项目涉及该团四连、九连两个农业连队，主要种植小麦、番茄。项目区总人口 1442 人，农业劳动力 340 人，贫困人口 92 人，人均年收入 2.3 万元。该项目总投资 1584.93 万元，项目区总面积 1.79 万亩，建设规模为 1.47 万亩。项目建设内容包括土地平整工程、灌溉工程、道路工程、农田防护林工程等。该项目于 2015 年 10 月开始施工，2016 年 5 月 20 日竣工，历时 7 个月。通过项目的实施，优化了土地利用结构、提高了农作物综合生产能力，推动了精准扶贫，实现土地整治项目利民惠民的目标，项目区贫困人口 92 人全部脱贫。项目区增加灌溉面积 55.12 亩，亩增产小麦 60 千克、番茄 750 千克，年增加经济效益 383.28 万元；项目区植树 8.24 万株，营造防护林面积 289.8 亩，改善了项目区小气候，实现了经济效益、社会效益、生态效益的共赢，成效十分显著。项目通过对二十七团田、水、路、林等综合整治，实现优化土地利用结构与布局，实现节约集约利用；促进集中连片，发挥规模效益；对促进农业增效、团场职工增收有重要意义，有力地支撑了国家、兵团扶贫攻坚战略目标的落实。

二、具体做法

1. 成立项目实施领导小组

领导小组由主管副师长任组长，师市国土资源局、纪委监察局、财务局、农业局、水利局和审计局、建设（环保）局等单位负责人任成员。领导小组下设办公室，办公室设在师市国土资源局，成员由师市国土资源局、财政局、水利局和农业局的业务科室人员组成，负责组织开展师市高标准基本农田建设管理等工作，由师市土地储备交易中心具体负责有关事务性工作；各项目团场也相应成立项目实施领导小组。

2. 建立健全建设制度

出台了《二师高标准基本农田建设实施方案》，召开了师市高标准基本农田建设实施工作推进会，落实了项目责任主体，明确将高标准基本农田建设任务列入师市政府年度重点工作，纳入耕地保护责任目标履行情况考核。

3. 全力抓好"招投标"工作

二师国土资源局把搞好项目工程"招投标"作为基本工作来抓，从项目的施工到项目监理和项目审计等工作都实行"招投标"制，坚持公开、公平、公正的原则，防范廉政风险，提高了项目工程建设的透明度，实现了"阳光"操作，确保了工程质量，提高项目资金使用效率。

4. 充分发挥项目资金的使用效益

在资金管理方面，严格实行统一监管，不断完善财务制度，做到专人管理、专账核算、专款专用，项目单位按照工程进度填写资金申请计划，师项目办根据项目进度情况向师财务局发项目资金拨款函，师财务局接函后下拨资金。师项目办在工程实施阶段多次组织师财务局和中标的审计单位对项目资金进行日常监管。

5. 严抓项目质量

在推进项目建设中，严格按照土地整治和高标准农田建设标准，实行水利、农业、林业等措施整体推进，田路林渠综合整治，达到渠相通、路相连、田成方、林成网，基本实现田间道路建设达到顺直通畅，满足大中型农业机械作业要求。项目区的排灌渠道根据需要设计建设，桥涵闸渠路配套齐全，达到高标准基本农田建设要求，项目的各项资料按规范整理归档，在通过师市国土资源局组织水利、农业、纪委监察、审计、财务等相关部门专家对项目竣工验收后，由兵团进行工程复核验收。

三、主要经验

高标准基本农田建设项目的实施引入暗管治理盐碱地技术。2014年国土资源部土地整治中心在二十七团四连建立了暗管排盐技术应用示范区，开展暗管治理盐碱地技术的长期持续研究，其主要研究内容是在高标准基本农田建设过程中，利用专业化装备在示范区土壤中一定深度铺设系列暗管，利用灌溉的方式将土壤的盐分通过这些暗管排出土体，达到盐碱地改良的目的，而高标准基本农田建设项目又对实验区内的田间道路、水利基础设施等进一步优化，二者互惠互利，产生了良好的化学反应。经项目实施一年的数据表明项目区增产效果明显，投入产出大大提高，相比项目实施前，同等劳动投入平均作物增产达42.73%，并减少了灌溉水用量，为农业生产节约了成本，减轻了职工农业生产的前期投入压力，增加了项目区职工收入。通过对比，项目区年人均收入为2.8万元，相较实施前增加20%以上。项目的成功实施，使盐碱地得到有效治理，土地利用率得到有效提高，为新疆生产建设兵团大面积推广暗管排碱治理盐碱地奠定了坚实的基础。

推进高标准基本农田建设过程中，二师国土资源局大力推行公众参与方针，让团场职工有机会、有动力、有热情参与项目的选址、规划设计方案的拟订以及工程施工、工程监管和后期运营管护等具体工作。通过参与高标准基本农田建设项目，职工的知情权、参与权和收益权得到了保障，与此同时，国土部门的土地整治工作也得到无形的宣传推广。通过这种方式，土地整治项目日益受到全社会的关注，深得广大职工的支持和拥护，成为名副其实的"民心工程"。项目竣工后的问卷调查表明，98%的受访职工对高标准基本农田建设项目表示满意，90%以上的受访职工收入有明显增加，93%的受访者表示高标准基本农田建设治理了团场内的脏、乱、差，团场风貌得到了较大改善。当前，高标准基本农田建设是二师国土资源管理部门积极推进行业扶贫的重要抓手，也是落实国家扶贫开发战略的重要支撑。

四、实施成效

1. 改善生产条件，促进农业发展

项目区通过土地整理后，建立了以高效、高产、优质作物为主导的农业种植结构，提高了灌区农业灌溉保证率和水的利用率；通过土地平整工程，增加了 55.12 亩耕地，提高了耕地质量，优化了产业结构，改善了农业生产条件，促进了农业机械化作业，减轻了职工的劳动强度；两个连队 16.948 千米田间道路经过砂砾石铺设后改变了以往田间耕作刮风一身土，雨天一身泥的困境，改善了职工生产生活条件。经统计，项目区番茄由原每亩单产 6750 千克，提高到了每亩单产 7500 千克，小麦由每亩单产 540 千克，提高到了每亩单产 600 千克，年增产效益达 383.28 万元。

2. 改变连队风貌，增加就业岗位

项目区通过统筹推进田、水、路、林综合整治，土地利用布局得以优化；通过项目实施使项目区内耕地集中连片，实现了规模经营的现代农业经营方式，极大地增加粮食产量并减少农业生产成本；通过项目实施增加就业岗位 200 余个，师项目办重点安排团场贫困职工参与项目建设，吸纳了一部分团场剩余劳动力，减轻团场就业压力，为减轻国家负担，维护社会稳定带来了积极的社会效益。

3. 完善基础设施，助力团场发展

项目区新建斗渠防渗渠道 12.57 千米、节水滴灌 1404 亩以及渠系配套建筑物 76 座，田间水利设施的完善，大大提高了区内灌排能力，既节省水，又能改善田间小气候，土壤沙化、盐渍化状况得到治理。项目区新种植防护林 8.24 万株，覆盖面积 289.8 亩，有效防止了水土流失，改善了生态环境，为防风、固沙、固土蓄水、净化空气、改善团场小气候带来了生态效益。

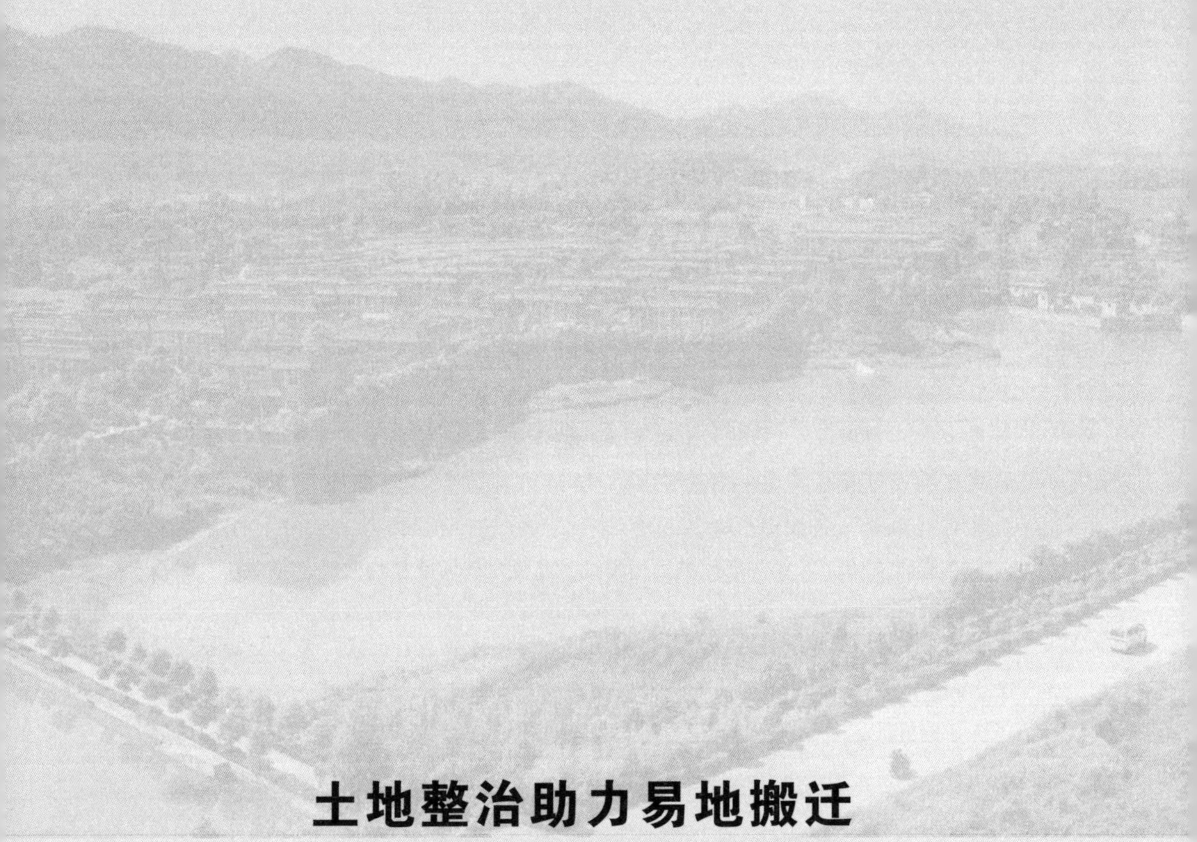

土地整治助力易地搬迁
加快移民精准脱贫步伐

引 言

《中共中央国务院关于打赢脱贫攻坚战的决定》提出"利用增减挂钩政策支持易地扶贫搬迁"。土地整治融合运用"增减挂钩"政策能够为精准扶贫实现用地保障，为实施易地扶贫搬迁工程提供平台和抓手，还能在更适合发展的地方进行土地整治，促进实现生态移民搬得出、稳得住、能致富，全面覆盖需要被帮扶的群体。对那些居住在生存条件恶劣、生态环境脆弱、自然灾害频发等地区的农村贫困人口，组织动员他们易地安置并且合理施策，是促进这部分人群按时脱贫的可行途径。

各省（自治区、直辖市）灵活运用城乡建设用地增减挂钩政策，将迁出区村庄减少的建设用地获得的用地指标与迁入区新型城镇化发展有机结合，支持有条件的地方依托小城镇、工业园区安置搬迁群众，帮助其实现转移就业。各地涌现了一批土地整治促进易地搬迁脱贫的典范。安徽省霍邱县结合城乡建设用地增减挂钩政策完成美丽乡村建设，达到了项目区农村居住环境改善，农业生产效率提高，群众脱贫的目标。山东省东平县通过增减挂钩平台，认真落实政策，从维护群众权益、方便村民生产生活角度考虑，采取加强组织领导、科学合理规划、拓宽资金渠道等措施，较好地完成了易地搬迁，彻底解决了村民在库区、黄河滩淹没区生活的安全隐患，提高了村民生活水平。南水北调工程是继三峡工程之后，我国规模最大的水库移民大迁徙，为确保这一工程的顺利进行，河南省紧密结合自身工作实际，开展库区和安置区土地项目实施工作，及时出台帮扶政策措施，扎实推动南水北调中线工程移民脱贫攻坚，取得了显著成效。陕西省商洛市创新思路、狠抓关键，以规划引领、政策激励、规范管理和优化服务为抓手，探索出了一条统筹城乡、科学搬迁、持续发展、富民强市的路子。宁夏回族自治区在"十二五"期间实施的生态移民土地整治工程，将土地整治项目与水利、发改等部门实施的项目有效结合，实现多部门参与，有效利用项目资金，实现项目高标准建设。

从各地的实践看，利用增减挂钩政策支持易地扶贫搬迁，在加快移民精准脱贫过程中取得了较好的成效。通过运用城乡增减挂钩这个载体，解决了迁入区新增建设用地的难题。迁入区经过土地整治，农业生产基础更加完善，耕地的质量和数量进一步提高，搬迁群众的生产生活条件得到明显改善。搬迁群众彻底摆脱了自然灾害的威胁，远离了灾害源，稳定了民心，社会效益显著。同时，迁出区的自然环境逐渐恢复，提高了抵御灾害的能力，促进了人与自然的和谐相处，取得了可观的生态效益。

实施土地整治　建设美丽乡村

——安徽省霍邱县土地整治助推精准脱贫典型案例

一、项目基本情况

霍邱县位于安徽省西部，面积 3774 平方千米，其中耕地面积 180.61 万亩，为安徽省农业大县，也是国家扶贫开发工作重点县。项目区人均年农业纯收入不足 1500 元。

项目区内机耕道路路面状况普遍较差，均为土质田间道路，晴通雨阻，影响农业生产效率，增加田间耕作成本。项目区内衬砌渠道较少，灌溉水利用系数较低，大部分田块均为串灌串排，肥力损失严重。区域内田块零碎不规整、田坎占地面积大、农田水利工程设施配套差，农业耕作方式粗放，农业生产效率低。

结合项目区具体情况，利用国家、省和县本财政级资金完成农地整治工程实施，结合城乡建设用地增减挂钩政策完成美丽乡村建设，项目建设完成后达到农村居住环境改善、农业生产效率提高、区内群众全部脱贫的目标。

二、具体做法

1. 加强领导，强化项目管理协调

为确保该项目工程顺利实施，强化项目管理与协调工作，县政府成立了由县委常委、常务副县长任组长，县直相关单位及乡镇等负责人为成员的县整体推进农村土地整治示范项目建设工作领导组。为加快和推动土地整治项目建设进度，县政府制定详细工作方案，明确县领导包干督导项目，调度到施工企业，并将土地整治项目建设列为年度县重点工作内容，加强调度，严格奖惩。明确对项目建设推进力度大，按期完成任务的乡镇，县财政给予一

定的奖励；对于未按时完成农地整治任务的乡镇，限期整改完成任务，通报批评，2 年内不安排建设用地指标，并追究相关负责人责任。

2. 做好协调，寓管理于服务

为加快项目实施，项目指挥部、乡镇政府靠前一线服务，现场解决施工过程中遇到的各种问题，重大问题由土地整治领导组协调、研究解决，营造项目实施的良好氛围。在抓项目进度、质量管理的同时，更注重以人为本、科学安排。为做好施工技术服务工作，指挥部从国土系统抽调一批懂技术、能力强、作风硬的同志吃住在工地，每个项目每个标段都有一名国土所人员和现场监理做协调服务工作，并聘请 2 名水利水电专业技术同志巡回指导服务。

3. 农地村庄同步整治，发挥示范引领作用

示范项目建设包含农地整理、村庄整治和新村建设三项内容，霍邱县在农地整治的同时，村庄整治一并推进，旧村庄的复垦还耕纳入项目整体规划设计，与农地统一整治，融为一体。新村安置点结合美丽乡村建设，统一规划设计、统一配套基础设施、统一施工、统一安置。结合美丽乡村建设，建设安置房 19.8 万平方米，2092 户 5898 人搬入新村安置房。由县财政对新村安置点全面配套供电、给排水、通信、有线电视、硬化道路、绿化、亮化以及文体卫生等公共服务设施和公益事业，改善了群众居住条件和生活环境，提高了公共服务水平，有力地推动和促进了城乡统筹发展及新型城镇化建设。

4. 注重宣传发动，广泛调动群众参与

项目从立项踏勘开始就进行宣传发动，乡镇、村、组召开动员会，层层发动项目区群众广泛参与项目建设，同时采取多种多样的宣传发动形式，如会议、电视、广播、标语、宣传资料等，最大限度地吸收群众参与项目建设。在项目规划设计阶段，反复征求群众意见，确定项目规划设计目标，使项目规划设计真正符合当地实际。

三、主要经验

1. 把好项目"选址"关

土地整治工作是加快新农村建设、快速脱贫的有效抓手，事关农村的长远发展，要求实施中必须从区域整体格局上去谋划、用系统的思维来考量。为此，霍邱县在项目选址上遵循三个原则，即选择新农村建设有成功经验的村，如龙潭项目区杨楼村；群众生产生活条件差，亟须改善的村（贫困村），如潘集镇玉皇村和潘北村；过去土地整治项目起到示范带动的地方，如众兴集片项目区与过去的土地整治项目毗邻，整治后能集中连片。

2. 把好项目"设计"关

首先对项目进行整体规划设计，设计人员与镇、村、组、户进行对接，广泛征询镇村组干部、群众代表意见，把他们的建议和项目规划设计有机结合起来，使项目建设真正做到科学合理、实用可行。其次是结合县域体系规划和镇域村庄布点规划，合理安排村庄整治过程中安置点的选择和建设，按照"统一布局，集中连片，因地制宜"的原则，制定符合实际、科学有效的规划设计方案，扎实推进项目建设。

3. 把好项目"施工"关

施工质量的好坏，直接关系到项目工程质量问题，为加强项目管理成立了项目指挥部，由土地整治中心组织骨干力量常驻，同时为弥补工程管理和技术方面的不足，项目法人又聘请水务局退休的高级工程师作为技术总顾问。抽调精干力量分片包干到各标段，协调解决施工时与当地群众发生的矛盾，营造了良好的建设环境。

4. 把好项目"验收"关

项目工程完工后，吸收项目区受益群众代表参与工程验收，听取群众意见，在验收时对每项工程，如，土地平整工程的耕作层厚度、土地平整度、土壤质量；水利工程的渠道长度、宽度、厚度、堤坝的高度；道路工程的道路宽度、长度、高度等逐项进行检查验收，并记录在册，对达不到设计标准，责令施工单位进行整改，确保工程质量符合要求。

四、实施成效

1. 改善项目区群众生产和生活条件

项目实施前，项目区内田块零碎不规整、田坎占地面积大、农田水利工程设施配套不完善，农业耕作方式粗放，农业生产效率低，村庄占地面积大。通过项目实施，对田、水、路、林、村进行综合整治，小田变大田，田块集中连片，配套路、渠、涵、闸等农田水利设施，便于农业大型机械耕作，经整理后的田块更加适合集约化、产业化、规模化经营，并实现了旱能灌、涝能排，保证旱涝保收，彻底改善了项目区农业基础设施条件。

2. 促进易地扶贫搬迁安置

众兴（潘集）示范项目潘集片位于城东湖东岸，属城东湖蓄洪区易地扶贫搬迁安置区。项目区涉及玉皇、黄一 2 个行政村，共 1719 户 5053 人，未实施整体推进农村土地整治示范项目前，项目区内群众的生产生活每年都会受到蓄洪带来的影响，而且老旧房屋多，居住条件差，给排水、用电、出行、卫生等基础设施配套差，整体易地扶贫搬迁又缺乏政策和资金支持。通过项目实施，现项目区群众已全部整体搬迁，并被妥善安置在依托项目区新建的美丽乡村安置点。

3. 促进土地流转和特色农业发展

通过项目实施，给项目区土地向大户经营流转打下了坚实的基础，营造了良好的条件，有力推进了土地流转和当地农民脱贫致富的步伐。如众兴项目区流转率达 95% 以上，租金为实物每亩 200 千克稻或按当年市场价折算（按市场保护价折算为 500 元/亩，比周边 400 元/亩的土地流转价格高 100 元左右），流转期内原属农户的粮补、油补还归农户所有。

按照中央、省、市关于调优农业结构，转变农业发展方式，拓展农业发展空间，一、二、三产联动，加快现代农业发展的精神，利用土地整治项目区农业基础设施配套完善、土地规整等优势，积极探索和创新立体生态农业、绿色农业、休闲观光农业、高效农业发展的新路径和新模式。发展了一批诸如：寿县正阳关农场、安徽淳大农业有限公司、玉皇生态农业示范园等生态农业、有机农业、优质高效农业、休闲观光旅游农业和优质水果、瓜菜采摘、加工、保鲜、销售为一体的特色农业，通过对贫困家庭劳动力进行现场技术培训，解决项目区土地流转后 400 多名富余劳动力就业问题，基本解决了贫困家庭人员就业问题，通过劳作人均年收入达到 25000 元左右，以项目为支撑，做到了精准脱贫。

实施增减挂钩　促进易地搬迁

——山东省东平县土地整治助推精准脱贫典型案例

近年来，东平县认真落实省委、省政府精准扶贫工作会议精神，不断加大东平湖库区异地搬迁工作力度。根据省国土资源厅精准扶贫政策，积极谋划，认真部署，采取多种措施，通过城乡建设用地增减挂钩这个平台，完成异地搬迁，推进精准扶贫工作。

一、基本情况

东平县位于山东省西南部，隶属泰安市，西依黄河，东望泰山，南邻孔孟故里，北近省城济南，总人口 78 万，总面积 1343 平方千米，辖 14 个乡镇、街道办事处，村（居）委会 716 个。东平县基础设施落后，经济发展缓慢，区域之间发展很不平衡，境内的东平湖，位于东平县西部，濒临黄河与京杭大运河，是山东省第二大淡水湖泊。属国家扶贫开发重点县，也是山东省大中型水库移民避险解困试点工程和黄河滩区居民迁建试点工程重点县。目前有 8 个乡镇、39 个村纳入易地扶贫搬迁对象，共涉及 4289 户、15762 人，其中贫困户数 1743 户，建档立卡贫困人口 5700 人，这部分群众，大多居住在20 世纪 60，70 年代的土坯房中，由于年久失修，大部分房屋存在裂缝等现象，给群众生命财产造成威胁。还有部分村庄距学校较远，孩子上学困难，群众生产生活、就医条件较差。有的属于在新中国成立后修建东平湖时土地被征用的无地农民，常年过着水上漂的生活。

近年来，东平县坚持创新、协调、绿色、开放、共享发展理念，立足东平湖库区搬迁、黄河滩区搬迁等政策叠加优势，以增加农村贫困人口收入为核心任务，以解决老百姓根本生活为出发点，以"增减挂钩"为纽带，制定《关于坚决打赢扶贫脱贫攻坚战的实施意见》，成立扶贫开发领导小组，制定异地搬迁工作规划，计划三期完成，一期 2016 年搬迁 692 户、1869 人；二期 2017 年搬迁 2703 户、10213 人；三期 2018 年搬迁 894 户、3680 人。搬迁安置采取集中安置与分散安置相结合，以集中为主的方式，实现先安置后搬迁的目标。一是通过建设移民新村集中安置，新建 8 个安置区，集中安置 9 个村庄的 3502 户、13468 人；二是依托小城镇安置，新建安置区 1 个，集中安置 3 个村庄的 365 户、1311 人；三是依托乡村旅游区安置，新建安置区 1 个，集中安置 1 个村庄的 138 户、488 人；四是依托水库移民避险解困等工程安置，新建安置区 6 个，集中安置 26 个村庄的 284 户、495 人。全县 39 个村庄，预计 2018 年全部完成搬迁任务。目前，一期工程完成主体 180 栋，装饰装修 126 栋，具备回迁条件 51 栋；移民群众搬迁协议签订率 90%，其中老湖镇、州城街道、斑鸠店镇 15 个村的签订率达 98.5%。二期工程四个社区建设全部启动。三期正在做开工的前期工作。

二、具体做法

东平县充分利用城乡建设用地增减挂钩试点政策，积极实施易地扶贫搬迁安置工程，助力推进精准扶贫工作。

1. 加强组织领导

为保证异地搬迁和"增减挂钩"工作有序开展，东平县按照"政府主导、国土搭台、部门配合、群众参与"的总体要求，构建起县农工办、国土资源局、财政局等部门参与的共同责任机制。明确县政府为责任主体，乡镇政府为具体实施主体，县财政局为资金管理主体，国土资源局负责监督管理和协调服务。实行建设工程管理、增减挂钩台账管理、档案管理等一系列制度，对项目的立项，工程实施管理，资金筹集、管理和使用等方面作了详细的规范。将项目建设进度纳入乡镇年度绩效考核，对进度慢、完不成阶段任务或施工质量难以通过验收的镇村和施工单位，予以严肃问责和处理。

2. 科学合理规划

严格按照"规划先行"的原则，在保障农民权益、尊重群众的民俗和生活习惯上，组织农业、发改、环保等部门，科学选址，统筹安排城乡生产生活用地。从规划选址、建筑样式、房屋设计、住房结构选择等方面多次征求群众意见，群众同意后，才进入下步工作程序，做到每步工作都让群众满意。

3. 维护群众权益

一是尊重民意，切实维护农民权益。把尊重村民意愿作为实施的先决条件，在选择项目区时，坚持"依法、自愿、民主、有偿"的原则，采取"公示制、票决制、签名制",广泛征求群众意见。每户发明白纸,每户入户问卷调查。采取分类实施,成熟一个,申报一个。特别是新村规划上,群众自己根据个人意愿申报,村集体统一规划实施,所有项目都在村内张榜公示、发布公告让项目区居民了解拆迁安置事项,保证群众的知情权。二是安置补偿。坚持村民自治,在村民的补偿安置方面,采取多样化、人性化,实行以房换房和给予补偿金两种方式,对村民原有合法宅基地及地上附着物价值,按现行搬迁补偿标准计算,在一定的回迁安置住房面积内,让老百姓不花钱就能住上新房,最大程度降低农民的搬迁成本和生活成本。三是土地权属调整。对土地利用现状和权属状况进行了细致的调查、核实,做到了地类和面积准确,界址清楚,权属无争议,同时为维护土地权利人的合法权益,在项目立项前签订集体土地权属调整协议书;制定详细的权属调整方案,对安置区建设需要调整换地的,双方签订土地调整协议书;项目验收合格后,及时对复垦后的耕地变更。四是复垦耕地保护情况。进一步严格落实耕地保护目标责任制,签订《耕地保护目标责任书》,明确责任,切实加强耕地保护。五是土地流转情况。采用村委引领、大户参与、企业支撑、自主经营的运作方式,村创办土地股份合作社,将全村土地整体运营,群众用土地承包经营权入股。

4. 拓宽资金渠道

在实践中,用足用活城乡土地增减挂钩政策,腾空的土地指标纳入交易平台参与市场运作,实现城乡土地同等入市、同权同价,确保土地增值收益返利于民。一是政策化扶持。充分利用国家城乡土地增减挂钩政策,拆迁旧村增加耕地,推动了城乡资源进一步融合。二是市场化交易。将新增建设用地指标由投资方泰安市金土地测绘整理中心进入山东省土地交易管理平台,进行市场化交易。三是精细化核算。做好旧房价格评估、新房建安成本公示和政府补贴资金公示工作。聘请县房地产交易所根据房屋质量、占地面积、新旧程度等进行估价,按照估价上限计算房屋价格,最高估价达到13万元。据统计,对已经纳入库区移民政策补贴的无地搬迁户和有宅基地的搬迁户,入住100平方米以下的基本不用交钱;入住140平方米或180平方米的,住户平均补交2万~3万元;入住老年公寓的不交钱。

5. 方便生产生活

除集中建设安置房外,还建设养老房、社区文化广场、畜禽养殖小区和特色种植基地等产业,让搬迁群众"住得起,有活干,能养老"。以接山镇肖庄村为例,新村总体规划为"一心、一轴、三区":"一心"即中心广场;

"一轴"即以广场为中心向北连接龟山景观的景观轴;"三片区"指景观轴分割成的东西两个住宅区及便民服务中心区。新村占地面积 56.14 亩,总投资 2640 万元,总建筑面积 1.6 万平方米,其中住宅 1.45 万平方米,老年公寓 500 平方米,公建面积 1000 平方米。依据不同村民需求,建成 59 座三间两层 180 平方米小康楼、26 座两间两层 140 平方米小康楼、10 套两间平房的老年公寓、4 间老年日间照料中心,配有卫生室、幼儿园及便民服务场所,同时预留了少量空地。为方便群众生产生活,兼顾农村生活习惯,小康楼前后分别设计了 4 米和 5 米宽的院落,用于种植花草、养殖家禽、放置生产用具等。新村沿山脚而立,一栋栋楼房依地势高低分布,错落有致,充分体现了山区农村村庄的特色。

三、取得成效

东平县扶贫异地搬迁工作,取得了初步成效,社会效益、生态效益和经济效益逐步显现,有力地促进了新农村建设和城乡统筹发展。一是通过运用城乡建设用地增减挂钩这个载体,解决了新建社区建设新增用地的难题。二是通过旧村庄的土地复垦,增加了有效耕地面积。三是通过对复垦土地的集中产业化运作,增加了村集体收入,贫困人口户均增加收入 3000 元。以肖庄村为例,该村项目实施后新增 105.36 亩土地,实行土地集中运营,与东平瑞青玫瑰种植公司合作,发展玫瑰种植产业园,种植红、白玫瑰,引进风华 1 号、格拉斯等市场需求大、产出值高、经济效益好的新品种,提升产业市场效益。每亩地收入增加 4000 元,新增土地收入年增加 42 万元,户均年增加 5000 元,大大加快了贫困村脱贫致富的步伐。四是通过易地扶贫搬迁安置工作,彻底解决了村民在库区、黄河滩淹没区生活的安全隐患,村民统一入住新房,生活水平。

土地整治项目助推移民安置

——河南省助推南水北调中线工程移民安置助推精准脱贫典型案例

当清澈的库水从渠首倾泻而出，蜿蜒北上，泽被北方，有一个群体需要铭记——移民。为成就中国半个世纪的调水梦想，湖北省、河南省34万库区移民告别了祖祖辈辈赖以生存的水土，放弃了世世代代沿袭下来的生计。无数的人都没有留下名字，而是作为南水北调移民的整体，服从了迁徙再迁徙、改变再改变的命运。这是继三峡工程之后，我国规模最大的水库移民"大迁徙"，其强度之大、速度之快，在世界水利史上几无前例。没有这群人的坚韧付出与巨大牺牲，南水北调这项世纪工程不可能成功。为确保移民安置顺利进行，河南省国土资源厅紧密结合自身工作实际，多措并举，扎实推动南水北调中线工程建设移民脱贫攻坚，取得了显著成效。

一、基本情况

南水北调工程是世界上最大的跨流域生态调水工程，旨在缓解我国北方地区水资源短缺，其中线工程于2014年12月正式通水，主要向京津冀豫地区送水。为满足中线工程调水目标，河南省南阳市淅川县库区有16万多人必须搬迁，分别安置在河南省8个省辖市的25个县（市区）。为确保移民安置工作顺利，河南省政府提出移民安置工作"四年任务两年完成"，必须确保全体移民"移得出、稳得住、能发展、可致富"，河南省移民任务已经按期顺利完成。河南省国土资源厅高度重视南水北调中线工程建设和移民安置工作，带着对移民群众的深厚感情，结合本部门工作职责，国土资源厅党组迅速研究制定并坚决落实相关政策，不折不扣地将有关政策措施落实到位，优先安排移民群众的生产和生活用地，为移民新村建设提供优质、高效服务，让群众切实成为搬迁安置的受益者。

二、具体做法

1. 在土地利用总体规划修编中全力保障移民安置工作

在土地利用总体规划修编中时，国土资源厅及时下发了《河南省国土资源厅关于组织落实 2008 年度土地整理复垦开发项目的通知》（豫国土资发〔2009〕3 号），要求有关市、县（市、区）把移民安置用地纳入新一轮土地利用总体规划，并把移民安置重点县作为土地整治重点区域。例如南阳市就把淅川县、邓州市作为全市土地整理重点区域，纳入全省土地整治重大项目规划，申报了"河南省南水北调渠首及沿线土地整治重大项目"。项目建设规模 153.5 万亩，投资预算 236654.62 万元，由省政府立项，财政部、国土资源部联合批复，现已实施完毕。

2. 及时出台帮扶政策措施，保障移民工程顺利落地

以省国土资源厅名义印发了《河南省国土资源厅关于印发南水北调丹江口库区移民安置配套政策措施落实方案的通知》（豫国土资发〔2009〕115 号）明确帮扶责任，细化帮扶措施。即：负责督促库区、有关安置区所在市、县（区、市）国土资源部门将高产农田土地整理项目建设纳入规划，优先安排；库区移民安置所在地国土资源部门要结合各自工作职责，为移民新村建设提供优质、高效服务，并减免相关费用。为实现"搬得出、稳得住、可发展、能致富"的移民工作目标提供了强力保障。

3. 扎实开展库区和安置区移民土地整治项目实施工作

河南省国土资源厅商财政厅，印发了《河南省财政厅河南省国土资源厅关于下达 2009 年中央补助我省新增建设用地土地有偿使用费预算指标的通知》（豫财综〔2009〕116 号），下达资金 1.19 亿元对全省移民安置生产用地进行整治（资金已全部拨付到了移民县），例如南阳市国土资源局通过与财政部门协调，安排新增建设用地土地有偿使用费 2755 万元用于南水北调中线工程水源地——淅川县的土地整治，并向移民安置任务较重的邓州市、新野县、社旗县安排新增费 8288 万元用于移民安置区的土地整治项目。

4. 做好移民安置用地的前期准备工作，为移民新村建设用地报批服务

省国土资源厅要求承担安置移民任务的有关省辖市国土资源局积极与移民安置部门联系，及时掌握情况，一旦需要报批建设用地，要按照有关政策及时上报，并减免相关费用。

三、主要经验

1. 建立健全工作机制

为切实做好移民区的土地整治项目建设，移民区各级政府均成立了由国土、财政、规划、农业等部门组成的领导小组，负责土地整治工作协调，并建立项目建设指挥部，及时协调解决工作中存在的问题，做好整治工作督导推进。各乡镇和村也成立了相应工作机构，具体负责整治项目的组织实施，项目建设进展较快。

2. 强化规划的管控作用

在做好调查摸底的基础上，因地制宜，坚持高起点规划，合理规划项目建设区域，优先选择集中连片、建设条件好的地区作为项目区，较好地落实了建设任务。

3. 强化项目质量管理

按照高标准基本农田建设要求，在项目实施过程中，狠抓项目管理和工程建设，从源头上把住工程质量关。新乡辉县市移民安置点的土地整治项目建设，在实践中总结实行了铁腕抓管理、铁拳治环境、铁心抓质量的"三铁"管理方式，落实施工标段"6人监管机制"，在工程实施中严把质量关和材料购置关，有效避免了质量问题的出现。

4. 迎难而上化解工作难点

土地整治项目工程招标环节是决定项目建设的关键点和难点，直接关系到项目实施的进度、公平公正、管理水平、工程质量和人员安全等。土地整治项目管理过程中，项目承担单位迎难而上，勇于创新，主动作为，化解了"招投标"工作中的难点问题。

四、实施成效

1. 移民安置区的耕地质量明显提升

通过实施土地整治项目，完善了移民安置区农业生产基础设施，提高了耕地质量，增加了耕地数量。其中，南水北调渠首及沿线土地重大工程实施区域涵盖了新乡及南阳地区的粮食核心产区；淅川县移土培肥工程以坡改梯、移土培肥为核心，有效地保护了库区即将淹没的耕作层土壤，项目建设深受移民群众欢迎。

2. 有效改善了移民安置区的农田生态环境，提高了抵御灾害的能力

已实施的土地整治项目，通过在沿田间道路和沟渠种植的林带，使项目区的林木覆盖率大幅度提高；通过开展缓坡地综合治理，增加了田间蓄水量；还有一些地方通过小流域治理，种植了大量的护坡植被。这些工程措施减少了项目区风害、水土流失、泥石流等自然灾害的发生，极大地改善了农田生态环境，提高了农作物产量。经过调查，在 2014 年夏秋发生的严重的旱灾中，土地整治项目区的水利设施发挥了抗旱主力军的作用，项目区农作物长势良好，没因大旱而减产，获得了秋粮大丰收。

3. 有效增加了移民安置区农民的收入，促进了当地农村经济发展

土地整治项目实施过程中促进当地建材、运输等行业的发展，增加农民工就业的机会。土地整治后，提高了土地利用率和产能，也为种植高效经济作物创造了条件，据测算每亩提高粮食产能约 15% ~ 20%，为粮食连年增产作出了贡献，同时也增加了项目区群众的收入。

4. 有效改善了移民安置区农民的生产生活条件，支持了新农村建设

土地整治项目建设的水利工程改善了灌排条件，增强了农作物的抗逆能力。各项目在实施中特别注重改善村庄道路的质量，提高建设标准，将项目区内通往村庄的道路和村与村之间的道路建设成水泥路，方便群众出行，很受欢迎。荥阳、辉县移民安置区的土地整治项目更是因地制宜，使原先耕作条件不好的坑地、丘陵通过整治变成了高产、稳产田，项目区政府还带领移民村群众大力调整种植业机构，取得了良好的经济、社会效益，受到移民区群众的高度称赞。

移民搬迁效果良好　远离灾害实现增收

——陕西省商洛市陕南移民搬迁安置助推精准脱贫典型案例

一、基本情况

　　商洛市总面积1.93万平方千米，很多区域属限制开发区或禁止开发区，又是国家南水北调中线水源主要涵养区。大部分地区属于深山丘陵区，地理环境与地质环境复杂，境内山高坡陡、岩石风化，地质灾害类型较多，且分布点多面广，山洪危害极为严重，是全省地质灾害多发区之一。全市六县一区均属国家扶贫开发工作重点县和秦巴山集中连片特困片区县，全市总人口251万，农村人口141万，其中居住在中高山区、灾害多发区、生态保护区需移民搬迁的农村人口72.59万人，约占农村总人口的51.5%。

　　2011—2020年，全市规划实施移民搬迁182020户681632人，总用地面积45882亩，总建房面积2018.9万平方米，总投资388.29亿元（其中安置房总投资293.38亿元，基础配套设施总投资36.4亿元，大配套项目投资58.51亿元）。自2011年陕南移民搬迁安置工作实施以来，商洛市紧紧围绕"搬得出、稳得住、能致富"目标，抢抓机遇，高点起步，克难攻坚，强势推进，移民搬迁安置工作取得了显著成绩，2014年度和2015年度考核排名陕南三市第一。五年来，全市累计完成投资161.5亿元，实施移民搬迁9.2万户34.9万人，分别占十年总任务的50.6%、51.2%。共建集中安置点730个，集中安置78898户291555人，集中安置率88.53%；城镇安置63592户222572人，城镇安置率71.36%。其中地灾搬迁19379户73224人，占应搬任务的80.1%；洪灾搬迁13693户50932人，占应搬任务的80.7%；贫困户搬迁47547户181130人，占应搬任务的41.4%；特困户搬迁8080户15352人，占应搬任务的65.9%。

二、主要做法

1. 坚持规划到位、资金到位、配套设施到位，确保群众搬得出

高起点编制完成《商洛市陕南移民搬迁十年规划》和《"十三五"移民搬迁专项规划》，形成市县镇有规划蓝图、有数字沙盘、有总规详规。认真测算搬迁人口、资金、土地"三笔大账"和住房建设、设施配套、征地补偿"三项支出"，采取省市县补助、农民自筹、项目整合、市场化运作"四条渠道"，足额筹措搬迁资金。围绕水电、道路、学校、医院、垃圾污水处理等大小配套设施，与安置房同步规划、设计和施工建设，打造环境优美、功能齐全、舒适宜居的新社区。五年来，集中安置点新修道路 192.3 千米，架设电力线路 361.8 千米，铺设用水管网 956.3 千米，新建改造中小学校 13 所、幼儿园 27 所、卫生室 82 所，搬迁群众出行、用水、用电、通讯以及子女上学、医疗等问题得到了有效保障。

2. 靠近县城、靠近集镇、靠近园区集中安置，确保群众稳得住

坚持靠城、靠镇、靠园区和安全第一的原则，逐点进行地质灾害、洪涝灾害和环境影响评估，科学规划建设集中安置点，确保群众居住长久安全。积极推行城区以集中上楼安置为主、集镇以统规统建为主、山区以跨区域安置为主的"三为主"安置模式，实行"大点引领、小点做大"的原则，以竹林关等 12 个 5000 户大型县域集中安置区为引领，重点建设 500 户以上集中安置点，从严审批 100 户以下安置点，以搬迁拉动城镇发展。积极整合社会存量资源，探索推行商品房、保障房、棚改房和移民搬迁安置房"四房"打通模式，回购保障房、商品房 7548 套安置搬迁群众，缓解建房压力，同时也促进了房地产去库存。

3. 着力发展致富产业、着力创造就业条件、着力强化技能培训，促进群众增收致富

立足现代农业园区、工业园区和精品旅游景区建设，逐安置点、逐搬迁户制定产业计划，落实项目和资金，发展农副产品加工、商贸餐饮、交通运输、乡村旅游等产业 1000 余家，实现互利共赢。实施产业园区及企业用工安置一批、城镇经商安置一批、劳务输出安置一批、社区服务岗位和公益性岗位安置一批的就业规划，安置移民就业 9.6 万人，确保了户均一人就业目标的实现。充分运用雨露计划、人人技能工程等载体，逐对象开展种养殖、加工、建筑、电子等实用技术培训，提高搬迁群众致富技能。从提高搬迁户家庭持续发展能力入手，以搬迁户家庭应届高中毕业生为重点，实施免费就读职业院校项目，2015年全市89名搬迁户子女免费就读商洛职业技术学院。

4. 严格执行政策、严格搬迁程序、严格工程管理，确保搬迁规范到位

把占地面积、建房面积、单位成本、群众出资作为严格执行政策的四条红线，集中安置建房面积不突破125平方米、分散安置不突破140平方米，建安成本不突破1200元每平方米，户均占地不超过0.2亩，让群众少出钱、迁新居。严格"本人申请、三级评定、审批备案、协议搬迁"的工作程序，建立搬迁对象信息库，做到"市上有中心、县上有台账、镇上有名册、户有明白卡"。实行搬迁年度计划和轮候计划，优先搬迁受地质和洪涝灾害威胁的农户、优先搬迁特困户，对特困户按照50~60平方米标准建房，实行"交钥匙"工程。五年来，3.3万户彻底摆脱地质和洪涝灾害威胁，占应搬迁"两灾户"总数的80.5%；8080户特困群众免费迁入新居，占特困户总户数65.9%。统一实施主体、由县区政府主导，统一项目管理、实行项目法人责任制，统一资金管理、实行专户专账管理，统一建设时限、安置点建设必须在两年内建成入住，统一建设风格、打造各具特色的居民小区和新型社区，统一分配办法、确保公平公正。

5. 推进决算审计，推进专户管理，推进社区服务，注重后续管理

严格执行移民搬迁各类资金专户归集、集中管理，建立完善县区、镇办集中安置点工作台账，明确搬迁类型、安置地点、资金补助标准等事项，按项目建设进度和时间节点及时拨付各类补助资金，切实保障资金规范安全使用。加强集中安置项目竣工验收、决算审计和建房成本核定，对各县区2011—2014年度竣工项目进行清盘审计，提高了资金的使用效率。在集中安置点建成社区服务中心73个，把搬迁群众纳入社区管理，探索组建移民搬迁物业服务公司，优化物业管理服务，促进居住集中化、管理社区化、设施城市化、农民市民化。

6. 强化组织领导、强化督察考评、强化奖惩兑现，全力推进移民搬迁

全面落实"县区委书记担责、县区长挂帅、常务副县区长主抓"的强势推进机制，推动县区升格组建移民搬迁安置工作机构，明确陕南移民搬迁安置工作是"一把手"工程，由常务副县区长分管主抓、一线推进落实。严格执行市纪委、市委办、市政府办、市委组织部、市移民办"五部门"联合督察工作制度，实行"一月一督查一排名、一季度一通报一点评"，逐月在《商洛日报》、广播电视台公布县区进度和排名，实现督促检查高频率、全覆盖、常态化。实行"季度点评、专项视察、年底交账"的考评研判断机制和"红旗奖励、黄牌警告、流动管理"的奖惩兑现机制。每季度召开全市移民搬迁安置工作点评会，对考核第一的县区奖励 500 万元，年度考核加 5 分；对排名最后的县区实施黄牌警告并全市通报批评，极大地激发了各县区抓移民搬迁工作的积极性，形成了"赶学比超"的良好氛围。

三、主要经验

自陕南移民搬迁工作开展以来，创新思路，狠抓关键，以规划引领、政策激励、规范管理和优化服务为抓手，探索出了一条统筹城乡、科学搬迁、持续发展、富民强市的路子，取得了一定成效。回顾总结，主要有以下几点体会。

1. 科学规划是前提

科学的规划是移民搬迁的前提，是统筹城乡发展的先导。高起点规划是商洛市陕南移民搬迁的突出特色，既体现了搬迁致富的迫切需求，更体现了"城乡一体"的时代要求。全市按照"三靠近""三为主"工作思路，将集中安置点向城镇布局、产业园区布局、旅游景区布局，并科学规划了 76 个 500户以上集中安置点，同步规划了基础设施、产业发展、公共服务等项目，为实现统筹城乡、科学搬迁奠定了基础。

2. 对象精准是基础

移民搬迁对象的落实是做好移民搬迁整体工作的基础，只有精准搬迁对象，才能将工作做实做到位。按照县不漏镇、镇不漏村、村不漏户、户不漏人的要求，围绕移民搬迁对象的五种类型，全面摸清 2015—2020 年搬迁对象的搬迁类型、搬迁愿望，并按照两灾户和危困户、特困户"三优先"的原则，科学制订分年度移民搬迁轮候计划，签订《移民搬迁协议书》，完成户村镇县四级"8564"标准建档工程，充分发挥群众的积极性和主动性，达到了有人可搬、有地方可搬的效果。

3. 领导重视是关键

坚持把陕南移民搬迁作为各县党政"一把手"工程，作为完善基础、壮大产业、促进增收、改善民生的着力点和突破口，定期召开会议研究，纳入县区目标责任考核，细化任务，督促协调，保证政策落实到位。全市各级各部门齐心协力、苦抓实干，市、县、镇逐级制定并落实科学、高效的运行机制，调动广大干部群众和社会各界参与搬迁的积极性，为有序搬迁构筑了强有力的组织保障。

4. 规范管理是重点

规范项目管理是陕南移民搬迁工作步入正轨的必备条件，在移民搬迁安置项目实施过程中必须实行精细化管理。规范项目确定、调整选址、审批建设、验收、审计、搬迁等相关程序，严格占地面积、建筑面积、建安成本、群众出资"四条红线"，严格实行项目"五制"管理，明确五方主体责任，全部实行统规统建，确保项目质量。同时，推进安置房和配套设施项目建设，全面提升安置小区的管理服务水平，保障工程质量，确保搬迁群众早搬迁、住新房。

5. 后续发展是核心

围绕"稳得住""能致富"，因势利导为搬迁群众搭建发展平台、提供政策支持和优质服务，引导和帮助有能力和一技之长的搬迁群众经商、创业，发展种、养产业；组织搬迁户参加劳动力转移培训，输送他们到工业园区或外地务工。提高搬迁对象的素质，拓宽增收渠道，促进了移民长期稳定和进一步发展。同时，"搬迁"与"致富"的双赢，也影响和带动了其他未搬迁群众的积极性，较好地推动了移民整体搬迁工作全面开展。

移民搬迁的根本目的在于让搬迁群众远离灾害威胁，改善他们的生产生活条件，早日脱贫致富，是党和政府服务人民的一件实实在在的大好事。要以广大人民群众高兴不高兴、满意不满意、答应不答应，作为工作的根本标准，按照既定的目标，不变的步伐，以顽强的毅力和不屈的韧劲，把移民搬迁工作抓紧抓实抓到位。

四、主要成效

五年的实践证明，陕南移民搬迁既是挖穷根、除险根、保生态的治本之策，又是加快人口市民化、提高城镇化率的有效载体，更是从根本上转变经济发展方式、推进科学发展的重大举措，完全符合陕南实际，顺应了群众期盼，产生了巨大的综合效应。

1. 搬迁群众摆脱了自然灾害威胁

通过实施移民搬迁工程，打破了以往山区长期"遭灾—救灾—重建—再遭灾"的恶性循环，使群众彻底远离了"灾害源"。

2. 搬迁群众生存生活条件显著改善

搬迁群众搬出偏远危险山区，住进水、电、路、讯、视、网等基础设施完善，教育、文化、医疗等服务便捷的新型社区，生活质量显著提高。

3. 搬迁群众的传统生产方式得到改变

实现了搬迁群众从小农经济向市场经济的跨越式转变，从单一产业向多元产业和多种就业方式的迅速转变。

4. 群众迁出地区的自然生态环境逐渐恢复

搬迁后大幅度减少了人对自然生态环境的扰动，为天然林保护、山区生态功能恢复和南水北调工程实施奠定了良好基础，促进了人与自然和谐相处。

5. 贫困地区的城镇化进程实现推动

通过大规模的移民搬迁，助推全市城镇化率提升了 6 个百分点，陕南移民搬迁已成为商洛市实现新型城镇化的重要路径。

6. 大量的土地资源得到节约

据测算，商洛市五年的搬迁户旧宅全部腾退后，可节约土地 1.65 万亩。

紧扣扶贫做文章 易地搬迁拔穷根

——甘肃省武威市古浪县土地整治助推精准脱贫典型案例

　　土地是群众赖以生存的基础，土地综合整治是优化土地利用结构、提高耕地质量的重要手段，是统筹经济社会发展和耕地资源保护的重要举措。近年来，武威市古浪县立足县域经济发展特征和土地资源结构特点，紧盯精准扶贫、精准脱贫，将土地综合整治与精准扶贫"下山入川"易地搬迁生态移民高度融合，科学规划论证、严格监督管理、统筹整治要素，率先探索走出了一条"土地整治效果明显、耕地质量显著提升、移民搬迁助力扶贫、特色产业有序发展、群众收入显著提高、生态环境不断改善"的新路子。

一、基本情况

　　古浪县东西长约 102 千米，南北宽约 88 千米，地势南高北低，海拔在 1550~3469 米之间，地貌类型复杂多样，地貌分带现象明显，县境南部为中、高山地，中部为低山丘陵沟壑区，中部为倾斜平原绿洲农业区，北部为荒漠区，面积 5103 平方千米，常住人口 38.9 万人，是河西内陆河流域水资源开发利用程度最高、用水矛盾最突出、生态环境最脆弱、水资源对经济社会发展制约性最强的地区之一，属国家集中连片特困地区甘肃省 58 个片区县之一，也是甘肃省中部 18 个干旱县之一。按照国家新一轮扶贫开发 2300 元的扶贫标准，2013 年底全县贫困人口为 14.23 万人，贫困率 39.87%，其中南部山区 7 个乡镇 95 个村集中分布在祁连山水源涵养区、林缘区和浅山干旱区，现有贫困人口 5.08 万人，贫困率高达 52.92%，贫困人口主要集中分布在祁连山高深山区、浅山干旱区和北部沙漠边缘，该区域农业基础条件薄弱、产业结构单一、生产方式粗放，农民对土地的高度依赖导致贫困和生态恢复形成了"越垦越穷、越穷越垦"的恶性循环，行路难、吃水难、上学难、就医难，增收门路窄，发展举步维艰。

　　2011 年以来，古浪县抢抓国家实施新一轮扶贫开发重大机遇，紧盯与全国、全省同步全面建成小康社会这一重大任务，按照"六个精准"要求，持之以恒推进"1236"扶贫攻坚行动和"双联富民"行动深度融合，制定实施"1＋17＋2"精准扶贫、精准脱贫规划方案，按照"政府主导、群众自愿、因地制宜、分类实施"的指导方针，坚持走好"建棚子、栽林子、抓票子、盖房子、过上好日子"的扶贫开发新路子。依托城镇和条件较好的中心村、产业园区、国有农林场等集中实施与插花相结合的安置模式，科学布局人、水、土资源，充分挖掘现有耕地和荒滩荒坡，坚持以改善生存环境和发展条件为核心，将土地整治项目与"下山入川"易地搬迁、精准扶贫等重点工作相结合，聚焦重点产业发展和精准扶贫项目，及时调整土地整治项目建设方向，突出整治片区和整治重点，推行"县区政府选址申报、扶贫领导小组审定、国土部门组织上报"的工作模式，按照"统一规划、分步实施、渠道不乱、整体推进"的原则，有计划、有重点申报实施项目，聚集各类资金，释放土地整治支撑力，全力支持"下山入川"易地扶贫搬迁工程。"十二五"期间，共落实到位中央、省级及易地占补平衡土地整治项目资金 2.34 亿元，其中，在黄花滩"下山入川"生态移民区共投入土地整治项目资金 1.5069 亿元，占总资金的 64%，实施土地整治开发项目 15 个，开发未利用地约 7.5 万亩（耕地约 5.82 万亩，设施农用地约 0.9 万亩，宅基地 0.78 万亩）。已建成移民点 7 个，搬迁群众 5585 户 25600 人，现已分配到户的耕地约 5.4 万亩，初步形成了精准扶贫"下山入川"移民重点安置示范区，区域内生产生活条件极大改善，成为武威市"下山入川"生态移民易地搬迁工程"搬得下、稳得住、能致富"的移民安置样板区。

二、具体做法

1. 紧盯精准扶贫，科学规划论证

在项目实施中，政府牵头、超前谋划，立足"项目实施质量不降、新增耕地数量不减、助力扶贫方向不变、综合整治效益不低"，构建了"政府牵头、部门联动、乡村参与、群众监督、合力推进"的良好工作格局。在项目编制可研和初设之初，结合全县贫困片区现状，按照市县扶贫脱贫计划规划，邀请专家深入村组实地踏勘，做到情况清、底数明，充分尊重群众意愿，并广泛吸纳乡（镇）、村干部、村民代表和群众对田、水、路、林的综合治理意见建议，聚焦精准扶贫，统筹耕地保护、产业培育、群众增收、防沙治沙、

生态修复等多赢目标，合理确定建设方案。

2. 严格工程管理，确保项目安全

在项目建设中，不断探索新思路，完善各项规章制度，从评审立项、项目"招投标"、施工建设、资金管理、竣工验收、项目管护等各个环节规范管理。严格执行"公告制、'招投标'制、合同制、法人制、监理制"等项目制度，认真执行"六级监管制"，建立了县国土、乡镇、村、组、农户和专业监理组成的六级监管体系，全程实行"限期完工制"，倒排工期，倒逼进度，确保按期完工。建立从业诚信档案和"黑名单"制度，积极配合行业主管部门加强从业单位资质资格备案登记监督管理，有效促进项目规范运行。实行项目"跟踪审计制"，项目审计、监理与工程施工同时开展，县纪委和市国土资源局纪检组分别对项目预算执行情况、资金使用和管理情况进行监督、检查，保障了项目资金和使用管理人员"双安全"。

3. 落实责权主体，强化管护责任

强化项目工程后期管护，严格落实项目质量保修责任。项目竣工后，按县区政府批准的项目权属调整方案落实土地权属，合理分配新增耕地，确保土地权利人的权益不受损失，防止出现土地矛盾纠纷；对建成的机井灌溉设施、渠、路、林按土地界线和原权属关系及时移交权利人，落实管护责任单位，并签订管护责任书。定期组织项目承担单位评价分析项目建成后项目区的社会、经济、生态效益，为今后项目决策和规划设计提供建设性支撑依据。

三、主要经验

1. 政府牵头是项目顺利实施的重要保证

土地整治围绕《古浪县实施精准扶贫精准脱贫三年规划（2015—2017年)》，坚持"政府主导、部门配合、群众参与"的工作机制，在时间短、任务重的情形下，定死责任，挂图作战，倒排工期，上下齐心，统筹调整完善土地利用总体规划、推进城乡建设用地增减挂钩政策等要素，有效拓展了用地空间，为保障精准扶贫提供了重要保障。

2. 资金整合是高效实施项目的必要前提

以农村扶贫开发规划、"下山入川"生态移民易地扶贫搬迁规划为主导，根据项目区的具体情况有所侧重地进行总体规划，发改、国土资源、财政、水利、农业、交通、林业、电力等部门项目资金"各炒一盘菜，共办一桌席"，切实满足项目区群众生产生活和现代农业的要求，充分发挥了项目资金的聚合效应，为打造精准扶贫"下山入川"生态移民样板区奠定了基础。

3. 防风治沙是保障项目成果的有力抓手

为确保已平整土地不受风沙侵蚀，全县干部职工到项目区开展植树造林和压沙活动。至目前，义务压制草方格8000多亩，并在草方格内栽植梭梭、肉苁蓉等沙生植物近140万株，探索出了一条"沙漠戈壁综合治理、特色产业有序发展、群众收入显著提高、生态环境不断改善"的治沙新路子，实现了耕地保护、防沙治沙、生态修复的三赢目标，为巩固和提升土地整治项目成效起到了积极推动作用。

4. 产业培育是提升耕地质量的关键要素

培育特色优势产业是实现贫困群众稳定脱贫、推动农业发展方式转变的核心，保障耕地则是培育特色优势产业的关键。目前，古浪县黄花滩生态移民项目区共平整未利用地7.64万亩，在腾格里沙漠边缘综合开发沙漠等未利用地，建成了7个规模大、标准高的移民安置示范点，累计建成设施农牧业1.2万亩，户均达到2亩以上，肉羊饲养量达到14.3万多只，群众来自主体生产模式的收入在农民人均纯收入中的比例达到58%以上。

四、实施成效

1. 扶贫移民生产生活方式发生重大变革

通过实施土地整治及涉农工程建设，移民安置区群众生产生活条件明显改善，综合发展能力显著提高，增收渠道逐步拓宽，脱贫步伐明显加快。往日寸草不生的戈壁荒滩已变成了连片规划的水浇田，一栋栋新房整齐划一、一条条村级公路错落有致、一座座日光温室暖棚鳞次栉比，整个移民区到处呈现着朝气蓬勃的发展态势。古浪县黄花滩"下山入川"生态移民工程，开发耕地约5.54万亩，设施农用地约0.9万亩，宅基地0.78万亩，建成移民点7个，搬迁群众5585户25600人，实现了户均2亩棚、人均1亩经济林的目标，在项目实施中，当地群众与施工单位从事劳务合作，农民工工资受当地政府保护，人均收入达到5000多元，较搬迁前期增长了2倍以上，最高的比搬迁前增长了5倍。同时，通过"下山入川"工程的实施，解决了长期以来困扰当地群众的吃水难、行路难、用电难、就医难等突出问题，实现了"当年下山、次年脱贫、三年致富"的目标。

2. 项目区基础设施得到全面改善

按照"统一规划、集中使用、渠道不乱、用途不变"的原则，积极整合行业扶贫项目资源，坚持专项扶贫、行业扶贫和社会帮扶相结合，用于安置点基础设施、公共服务、产业开发等项目建设，贫困片区基础设施条件得到较大改善。古浪县黄花滩"下山入川"生态移民易地扶贫搬迁区共整治土地7.5万亩，建设斗渠及铺设主管84.5千米，新建田间道、生产道534千米，新增耕地5.4万亩，不仅补充了兰州新区占用的1.6万亩耕地指标，更有效改善了安置区基础设施条件，解决了古浪县易地搬迁群众生产生活所需的耕地问题。

3. 移民迁出区生态环境得到有效修复

"下山入川"生态移民工程不但让高深山区农牧民彻底告别了恶劣的生存环境，同时也减轻了自然环境的压力。据测算，平均搬迁1个人可减少对祁连山破坏及影响面积达50亩以上。以古浪县十八里堡乡铁柜山村整村搬迁为例，2011年共迁出群众70户367人，将搬迁后退出的2800亩耕地、16190亩天然牧草地用于生态建设。由于没有人为破坏，植被恢复较快，当地植被由搬迁前的10%提高到现在的35%以上，迁出区生态修复成效明显，水源涵养功能逐步增强。

黄土丘壑换新颜　沃野平畴舒画卷

——甘肃省靖远县土地整治助推精准脱贫典型案例

一、基本情况

靖远县位于黄河上游，甘肃省中东部，属国家六盘山区连片特困地区。全县土地总面积 5595.36 平方千米，现辖 18 个乡镇、176 个行政村、10 个社区居委会，总人口 49.8 万人，其中贫困村 88 个、贫困户 2.28 万、贫困人口 9.72 万，贫困率达 22.14%。特别是北部的永新、兴隆、双龙三乡，属干旱山区，由于自然条件严酷、农业基础薄弱等因素，贫困程度十分突出，当地群众基本上是生产等天气，生活靠救济，生产生活条件十分艰难。

面对贫困面积大、贫困人口多、贫困程度深的县情实际，靖远县县委、县政府坚持把精准扶贫、精准脱贫作为最大的政治任务和一号民生工程，紧盯年度脱贫攻坚任务，紧盯"1 + 17""1 + 18"精准扶贫方案落实，千方百计将土地整治项目与异地扶贫搬迁相结合，积极争取中央和省市级资金，大力实施土地整治项目，着力推进异地扶贫搬迁工程建设。2003 年以来，共争取资金 20049.37 万元，先后实施了靖远县唐庄土地开发项目、靖远县五合乡白塔村土地开发整理项目、靖远县北滩镇高标准基本农田建设项目、靖远县双永土地整理开发项目等 25 个土地整治项目，涉及全县 14 个乡镇、27 个村（贫困村 12 个），共整治土地 9.14 万亩，其中新增耕地 1.67 万亩，衬砌支渠 14.65 千米、斗渠 125.63 千米、分斗渠 117.97 千米、农渠 475.29 千米、铺设管道 12.2 千米，修建斗口、农口、过路桥涵、量水堰、跌水、陡坡、渡槽等水工建筑物 18039 座，修建田间道路 251.25 千米、生产路 296.49 千米，栽植农田防护林 298932 株；特别在双永土地整理开发项目建设中，严格执行县人大常委会出台的《靖远县双永工程灌区土地开发和移民安置实施办法》，按照统一规划建设、统一开发整理、统一产业布局、统一移民安置、统一补偿标准、统一土地分配"六个统一"的要求，完成投资 10129.52 万元，整治土地 34060 亩。项目一期、二期分别被省国土资源厅、市国土资源局评为优质工程。

　　土地整治项目的实施有力地保障了异地扶贫搬迁安置工作的顺利推进。2011 年以来，全县共实施了五合乡白塔村易地扶贫搬迁工程、刘川镇来窑村易地扶贫搬迁工程、兴隆乡永新乡易地扶贫搬迁工程（一期、二期），先后将石门乡、双龙乡、五合乡、靖安乡、若笠乡、兴隆乡、永新乡、刘川镇共 1767 户 7661 人搬迁至五合乡白塔村、刘川乡来窑村、兴隆乡腰站村、永新乡永新村易地扶贫搬迁区进行集中安置，整合各类资金达到 17638.5 万元。台湾慈济会在选择慈济移民项目地点时，还将五合乡白塔村易地扶贫搬迁工程作为援建点，投资 2130 万元，户均援助资金 7.1 万元。

二、具体做法

1. 把土地整治项目与新农村建设相结合

　　近年来，随着靖远县唐庄土地开发项目、靖远县双永土地整理开发项目等一大批土地整治项目的实施，县委、县政府根据北部、南部乡镇干旱山区群众居住多、农业生产条件恶劣的实际，积极整合发改易地扶贫搬迁资金、财政一事一议资金、交通资金、住建危旧房改造资金，大力开展移民搬迁工作，建成了以东升乡东兴村为龙头的多个新农村，极大地改善了村容村貌和群众的生活条件，为干旱山区移民致富奔小康奠定了坚实的基础，为社会主义新农村建设注入了新的活力。

2. 把土地整治项目与农业产业结构调整相结合

　　唐庄土地开发项目的实施，是昔日的碱柴川变成了万亩水浇良田，双永土地整理开发项目的实施，使靠天吃饭的山旱地变成了水浇地，发展特色产业已成为带动群众增收致富的重要途径。近年来，县委、县政府充分发挥县域自然资源优势，通过整合各类资金进一步改良了土壤，提高了耕地质量和土地产出率；坚持开展造林绿化工程，不断完善农田水利基础设施建设，进一步提高农业生产条件，促使了农业种植结构的较大调整。全县蔬菜种植面积达到 50.2 万亩，年总产量 205 万吨，是全国蔬菜产业发展重点县、北方城市冬季设施蔬菜规模化种植基地、国家级白银农业科技园区核心区和甘肃省最大的蔬菜生产基地、全省现代农业示范区；枸杞种植面积达到 19.4 万亩，是国家枸杞栽培综合标准化示范区，有力地改善了当地的生态环境和农业生产条件，提高了当地群众的生产积极性。由于农产品的强力支撑，带动了农副产品加工业的大力发展，促进了农村剩余劳动力再就业，社会效益、经济效益、生态效益十分显著。

3. 把土地开发项目与脱贫攻坚相结合

土地整治项目的实施，使7661名移民入住项目区，如何解决这些移民的贫困问题成为事关当地经济发展和社会稳定的大事。近年来，县委、县政府始终把项目区移民扶贫作为扶贫开发的重点工作来抓，紧紧围绕扶贫开发攻坚计划和农村扶贫开发规划的实施，加大扶贫开发工作力度，积极开展项目区科教扶贫、移民扶贫。在配套完善基础设施的同时，积极扶持移民发展种养、商品经营和开展劳务输转，全力帮助移民定居，基本实现了"一年搬迁，二年定居，三年解决温饱，四五年稳定脱贫"的预定目标；同时，把提高项目区移民综合素质作为开发式扶贫工作的重要任务，坚持治贫与治愚相结合，在移民村新建了小学、幼儿园，大力开展移民实用技术和劳务输转技能培训，加大新技术、新品种的引进与推广力度，不断提升了项目区移民的文化素质、劳动技能水平和致富能力，移民家庭生活水平和经济收入有了显著提高。

4. 把土地开发项目与生态建设相结合

通过土地整治，有效改善了项目区内土壤结构，提高了植被覆盖率，解决了地表坡度较大，容易引起水土流失的问题，促进和保持了各农业生态系统间的良性循环，调节了区域小气候，使生态环境趋于平衡，最大限度地为人民生产、生活提供良好的空间，具有良好的生态效益。

三、经验与体会

1. 政府重视是开展土地整治工作助推精准脱贫的关键

只有各级政府建立强有力的组织领导体系，才能具体负责研究、协调解决项目中的重大问题，形成自始至终有人管、有人抓、齐抓共管、全力配合的局面，才能保证项目的顺利实施。

2. 合理选址、科学规划设计是开展土地整治工作助推精准脱贫的基础

土地整治项目选址优先瞄向精准扶贫、精准脱贫的贫困村，且要多次进行现场踏勘，结合多种因素，充分进行论证，围绕灌溉水源做文章，选择适宜片区定项目，制定科学合理的规划设计，科学施工。

3. 维护稳定、妥善调处纠纷是开展土地整治工作助推精准脱贫的保障

土地整治项目实施战线长，涉及土地重新分配问题多，受贫困村群众综合素质等多方面因素影响，乱建乱占现象时有发生，必须本着"群众利益无小事、有利于解决问题、有利于工程建设顺利进行"的原则，以积极的态度去沟通、去协调，妥善处理矛盾纠纷，才能维护社会稳定，保证项目的顺利实施。

四、实施成效

通过土地整治助推精准脱贫工程，项目区及其周边区域的社会、经济、生态效益十分显著。通过对田、水、路、林的综合整治，昔日的碱柴川变成了万亩水浇良田，使养分差、产出率低的坡旱地变为水浇地，有效改善了土壤，提高了土地质量，小麦产量由原来的亩均 90 千克提高到亩均 340 千克，亩均按当年小麦平均价格折算可增加收入达 600 元以上；玉米产量每亩由整理前 600 千克提高到亩均 800 千克，亩均按当年玉米平均价格折算可增加收入达 400 元以上；特别在双永土地整理开发项目中，依托双永供水工程，仅种植粮食亩均就可增加收入 800 元以上，彻底解决了当地群众有田不能耕、有地无收益的现状。后备开发项目效益更加明显，大芦乡大芦村经过土地整治后，玉米单产可达到 600 千克，人均增粮达到了 450 千克；同时，通过土地整治项目的实施，解决了五合、靖安、永新、兴隆、石门、刘川、若笠、双龙等 8 个乡镇 1767 户 7661 人的异地移民搬迁问题，有效解决了群众的生产生活问题，提高了广大群众的收入，改善了群众的居住和交通条件，改变了自然生态环境，广大群众真正走上了脱贫致富奔小康的康庄大道，土地整治工程真正成为一项德政工程、民心工程、廉洁工程和老百姓放心工程。

今后工作中，特别在"十三五"期间，靖远县将全面实施精准扶贫、精准脱贫战略，以贫困地区为主战场，深化土地整治与扶贫攻坚、双联行动的深度融合，真正实现精准土地整治，助推精准脱贫。紧紧抓住中西部精准脱贫重大土地整治项目有利契机，整合各项政策资金，充分发挥项目资金的聚合效应，加快土地整治项目向精准扶贫贫困村倾斜，优先在贫困村区域实施项目，改善生产生活条件，大幅度增加农民收入；同时，将易地扶贫搬迁工程作为扶贫攻坚的重要举措和加快推进贫困地区群众脱贫致富的重要途径，全力抓好易地移民、易地扶贫搬迁工程。"十三五"期间，靖远县正在规划建设靖远县北滩镇粮窖村易地扶贫搬迁工程、靖远县糜滩乡碾湾坪易地扶贫搬迁工程、靖远县东湾镇易地扶贫搬迁工程（第二批），确保在 2018 年底前，彻底解决全县 2024 户 8255 人的移民搬迁问题，真正帮助贫困群众"换穷貌、挪穷窝、拔穷根"，努力实现搬迁群众"搬得出，稳得住，可发展，能致富"，实现脱贫致富奔小康的目标。

科学管理项目实施　搬迁移民共同致富

——宁夏回族自治区同心县土地整治助推精准脱贫典型案例

一、基本情况

宁夏回族自治区"十二五"生态移民土地整治（一期）2012 年度同心县河西镇同德项目区位于同心县河西镇境内，地处县城以北约 30 千米处，同德慈善园区。同德慈善园区移民安置共分两期安置移民 1179 户 4639 人，其中第一期安置移民 800 户 3200 人，第二期安置移民 379 户 1439 人，安置对象主要来自同心县田老庄和王团镇。项目区四至范围为东以福银高速公路为界，南至头道沟，西以米钵山 1400 米高程为界，北至朝阳村硬化路。规划土地总面积 597.58 公顷，其中建设规模 485.21 公顷，实施后新增耕地 355.51 公顷，新增耕地率 73.27%。项目建设内容包括灌溉与排水工程、田间道路工程及农田防护林工程三部分。

1. 灌溉与排水工程

建设首部枢纽 1 座，其中加压泵站 1 座，过滤间 1 座（安装砂石 + 网式过滤器 5 套）。布置总干管 2 条，长度 0.791 千米；干管 6 条，长度 13.290 千米；分干管 3 条，长度 1.738 千米；支管 77 条，长度 37.489 千米。田间管网系统分为分支管、毛管（滴灌管）两级，布置管径 Φ75 毫米 PE 分支管 517 条，长度 53.938 千米，毛管（滴灌管）为管径 Φ16 毫米 PE 管 23782 条，长度 1308.010 千米。

2. 道路工程

建设田间道 24 条，总长 12.621 千米，设计路面宽度 6.0 米；路基高出田面 0.50 米，路面铺设 20 厘米厚砂砾石，砂砾石宽度 5 米。

3. 防护林工程

新营造防护林面积 34.2 公顷，栽植刺槐 59510 株。

项目预算总投资 1669.30 万元，亩均投资 2293.58 元。其中：工程施工费

1138.37 万元，设备费 287.36 万元，其他费用 194.95 万元，不可预见费 48.62 万元。资金来源：国家投资 1053.35 万元；县财政投资 542.49 万元。

项目工程设计及预算编制完成评审后，宁夏回族自治区国土开发整治管理局组织通过抽签方式确定由宁夏荣昌工程招标代理有限公司代理，面向全国对该项目施工、输电、管材及监理等共计 5 个标段进行公开招标。按照规定程序对投标人进行了资格预审，开标、评标整个过程由宁夏回族自治区国土资源厅、宁夏回族自治区国土开发整治管理局、同心县发改局、同心县审计局、同心县财政局、同心县检察院和宁夏回族自治区银川市国信公证处全程参与监督。于 2013 年 10 月 16 日开标，共有 3 家施工单位、1 家设备供货企业和 1 家监理单位中标。同心县重大项目建设指挥部分别与中标单位签订了合同，工程于 2013 年 11 月正式开工建设，2014 年 6 月完成全部建设任务。工程施工费（含设备费不含防护林工程）招标总价 1156.88 万元，相比预算价 1259.53 万元（不含防护林工程 166.20 万元），招标结余 102.65 万元。

工程完工后，2014 年 10 月同心县重大项目建设指挥部通过"招投标"确定由广州市四维城科信息工程有限公司宁夏分公司对项目工程量进行了复核，核定工程量与实际完成工程量基本相符。

经项目竣工复测和工程结算，最终完成项目建设规模为 401.91 公顷，比设计减少 83.3 公顷，新增耕地 283.21 公顷，比设计减少 72.3 公顷，新增耕地率 70.47%。最终完成项目工程（含设备费）投资 1097.40 万元，比预算资金减少 162.13 万元，另有 166.20 万元防护林工程资金由同心县财政筹措提前完成，未列入项目结算。其中国家投资 554.91 万元，同心县财政投资 542.49 万元。

二、主要做法

1. 大力推进土地整治项目，全面推动精准脱贫

土地整治结合产业发展和新农村建设，按照"规划先行、政策引导、农民自愿"的原则，在充分尊重民意的基础上，科学编制土地整治规划设计方案、施工建设方案及土地权属调整方案，防止土地整治项目违背群众意愿，不切实际，盲目施工。同心县是国家级贫困县，脱贫任务重，土地整治项目重点向移民村和贫困村倾斜，以农村土地综合整治为抓手，全力推进精准扶贫工作。通过实施土地整治项目，提高了移民村和贫困村的农业生产条件，

改善了农民生活环境。切实抓好精准扶贫工作，帮扶贫困群众尽快脱贫致富。

2. 完善项目后期监管制度，落实项目实施责任

把农村土地综合整治工作作为乡镇政绩考核的重要内容，明确各级政府及相关职能部门职责，形成农村土地综合整治县、镇、村三级联动工作机制。切实完善农村土地综合整治相关制度，以制度推进农村土地综合整治工作，建立健全土地整理工程设施后期管护制度，项目建成后进一步明确管护内容、管护期限、管护责任，确保工程长期、有效、稳定地发挥效益。

3. 规范项目资金财务管理，提高资金使用效益

对土地整治项目资金的使用实行全程监控，将加强廉政建设、预防腐败贯穿于土地整治的全过程，坚决杜绝项目资金被挤占、挪用现象的发生，确保项目资金和人员安全。

4. 继续加大宣传工作力度，争取群众理解支持

采取多种形式，通过各种渠道，强化土地整治宣传工作，让广大群众了解规划方案，理解土地整理，支持工程建设，进一步提高参与土地整治工作的积极性和自觉性，力争将土地整治项目建设成精品工程、阳光工程、德政工程和民心工程。

三、经验与体会

为了加强工程进度和质量管理，在严格落实"六项制度"的基础上，一方面强化业主质量监管责任，另一方面充分发挥项目区人大代表、党员、干部、群众的质量监督作用，创新了业主、监理和社会三位一体的"立体监督机制"。

1. 集中人力、物力、财力，强化业主质量责任意识是前提

为全程掌握项目进度，全方位监督项目质量，做到有矛盾及时协调、及时解决，在加强对土地开发复垦中心人员培训和管理的基础上，又从其他业务股室抽调多名素质高、责任心强的同志，充实到工程建设指挥部，吃住在项目区，专职从事项目管理工作。做到项目的每一个片区、每一项单体工程都有明确的责任人。同时，在交通工具和经费都比较紧张的情况下，为项目管理人员配备了3部专用车辆和必要的桌椅、电脑、照相机、摄像机、回弹仪、取芯机等办公与质量检测设备，进一步强化了业主质量责任意识。

2. 严格执行监理制度，充分发挥监理作用是保障

明确要求监理单位在监理规划的基础上制定监理实施方案，并严格按照监理合同要求，仔细审核施工组织设计，对进场施工材料和施工设备进行严格检查，对工程进度和工程款拨付进行认真计量、合理控制。同时，对工程关键部位、关键工序和隐蔽工程进行旁站监理、重点监督，力争工程的每一个细节都符合设计规范要求。

3. 调动各方积极因素，全面开展社会监督是关键

充分运用共同责任机制，要求所在乡镇的国土资源局分包领导和国土资源所长，在干好本职工作的同时，时刻关注项目实施状况，重点监督工程质量，做好与群众的沟通协调工作，搜集和反馈干部群众对项目的意见和建议；同时，利用群众关注切身利益的特点，聘请项目区党员、干部和热心群众代表作为项目的义务监督员，配合管理人员和监理监督工程质量，从而大大提高了监督效率，同时减少了监督难度。

4. 结合实际发挥项目区效益，群众得实惠是重点

同心县地处宁夏回族自治区中北部干旱带，因年降雨量少，蒸发量大，"十年九旱"，山区群众生产生活条件极度困难。为了从根本上解决群众的实际问题，按照自治区的统一安排和部署，将东部山区一部分群众移民至同德慈善园区，并结合当地土地环境现状，确定了以发展枸杞种植为主的产业模式。结合土地整治项目，发展节水灌溉，让群众从中得到了实惠，实现了"搬得出、稳得住、逐步能致富"的生态移民搬迁目标。

四、实施成效

为了加强项目的后期运行管理，所有工程交由河西镇负责后期管护，同心县重大项目建设指挥部与河西镇签订了工程移交管护协议。具体由宁夏润德生物科技有限责任公司管理运行，落实具体管护措施和责任。运行两年来，工程运行正常，发挥了良好效益。

1. 经济效益

项目涉及耕地于2013年已流转宁夏润德生物科技有限责任公司进行枸杞种植，该公司成立于2013年，注册资金1000万元，总投资1.2亿元，公司在同德移民村流转土地共计1.5万亩，目前已完成高标准有机枸杞种植7500亩。公司现已实现枸杞种植机械化，生产科技化，管理现代化的高标准枸杞种植生产基地。主要以枸杞干果加工为主，2015 年产出枸杞干果 433 吨，产值 4330 万元，产品主要销往欧盟、北美以及中东地区。2015 年获得销售收入 4330 万元，扣除成本、税金等，2015 年销售净利润为 2069.45 万元，亩均利润 2759.27 元。

2. 社会和生态效益

通过农业产业化带动贫困地区农民致富。宁夏润德生物科技有限责任公司种植基地位于国家级贫困县，接受生态移民近 6000 余人，为同心县河西镇同德移民村周围农民每年创造 200 多万元财产性收入，惠及 1000 多户生态移民，户均收入超 2 万元。宁夏润德生物科技有限责任公司种植基地每年为当地提供 10 万个农业用工量，带动 3000 多名农业工人每年人均增收 6400 元。预计到 2016 年 1.5 万亩种植基地完成后，可产生用工支出 8000 多万元，按农民人均年收入增加 1 万元计算，可带动 8000 多名农民共同致富。

同时，通过土地流转，将荒凉的荒漠变成肥沃的绿洲，极大地改善了当地的生态环境，有利于防风固沙和水土保持。项目实施所产生的社会效益是巨大的，生态效益是明显的，经济效益是可观的，达到了社会效益、经济效益与生态效益的统一，实现了土地开发整治为助推精准脱贫的目标。

推进土地整治建设　助推精准脱贫攻坚

——宁夏回族自治区平罗县生态移民土地整治
助推精准脱贫典型案例

在宁夏回族自治区黄河东岸的平罗县陶乐镇移民搬迁的庙庙湖村，一排排错落有致的崭新生态移民安居房格外引人注意，曾经这里是连片撂荒多年的盐碱坑洼地和沙荒地，现在却是整齐的房屋与田地、平整的油路。"十二五"开局之年启动的宁夏回族自治区中南部地区 35 万生态移民工程和 2011 年开始推进实施的宁夏回族自治区"十二五"生态移民土地整治项目，以"搬得出、稳得住、能致富"的思路，让这里变成"白墙灰瓦绿树间，庙庙湖秀美入画来"的美丽乡村。

一、基本情况

平罗县地处宁夏回族自治区银川平原北部，青铜峡引黄灌区下游。东与内蒙古鄂托克前旗相邻，西以贺兰山分水岭为界与内蒙古自治区阿拉善左旗接壤，南与银川市贺兰县毗邻，北与石嘴山市惠农区相连。全县总面积 2086.13 平方千米，县辖 7 镇 6 乡，28 个居委会，145 个村委会，总人口 31.06 万，现有耕地 88.67 万亩。近年来，平罗县先后实施了宁夏回族自治区中北部土地开发整理重大工程项目、"十二五"生态移民土地整治项目、高标准基本农田建设项目"三大工程"，建设总规模 65.32 万亩，新增耕地 17.6 万亩，总投资 8.83 亿元。其中：重大项目 12 个，建设规模 55.89 万亩，新增耕地 14.87 万亩，总投资 6.47 亿元，现已全部竣工；生态移民土地整治项目 5 个，建设规模 3.17 万亩，新增耕地 2.41 万亩，总投资 1.42 亿元，安置全区中南部生态移民 2.05 万人；高标准基本农田建设项目 5 个，建设规模 6.26 万亩，新增耕地 0.32 万亩，总投资 0.94 亿元。

按照自治区"十二五"生态移民土地整治规划，平罗县移民安置区土地整治项目总投资 1.43 亿元，整治面积 3.17 万亩，新增耕地 2.38 万亩，安置生态移民 2.05 万人。目前，2012 年开工的五堆子项目和 2013 年开工的庙庙湖 A 区项目已经完工并通过验收，共整治土地 1.73 万亩，新增耕地 1.32 万亩，安置移民 2613 户 1.3 万人；2014 年开工的庙庙湖 B、C 区项目，整治土地 1.44 万亩，新增耕地 1.09 万亩，目前，C 区项目已竣工验收，建设规模 0.50 万亩，新增耕地 0.44 万亩，B 区项目已完成建设任务的 90%；平罗县红瑞新村补充工程建设规模 1.34 万亩，已于 2015 年 12 月开工建设，目前已完成建设任务的 55%。经过土地整治项目实施，庙庙湖地区生态环境得到显著改善，达到"田成方、路成网，林成行"的规划效果，为助推生态移民脱贫致富奠定了坚实的土地基础。

二、具体做法

1. 加强组织领导，落实建设责任

一是县委、县政府高度重视，成立了项目建设领导小组，设立了指挥部和办公室，主要负责项目的管理、实施和重大事项的决定；项目区各乡镇也成立了相应的组织机构，负责调动群众参与建设和协调解决项目实施中出现的问题。二是县、乡、村三级及指挥部与各工作机构层层签订目标责任书，将任务逐级落实到位。三是县委、县政府将土地开发整理工作纳入相关乡镇、部门的重要考核内容，促进项目顺利实施。

2. 加强规划编制，精心做好设计

为使土地开发整理更具有科学性，平罗县以土地利用总体规划为先导，以土地开发整理专项规划为前提，以农村土地经营管理制度为契机，精心做好项目区的规划设计。一是按照专项规划，委托资质较高的设计单位编制初步设计。二是积极推行民主决策制，初设前后分别组织设计人员到项目区实地调查摸底，广泛听取项目区群众意见。三是组织农业、水利、环保、林业等相关技术人员组成专家组和乡村代表对设计规划进行评审，使规划设计更加符合实际，确保开发一片，见效一片。

3. 加强项目监管，确保工程质量

土地开发整理是平罗县有史以来改善农业基础设施条件最大、最好的项目之一，是惠民工程、民心工程。为确保工程建设质量，除了严格执行项目法人制、招投标制、合同管理制和建设监理制外，又采取了如下措施：一是建立健全监管制度。研究制定了《平罗县土地开发整理重大项目监理制度》

等一批工程建设管理制度，确保工程建设规范有序。二是质量监管关口前移。将渠道砌护质量的监管关口前移到混凝土板的预制上，坚决杜绝不合格的材料、设备进入加工、生产和施工现场。三是建立"六位一体"质量监管模式。即：项目指挥部、监理单位、施工单位、农民义务监督员、人大代表、政协委员和新闻媒体"六位一体"的质量监管模式。四是"一把手"亲临现场监管。在工程建设中，县四套班子主要领导经常亲临施工现场，进行质量监督，发现质量问题，当场追究责任，确保了土地开发整理项目没有出现大的质量问题，较好地实现了党政组织满意、主管部门满意、受益群众满意。

4. 加强施工管理，推进建设进度

由于平罗县各年度项目建设面积比较大，必须在确保工程质量的前提下，强力推进工程建设进度。一是用拉大作业面的方式交叉施工；二是用大量的机械高效施工；三是用大量的人力参与施工；四是用灌水间歇期抢时施工；五是按进度拨付资金促进施工，从而确保了各年度建设任务的顺利完成。

5. 加强资金管理，确保资金安全

始终坚持专户管理、专款专用、单位核算、封闭运行和先报后审再批的原则，切实加强项目资金管理。自项目实施以来，没有出现挤占挪用资金等违纪违规行为，真正做到了投资保建设、支付保进度、严格保安全。

6. 加强土地利用，确保发挥效益

项目建设成后，项目建设单位将项目新开发土地移交给项目所在乡镇进行管护。接收乡镇采取土地流转、分配到户、建立合作社等措施对新开发的土地进行规模化流转种植，确保新开发的土地得到有效利用。

三、主要经验

通过项目实施，平罗县主要总结了以下几点经验：一是因地制宜，抓好项目规划设计。平罗县生态移民安置区地貌单元为黄河Ⅱ级阶地，多为半固定沙丘、沙地，沙丘由于土体表层松散干燥疏松，植被稀少，土壤风化严重。为保证项目建成后能够有效节约用水量及用水成本，在该项目中采用节水灌溉技术，主要是管道输水＋滴灌技术，可以有效减少输水过程和田间灌水过程的渗漏损失，提高了田间灌水均匀性和灌水效率。二是加强部门联动，促进项目整合建设。平罗县在实施生态移民土地整治项目过程中，将土地整治项目与发改、水利等部门实施的项目有效结合，例如使用发改配套资金对项目区泵站、蓄水池等水利骨干工程及田间土壤改良培肥工程进行建设，利用土地整治项目资金对项目区土地平整、田间水利设施配套等工程进行建设，实现多部门参与，有效利用项目建设资金，实现项目高标准建设。三是通过土地流转，探索农业集约化高效经营。项目建成后，积极探索农业集约化经营模式，对新开发的移民区土地以土地流转、承包大户经营与开展合作社经营等多种模式加以利用，将沙漠瓜菜、青贮玉米、草蓄一体化等新型特色农业产业作为发展目标，有效带动农民增产增收，促进移民村产业升级，增强移民村的内生发展动力。

四、实施成效

项目建成运行后，社会、生态、经济效益明显，主要表现为以下4个方面：一是通过土地整治，有效增加了耕地面积，解决了从固原市西吉县搬迁到平罗县的生态移民2613户1.3万人的基本口粮田问题，为异地移民搬迁安置和供养提供了土地支持，保障了移民安置工作的顺利推进；二是改善了生态环境，通过植树绿化、种植农作物等措施，使千年不毛之地长出了庄稼，将生态环境恶劣的沙漠变成了绿洲；三是增加了农民收入，项目实施后，耕地质量逐步提升，土地产出从无到有并逐渐提高，预计至稳定年份，项目区农民每年可从耕地增加收入4515万元。四是起到了引领示范作用，通过采取土地平整、节水灌溉、客土压沙、土壤改良、规模化种植等措施，为沙荒地开发利用探索了一种成功模式。

在平罗县2012年开始实施的庙庙湖生态移民土地项目（A区）建成后，新开发耕地0.53万亩，该部分土地交由陶乐镇人民政府进行管护使用。陶乐镇人民政府与宁夏华泰农业科技发展有限公司签订土地流转协议，流转耕地5000亩，计划建设高标准设施大棚380亩620座，建成特色瓜菜种植基地。目前共建成设施瓜菜标准化栽培技术及新品种展示示范大棚27座，计划建设100座，建设12座高标准日光温室用于瓜菜育苗，引进在南方市场畅销的高价瓜菜新品种10个，其中甜瓜、芹菜、西红柿等新品种正在试验示范阶段，黑美人、金城等西瓜新品种已大面积种植，取得了良好的经济效益。合作社积极推广集约化基质穴盘育苗和嫁接育苗移栽、滴灌水肥一体化、测土配方施肥、蔬菜病虫害绿色防控等新技术，所有栽培的西瓜全部采用嫁接育苗，其他作物全部采用穴盘基质育苗，实现了新技术推广全覆盖。2015年建设日处理 150 吨粮食烘干塔 1 座，储存量 100 吨冷库 4 座。同时还可吸纳 500 多名移民村留守妇女在园区从事季节性劳务，每年劳动时间平均在 7 个月左右，每人每年劳务收入 1.26 万元左右，庙庙湖移民村人均从产业中可获得收入 900 元以上。通过项目实施，可培养 100 名左右的集约化育苗和西瓜嫁接育苗的技术农民，培育 200 名以上从事农产品流通服务的农民经纪人，实现了人才培养和产业发展相结合，生态移民和产业扶贫相统一。同时，也为改善平罗县河东移民地区生态环境、增强水土保持能力、促进人与自然和谐发展做出了积极贡献。

综合运用新品种、新技术、新模式，高标准建设了生态瓜菜现代农业科技示范园区，为生态移民和周边农民树立起看得见、摸得着的示范样板，让农民在示范园区生产用工中掌握新技术，在示范园区推广新品种中体验高效益，使示范园区不但成为培训农民新技术的实操学校，而且成为引领农民转变思想观念、树立现代农业发展理念的教育基地。在合作社的带动下，生态移民村生态移民及陶乐镇、高仁乡、红崖子乡周边农户积极参与生态农业发展，平罗县河东地区设施农业面积达到 1500 亩，沙漠西瓜种植总面积达到 2 万亩，成为宁夏回族自治区最大的外销沙漠西瓜种植基地。